轻松阅读·外国史丛书

罗马军团

魏凤莲 —————— 著

图书在版编目（CIP）数据

罗马军团 / 魏凤莲著 . —2 版— 北京：北京大学出版社，2021.5
轻松阅读 · 外国史丛书
ISBN 978-7-301-32053-2

Ⅰ . ①罗… Ⅱ . ①魏… Ⅲ . ①军队史 – 罗马帝国 – 通俗读物 Ⅳ . ① E192-49

中国版本图书馆 CIP 数据核字 (2021) 第 043640 号

书　　名　罗马军团
LUOMA JUNTUAN
著作责任者　魏凤莲　著
丛书策划　杨书澜
丛书统筹　闵艳芸
责任编辑　闵艳芸
标准书号　ISBN 978-7-301-32053-2
出版发行　北京大学出版社
地　　址　北京市海淀区成府路 205 号　100871
网　　址　http://www.pup.cn　新浪微博：@ 北京大学出版社
电子信箱　minyanyun@163.com
电　　话　邮购部 010-62752015　发行部 010-62750672　编辑部 010-62752824
印 刷 者　北京九天鸿程印刷有限责任公司
经 销 者　新华书店
880 毫米 ×1230 毫米　A5　13 印张　310 千字
2021 年 5 月第 1 版　2021 年 5 月第 1 次印刷
定　　价　79.00 元

总序

钱乘旦

世界历史在今天的中国占据什么位置？这是个值得深思的问题。从理论上说，中国属于世界，中国历史也是世界历史的一部分；中国要了解世界，也应该了解世界的历史。改革开放三十年的今天，在“全球化”的背景下，世界对中国更显得重要。世界历史对中国人来说，是他们了解和理解世界的一扇窗，也是他们走向世界的一个指路牌。然而在现实中，世界历史并没有起这样的作用，中国人对世界的了解还不够，对世界历史的了解更加贫乏，这已经影响到改革开放、影响到中国发挥世界性的作用了。其中的原因当然很多，但不重视历史，尤其是不重视世界史，不能不说是一个重要原因。改革开放后，中国在许多方面取得进步，但在重视历史这一点上，却是退步了。中国本来有极好的历史传统，中国文化也可以说是一种历史文化，历史在中国话语中具有举足轻重的地位。然而在这几十年里，历史却突然受到冷落，被很多人淡忘了，其中世界史尤其受到冷落，当人们知道一个人以世界史为专业方向时，其惊讶的程度，就仿佛他来自一千年以前的天外星球！

不过这两年情况又有变化，人们重新发现了历史。人们发现历史并不是百无聊赖中可以拿出来偶尔打发一下时间的调味剂，也不是傻头傻脑的书呆子找错门路自讨苦吃坐上去的冷板凳。人们意识到：历史是记忆，是智慧，是训诫，是指引；历史指引国家，也指引个人。人们意识到：历史其实是现实的老师，昨天其实是今天的镜子。有历史素养的人，比他的同行更富有理解力，也更具备处理问题的创造性。以历史为借鉴的国家，也会比其他国家走得更稳，发展得更好。

然而在当今时代，历史借鉴远超出了本国的历史，因为中国已经是世界的中国。中国人必须面对这个现实：在他们眼前是一个世界。世界的概念在中国人的脑子里一向不强，而世界历史在中国人的记忆中则更加淡薄。但这种情况不能再继续下去了：时代已经把我们推进了世界，我们如何能不融进世界历史的记忆中？所以，加强对国人的世界史教育，已经是不可回避的责任，这是一个时代的话题。在许多国家，包括我们的近邻，世界历史的教育已经超过了本国历史的教育，外国历史课程占百分之六十甚至更多，本国历史课程只占百分之四十甚至更少。外国史教育是现代公民的基本素质教育，中国的公民也应该是世界的公民。

遗憾的是，目前的学校教育离这个要求还很远，所以我们有必要在社会大众中普及世界历史知识。我们编写这套书，就是希望它为更多的人打开一扇窗，让他们看到更多的世界，从而了解更多的世界。我们希望这套书是生动的，可读的，真实地讲述世界的历史，让读者思索人类的足迹；我们希望这套书是清新的，震撼的，指点人间的正义与邪恶，让读者体验历史的力量。

大约半个世纪前，商务印书馆曾推出过一套“外国历史小丛书”，其中每一本篇幅都很小，一般是两三万字。那套书曾经有过很大的影响，至今还会有很多人说：那是他们世界史知识的来源。“文化大革命”中，“小丛书”受到无端的批判，许多作者受株连，主编吴晗则因为更复杂的原因而遭遇不测。但这套书没有被人忘记，“文化大革命”结束后，吴晗被平反，“小丛书”又继续出版，人们仍旧如饥似渴地阅读它，直至它出版近五百种之多。

又是三十年过去了，时至今日，时代发展了，知识也发展了，“外国历史小丛书”的时代使命已经完成，它不再能满足今天读者的需要。今天，人们需要更多的世界历史知识和更多的世界历史思考，“小丛书”终究小了一点，而且有一点陈旧。我们编辑这一套“轻松阅读·外国史丛书”是希望它能继承“外国历史小丛书”的思想精髓，把传播世界历史知识的工作继续向前推进。

2008 年 12 月于北京

目录

引子

在烽烟四起的世界古代战场上，有一支军队纵横驰骋了千年之久。他们的铁蹄踏过不列颠的白雪、小亚细亚的青草、阿拉伯半岛的黄沙；他们同高卢人、迦太基人、希腊人、帕提亚人以及日耳曼人等众多优秀而强悍的民族进行过激烈的较量，兵锋一度直指中亚和印度。他们是横跨欧、亚、非三洲的世界性帝国——罗马帝国的缔造者，是罗马民族坚忍、勇敢和力量的象征。他们就是创造了千古传奇的罗马军团。

即使在现代化的今天，人们对古代战场上的罗马军团仍然津津乐道。网络游戏模拟罗马军团的装备和作战方式，以此来吸引众多玩家；电影也常常以逼真的画面再现罗马军团的战斗经历，《角斗士》《恺撒大帝》《罗马军团》等电影中都有令人难忘的作战场面，这可能也是这些电影能够赢得观众喜爱的重要原因吧！

现代人对罗马军团有着自己的想象，电影《角斗士》开篇就设置了一场罗马军团与日耳曼人的森林血战。银幕上，罗马军团装备统一、鹰帜鲜明、视死如归；在指挥官的统一调度下，士兵们手持盾牌迅速合拢形成龟盾阵，或抵挡敌方的箭雨，或冲击敌人的营垒；

罗马军团（Marco Dente，1515—1527）

而在肉搏战中，士兵们奋勇杀敌，彼此间相互协作，尽显集体团结的本色……

这样的场面的确让人对遥远的古罗马军团心驰神往。但是，这支军队真的像影片中所展示的那样威武神勇、集“力量与荣誉”于一身吗？他们是如何被创建出来的？在历经辉煌的同时，还经历过哪些磨难和坎坷？最终又是怎样消失在历史长河中的呢？

带着这些问题，我们将为您讲述罗马军团的故事，讲述古罗马士兵的军旅生活。

I

第一章

意大利的雄鹰

当罗马的许多敌人不得不依赖雇佣兵打仗时，罗马军团却是以罗马公民为主体组建起来的。在罗马，公民就是士兵，士兵就是公民。

意大利是罗马的兴起之地。公元前2000年代中叶，有一些属于印欧语系的部落陆续从北方越过阿尔卑斯山进入意大利，其中，罗马人的祖先拉丁人就在台伯河下游的拉丁姆地区站稳了脚跟。

在意大利，除了拉丁人以外，还有许多种族和部落，最重要的是来自小亚细亚的埃特鲁里亚人和到意大利殖民的希腊人。他们在文化上要比罗马人先进，因此，对罗马的社会发展产生了深刻的影响。但是，从公元前8世纪到公元前3世纪，为了自身的生存和发展，罗马人与这些民族之间进行了漫长而激烈的战争，最终赢得了整个意大利。也就是在这些战争中，罗马军团宛如一只雄鹰，经受了刀光剑影的洗礼，迅速成长，意欲在更广阔的天空中振翅翱翔。

从散兵游勇到公民兵军队

在浩瀚的地中海上，蔚蓝色的海水拍打着靴子形状的意大利半岛，半岛周围零星散布的小岛犹如海水卷起的几朵浪花，美丽而宁静。半岛之上，亚平宁山脉自西北向东南延伸，仿佛是纵贯半岛的脊梁，阿尔卑斯山脉绵延起伏，为意大利北部撑起了一道天然屏障。意大利多山、多丘陵，只有河水冲击而成的平原，如北部的波河平原、中部的拉丁平原及南部的坎帕尼亚平原，比较适合农业生产，因此，意大利最初的文明多数发端于河谷和平原地带。罗马就兴起于台伯河南岸的拉丁姆地区。

罗马军团的故事也是从这里开始的。

罗马城是何时建成的以及怎样建成的，并没有明确的历史记载。但是，有关罗马建城的传说却广泛流传。传说，罗马人的始祖是特洛伊的王子埃涅阿斯，特洛伊被希腊人攻陷后，埃涅阿斯逃到了意大利，他的后裔在拉丁姆地区建立了阿尔巴·隆伽城。此后，王位连续传了 8 代，到努米托尔时，王位遭到了他的弟弟阿穆利乌斯的篡夺。为了把努米托尔的后代赶尽杀绝，阿穆利乌斯甚至把努米托尔的女儿刚刚生下的两个孪生孩子罗慕洛斯和瑞姆斯扔到了台伯河里。然而，似乎是有神的护佑，装着婴儿的篮子被河水冲到了帕拉丁山下，一头母狼发现了这两个婴儿，用自己的奶水喂养他们。后来，长大成人的两兄弟回乡报仇，重新夺回了王位，但他们没有贪恋现成的王位，而是把王位还给了外公，自己则在台伯河的下游建立了一座新城，以罗慕洛斯的名字将其命名为罗马。

虽然这只是一个传说，却暗喻了罗马人的祖先是由狼奶喂大的，因此具有狼的特性，好勇斗狠的民族个性也似乎有了合理的解释。不过，现代考古学家与历史学家眼中的罗马起源与传说并不吻合。事实上，罗马早在公元前 1400 年就有人定居了，据推断这些人可能是拉丁人、萨宾人和埃特鲁里亚人。历史资料和考古发现都已证明，罗马城的出现不是一步到位的，可能是在公元前 8 世纪早期的时候，帕拉丁山周围的村庄经过长时间的联合与归并，最后才形成了罗马城。

最初的罗马城极为简陋，传说罗慕洛斯在为罗马城奠基时，只是赶着公牛和母牛，犁了一道不深的沟，便算作罗马的城界了。作为这个城的守卫者，此时的罗马军队还不能被称作军队，只是一群

吸吮母狼乳汁的罗慕洛斯和瑞姆斯，他们是罗马城的最初缔造者（青铜雕像，罗马卡匹托尼亚博物馆藏）

散兵游勇罢了。他们既没有军团组织，也没有学会希腊人的方阵战术，每遇战事，罗马的3个部落各出1000人，基本上是贵族青年，按照部落的血缘关系组成一个个小规模的战斗群体。据考古资料显示，公元前8世纪的罗马士兵都是徒步作战，武器仅有矛、投枪、长剑、匕首和斧头，只有最富有的人才穿得起盔甲，而这些盔甲也仅限于头盔和胸甲。由于在单个的作战群体里，不分老幼，不分武器的优劣，也不管作战经验是否丰富，所以，无法进行统一的训练。在打仗时，士兵们常常以群殴的原始方式投入战斗，并不具备强大的威力。

这样一支疲于自卫、无力扩张的军队是无法保证罗马在严峻的

《抢夺萨宾妇女》。罗马建城初期，女性较少，所以罗马男人抢夺邻近的萨宾部落的妇女作为自己的妻子，并为此挑起了与萨宾人的战争，在战争进行过程中，萨宾妇女既不肯伤害自己的父兄，也不肯伤害自己的丈夫，因此，罗马人与萨宾人和解，成就了罗马人与萨宾人融合的一段史话

埃特鲁里亚人的壁画，描绘了两个拳击手正在较量的场景

生存环境中立足的。当时，意大利的北部是强大的埃特鲁里亚人，南部是来此建立殖民地的希腊人，中部是萨宾人、拉丁人和萨莫奈人。在这些民族中，埃特鲁里亚人的文明程度最高，他们来自小亚细亚，与希腊文明有着较为密切的联系。公元前 7 世纪是埃特鲁里亚人在意大利最为强大的时期，他们发展了先进的铁器文化，建立了维爱、卡厄瑞和塔尔奎尼等几个较大的城市，然后不断向南发展，与意大利南部的希腊殖民地进行了激烈的商业争夺战。在这个过程中，埃特鲁里亚文化深刻地影响了罗马。我们今天所认为的很多代表罗马文化特征的东西，实际上都是从埃特鲁里亚人那里继承下来的，比如，赛车和角斗、建筑设计上的拱门、水渠和下水道以及罗马男子穿的托伽袍等，都源自埃特鲁里亚文化。埃特鲁里亚人不仅以自己的尚武精神激发了罗马人的斗志，还在实践中加强了罗马的军事实力。公元前 7 世纪末，埃特鲁里亚人控制了罗马城，罗马王政时期的最后三位国王都是埃特鲁里亚人。他们看中了罗马优越的

阿莱佐出土的怪兽雕塑，是埃特鲁里亚艺术的代表

地理位置，试图把罗马建成拉丁姆地区最强大的城市，进而占据拉丁同盟的领袖地位。出于这一目的，当埃特鲁里亚人塞尔维乌斯作为国王统治罗马时，对罗马的军队进行了改革。

这场改革的核心是按照公民的财产数量而不是按照出身来组建军队，也就是说，公民只要有足够的财产为自己提供武器装备，都可以成为士兵，这样就打破了原来只有贵族才能作战的传统。塞尔维乌斯把公民分成 6 个等级。第一等级由最富有的人组成 80 个百人队和 18 个骑兵百人队，这些人有经济能力为自己装备盔甲、盾牌、胫甲、胸甲、矛和剑等武器，骑兵也能为自己购置马匹和装备。第二等级由 20 个百人队组成，他们与第一等级的装备基本相同，只是不穿胸甲，手中拿方盾而不是圆盾。第三等级也由 20 个百人队组成，他们的装备与第二等级相同，但没有胫甲。第四等级有 20 个百人队，武器装备只有矛和投枪。第五等级由 30 个百人队组成，主要是投石手，他们在战斗的阵营之外。此外，第五等级还包括两个百人队的吹号手。

16 世纪画家对罗马国王塞尔维乌斯的描绘

其余的人都属于第六等级，他们是最穷的人，被免除军事服役。

改革后的军队由不同等级所出的百人队组成，各等级内部公民的财产状况基本相同，武器装备也基本相同。武器装备相同的士兵集中在一起，就可以采用当时最为先进的步兵方阵进行作战了。根据历史学家李维和狄奥尼修斯的记载，第一等级百人队构成重装步兵方阵的第一列，第二、第三、第四等级的百人队分别构成第二、第三和第四列，第五等级构成散兵。可能是由于武器装备的限制，在塞尔维乌斯时期，罗马招募到的士兵主要来自于第一等级，人数在 4000 人左右，他们作为一个军团以重装步兵方阵进行战斗，600 名骑兵作为战斗力量的补充。只是到了维爱战争（前 406—前 396）期间，第二、第三等级才被编入军团。尽管人数还很少，但这支军队已经不再是一个个盲打蛮干的小团伙，而是一支由公民兵组成的、颇具战斗力的军队了。

卡米卢斯——“第二位祖国之父”

公元前509年，罗马人推翻了最后一位埃特鲁里亚的统治者高傲者塔克文，建立了共和国。但塔克文被驱逐后，仍企图回到罗马，重建其在罗马的统治，因此向埃特鲁里亚人求助，最终说服了克鲁西乌姆城的国王波赛纳进攻罗马。罗马人和其他拉丁城市一起行动，击溃了波赛纳的军队，进而把战争转变成对埃特鲁里亚人的征服。这场战争从公元前477年持续到公元前396年，一共打了3次，其中以对维爱城的围困和攻陷最为惨烈，因此也被称为“维爱战争”。

维爱是埃特鲁里亚地区最强大的城市，位于罗马城北面20公里左右的地方。对罗马人来说，维爱是个永久的敌人。早在王政时代，为了抢夺盐场和土地，罗马人与维爱人之间就时有战争。在罗马人与来自东方的厄魁人和伏尔西人作战时，维爱人不时地骚扰罗马地区，虽然没给罗马人带来很大的恐慌，却在罗马的后方制造了不少麻烦。因此，公元前479年，罗

古代希腊重装步兵雕塑（约公元前5世纪，斯巴达考古博物馆藏），罗马的第一级步兵就是以此为基础建立起来的

埃特鲁里亚武士的雕像，穿着全套的希腊盔甲

维爱战争（Giuseppe Cesari，1598—1599）

马伟大的法比乌斯家族主动请缨，以一个家族的力量对抗维爱人。

据历史学家李维记载，当法比乌斯家族自费抗击维爱人的消息传出后，得到了罗马城内的一片赞誉声。当队伍踏上征途时，很多人跟在队伍的后面大声地呼喊：“前进！勇士们，前进！幸运与你们同在！”在最初的战争中，法比乌斯家族常常获胜，令维爱人非常恼火。迫于形势，维爱人改变战术，以突袭和埋伏对付罗马人。公元前 478 年，罗马人陷入了维爱人的埋伏圈，结果，4000 多人全部战死，其中包括法比乌斯家族的 306 名勇士。这样，维爱人暂时获得了胜利，而罗马人则把仇恨牢牢地记在了心里。

公元前 406 年，在取得了对厄魁人和伏尔西人战争的胜利后，罗马人腾出手来，全力解决维爱人这一劲敌。战争的具体情况我们了解得不多，因为有关这方面的历史记载很少。但大体上我们可以推断出，罗马人的攻城进展并不顺利，尽管罗马的独裁官前后更换了几任，但维爱城却历经十年仍未被攻下，罗马士兵的厌战情绪已经蔓延。

在此紧要关头，卡米卢斯临危受命，成为罗马的独裁官，领导对维爱的战争。卡米卢斯是一员老将，曾在与厄魁人和伏尔西人的战争中立下赫赫战功，也曾在很短的时间内打败过维爱城的两个同盟城邦法勒瑞和卡珀纳。卡米卢斯之前的几任指挥官在指挥围攻维爱的战斗时，往往利用阵前的空地与维爱人交战，试图以重装步兵方阵对敌人进行震荡冲击。但是维爱人一旦失利，就退入城中，令罗马军团无计可施。而卡米卢斯采取的作战方式较为特别。他下令禁止罗马士兵擅自与维爱人交锋，以保留体力挖掘一条直通敌人城内的地道。为了使工程连续进行，又不使军队感到疲累，他把军队分成 6 个分队，各分队轮流进行工作，每分队每次连续工作 6 个小

弗里乌斯·卡米卢斯

时，直至打通了这条地道。

在修建地道的过程中，卡米卢斯还在军制上进行了一项改革。他考虑到平民士兵因长年作战而每况愈下的贫困处境，决定向士兵发放军饷。我们知道，塞尔维乌斯改革以后，罗马是按照财产数量征集公民兵的，公民就是士兵，为国出征是公民必须履行的军事义务，因此参军打仗时，公民要自备粮草和武器。但是，对平民士兵来说，这种方式应付短期的战争还可以（罗马人早期的战争经常安排在夏季，就充分考虑了士兵的春种和秋收），而战争一旦耗时过长，他们就无法回乡耕地，也就无法为战争提供给养了。这一问题在维爱战争期间已经成为制约罗马胜利的重要因素了。所以，军饷的发放立刻改变了罗马军队的处境，不仅大大提高了军队的战斗热情，也使卡米卢斯得到了更多的兵员。据说，当时有很多人直接跑到军营中要求当兵。卡米卢斯把第二等级和第三等级的公民也编入重装步兵方阵，由国家发放军饷，同时提供武器装备和粮草，这样，军团就扩充到了 6000 人。

卡米卢斯接受罗马妇女馈赠的财富，以履行他的誓言——攻下维爱城后，将把十分之一的战利品奉献给德尔斐的阿波罗神庙（Nicolas-Guy Brenet，1785）

一切准备就绪后，卡米卢斯下令全面攻城。维爱人不明白，一直高挂免战牌的罗马人为何突然发动如此大规模的攻城，殊不知罗马人已经通过地道来到了他们的城内。维爱人拿起武器，飞快地冲向城墙，却没料到罗马人会从自己的背后杀出来。一时间，城内一片混乱，可怕的厮杀声和绝望的尖叫声交织在一起。没过多久，城门就被攻破，守在城墙上的维爱人也被消灭殆尽，罗马人以密集的队形冲杀进城，开始了一场残酷的大屠杀。*

维爱，这座埃特鲁里亚地区最富庶的城市，这座已经繁荣了数

* 参见杨共乐选译:《世界史资料丛刊：罗马共和国时期》(上)，北京：商务印书馆，1997，第28—29页。

百年的城市，在被围困十年之后，终于落入了罗马人的手里。城内的居民大多数沦为奴隶，他们的土地、财富也成为罗马军团的战利品。维爱之战的胜利使罗马的领土扩大了一倍多，丰厚的战利品及时补充了罗马人在战争中的消耗。更为重要的是，这次胜利对其他城市和地区起到了强大的震慑作用。当卡米卢斯率领军队乘胜深入埃特鲁里亚腹地时，几乎没有遇到任何阻挡，可谓所向披靡，迅速取得了对埃特鲁里亚人的战争胜利，也因此建立了在拉丁同盟中的领袖地位。

维爱的陷落为卡米卢斯赢得了巨大的荣誉。据李维记载，返回罗马后，卡米卢斯乘坐四匹马拉的战车游行，举国欢庆了四日之久。但是很快，加在卡米卢斯头上的种种荣誉被一场流放所取代，由于反对把半数罗马人移民至维爱城的平民计划，卡米卢斯遭到流放，带着妻子和儿子离开罗马前往阿迪亚。

此后不久，罗马受到了高卢人的侵扰。

高卢人即克尔特人，他们是剽悍蛮勇的游牧民族。早在公元前5世纪，高卢人就已经掌握了冶铁技术，因此在武器和装备方面占尽了优势：他们的战马蹄子上钉有铁掌，步兵配有锋利的剑。公元前4世纪初，高卢人越过阿尔卑斯山大批涌入意大利，占领了波河平原的大部分地区。大约在公元前390年，高卢人在他们的首领布雷努斯的率领下，继续沿波河南下，向埃特鲁里亚的城市克鲁西乌姆逼近。

克鲁西乌姆立刻向罗马求救，罗马于是派出了三名使者劝说高卢人退兵。但是，高卢人并不听劝，他们不仅没有退兵，相反却直逼罗马城。仓皇之中，罗马与拉丁同盟组织了一万余人的军队在阿里亚河畔（台伯河的上游支流）迎敌。当时，高卢人最多只有3000

高卢人洗劫罗马（Paul Jamin，1892）

人，罗马占据着兵力优势。但是，面对行动迅速的高卢骑兵，罗马的重装步兵方阵却显得异常笨重和被动。他们的方阵被冲散了队形，士兵有的死在高卢人的剑下，有的被逼得跳进河里淹死，死伤无数。

三天后，高卢军队长驱直入，洗劫了罗马城。在民族存亡的关头，元老院毅然决定，为了保存民族的元气，青壮年男子全部撤退到易守难攻的卡匹托山上。因为卡匹托山上建有朱庇特和朱诺等几个罗马主神的神殿，是罗马人的圣地，如果这里失守的话，罗马人也就从精神上垮掉了。

古罗马历史学家李维在《建城以来史》里描绘了高卢人夜袭卡匹托山的战役。在一个星光之夜，高卢人沿着峭壁，借助搭人梯、相互提拉等方法，登上了山巅，其间没有发出一点声响，不仅哨兵没有发现，连听觉特别灵敏的狗也没被惊动。但是，一群献给朱诺神的鹅却成了全体守卫者的救星，它们嘎嘎的叫声和拍打翅膀的声音惊醒了战士们，他们跑过来一起用投枪和石块痛击敌人，及时击溃了高卢人的进攻。这个故事很有点神佑罗马人的意味，反映了他们坚持到底的决心和韧劲。

高卢人很快到达了卡米卢斯的流放地——阿迪亚，在这里，卡米卢斯凭借自己的威望，迅速召集了一支军队进行抵抗。为了激发军队誓死抵抗的决心，他刻意宣扬高卢人的残忍，告诫人们投降只有死路一条。在详细侦察敌情后，他发现高卢人大意轻敌，在得到战利品后，往往会聚在营帐里暴饮狂欢。于是，在一个风高月黑之夜，卡米卢斯率领军队偷袭了高卢人的营地，取得了重大胜利。

卡米卢斯胜利的消息很快传到了卡匹托山上，元老院再次任命卡米卢斯为独裁官，对抗高卢人。卡米卢斯领导军队以维爱城为基地，不断壮大队伍，成为威慑高卢人的重要力量。此时，卡匹托山上的坚守已持续了七个月，由于粮食短缺，维持下去的可能性越来越小。与此同时，罗马城内的高卢人也面临着很多困难。他们不习惯城市生活，不懂得保护水源、处理垃圾，致使城内出现了瘟疫，每天都有人染病死去。高卢人暗示，只要罗马人肯拿出一笔适度的赎金，他们就会撤离。公元前386年，卡米卢斯与高卢人的领袖经过会谈达成了协议，商定以1000磅黄金作为高卢人撤离罗马的赎金。

对罗马人来说，交纳赎金本身就是耻辱，而在交纳赎金时，高卢人又施与罗马人更深的耻辱。他们使用了不公平的秤砣，当罗马

高卢人的首领布雷努斯剑锋直逼秤盘，羞辱罗马人（Paul Lehugeur，1886）

人提出抗议时，傲慢的高卢人竟然用剑锋直逼秤盘，吼叫道："被征服者就该倒霉！"*

面对高卢人的羞辱，罗马人痛定思痛，开始正视自身的缺陷和错误，采取一系列措施改革自身，振兴国家。在卡米卢斯的倡议和坚持下，罗马人决定举全国之力兴建一座坚不可摧的罗马城，以免重蹈被高卢人洗劫的覆辙。在罗马城重建期间，罗马原来的敌人如埃特鲁里亚人等纷纷起兵，试图推翻罗马对自己的控制；山区民族厄魁人和伏尔西人也趁机不断来犯，给罗马带来了巨大的威胁。为了恢复旧日的威信，罗马同这些民族的战争又延续了 50 年之久。其间，卡米卢斯屡立战功，领导罗马军队不停地征战，凭借罗马军团的英勇善战赢得了对意大利北部的领导权。公元前 389 年，卡米卢斯领导罗马军队在包莱击败厄魁人；公元前 386 年，在萨特里库姆击败伏尔西人，以急袭的方法攻占了这一城市；公元前 381 年，卡米卢斯再次击溃伏尔西人的进攻，无情地劫掠和蹂躏了他们的土地，彻底肃清了这一最危险的敌人。

卡米卢斯被罗马人称作"第二位祖国之父"（第一位是罗马城的建立者罗慕洛斯）。他一生戎马倥偬，五次被任命为罗马的独裁官，数次拯救罗马于危难之时，举行过四次凯旋式，是罗马人心中英勇无畏的典型代表。他的征战生涯是罗马战事繁多、充满艰险的早期历程的真切反映，而另一方面，我们也看到，与他共同作战的罗马军团经历了最初的战争洗礼，自身建设日益完善，作战能力日益强大。

---

* 杨共乐选译：《世界史资料丛刊：罗马共和国时期》（上），第 32 页。

“轭门之辱”

在意大利北部建立自己的权威后，罗马随即把目光投向了意大利中部。罗马对意大利中部地区的征服是通过三次萨莫奈战争完成的。

萨莫奈人生活在意大利中部的山区地带。当罗马与伏尔西人进行较量时，萨莫奈人曾与罗马结成盟友，对抗他们共同的敌人伏尔西人。征服伏尔西人后，罗马人就与里里斯河畔的萨莫奈人直面相对了。

公元前 4 世纪末，一群萨莫奈人侵入了意大利南部的坎帕尼亚地区，攻占了这里最重要和最富庶的城市卡普亚。卡普亚向拉丁同盟求援，罗马立刻认识到这是一个扩张自身势力的极好机会，因此，不顾与萨莫奈人的同盟协定，应允了卡普亚的请求，于是第一次萨莫奈战争爆发。有关此次战争的细节，历史学家几乎没有留下任何史料，只知道战争从公元前 343 年开始，持续 3 年，最终以萨莫奈人放弃对坎帕尼亚地区的野心而结束。

然而，就在罗马与萨莫奈议和期间，拉丁同盟内部却起了纷争。拉丁同盟是拉丁姆地区的各城市为了抵抗外敌而结成的一种利益关系，由于罗马军团的赫赫战功，罗马成为拉丁同盟当仁不让的盟主。但随着外敌压力的减弱直至消失，拉丁同盟的其他成员试图与罗马城重建平等关系。为了达到这一目的，他们与伏尔西人和坎帕尼亚人结盟，掀起了反对罗马的拉丁战争。

拉丁战争从公元前 340 年持续到公元前 338 年，罗马军团摧毁和降服了一个又一个城市，最后占领了拉丁姆全境。罗马军团胜利归来后，罗马元老院根据各拉丁城市在战争中的表现，重新确定了

约公元前 4 世纪的萨莫奈士兵。重装步兵穿着胸甲；骑兵当时没有马鞍，但已经戴上了踝环

它们与罗马的关系，其中 5 个拉丁城市被罗马吞并，其他 10 个拉丁城市虽然保持了自己的独立地位，但要为罗马服兵役。拉丁战争之前，罗马的人口已达 25 万之众，可以为战争提供 10 个军团的兵力；拉丁战争结束后，拉丁姆地区的居民成为罗马的同盟者，他们为罗马的战争提供士兵、武器和粮草，成为罗马不断扩张和发展的稳固后方。所以，到公元前 4 世纪 30 年代，罗马已堪称意大利最强大的国家了。

当罗马解决拉丁同盟内部的纷扰时，萨莫奈人伺机再度扩张。为了阻挡萨莫奈人发展的势头，罗马人沿意大利西海岸南下扩张，在一些要塞地区建立了拉丁殖民地，把拉丁姆地区的居民迁移到这里，从而达到控制这些地区的目的。公元前 334 年，罗马在坎帕尼亚建立了卡莱斯殖民地；公元前 328 年，在里里斯河谷建立了弗雷吉莱殖民地。这些殖民活动无疑引起了萨莫奈人的极大愤怒。

公元前 327 年，意大利南部城市拿波里的希腊人感到了罗马殖民活动咄咄逼人的威胁，对罗马在坎帕尼亚的殖民城市发动了进攻，得到了萨莫奈人的支持，于是引发了第二次萨莫奈战争。罗马军团在当时的执政官披罗的率领下迅速包围了拿波里，而另一位执政官率军掩护攻城的军队。对拿波里的围困一直持续到公元前 326 年，为了不影响罗马战事，披罗的军事指挥权还被延长了一年。罗马军团的指挥权在执政官手中，但是执政官每年都要重新选举，军事权力也就相应地年年变更，实际上是不利于战事指挥的。披罗军事指挥权的延长应该是罗马第一次延长执政官的军事指挥权。*

在罗马军团的严密围攻下，拿波里最终投降，罗马与其缔结了联盟。接着，罗马与萨莫奈人的战争转到了山区。开始时，双方没有爆发大规模的战役，因为萨莫奈人常常分成小股游击队进行作战，而罗马军团不适合在山区排兵布阵，也没有很好的办法来对付萨莫奈人。

萨莫奈人是一个尚武的民族。在古罗马历史学家李维的笔下，萨莫奈军队由两个支队组成：一队拿金盾、金剑鞘，戴金饰带；一队拿银盾、银剑鞘，戴银饰带。他们戴着有顶饰的头盔，只在左腿上穿有胫甲。对李维的描述，现代历史学家不置可否，他们认为这是李维根据与他同时代的萨莫奈角斗士的装束对公元前 4 世纪的萨莫奈人进行的想象。考古资料显示，萨莫奈人使用的是轻投枪，他们的盾牌也较轻，类似于意大利圆形盾。所有士兵都有头盔和腰带，但是金属胸甲和胫甲仅限于富人使用。这样的装备表明他们不能像罗马军团那样靠密集的方阵作战，应该更适合在山地作战。长期的

---

* 科瓦略夫：《古代罗马史》，王以铸译，上海：上海书店出版社，2007，第 154 页。

萨莫奈士兵的青铜雕像，发现于西西里（巴黎罗浮宫博物馆藏）

约公元前300年萨莫奈士兵的头盔

山区生活，还使萨莫奈人成为意大利当时最好的骑兵，他们的马匹甚至使用了胸肩护甲，因此能在战斗中胜过罗马军团。

公元前321年，两名求胜心切的罗马执政官非常鲁莽地发动了对萨莫奈人的全面进攻，却正好踏入了萨莫奈人早已布好的天罗地网。萨莫奈人在他们的天才统帅彭提乌斯的带领下，把罗马人包围在狭窄而逼仄的考乌狄姆峡谷内。由于缺乏粮草，罗马军团受尽饥饿之苦，却又没有突围的办法。看着山谷中的五万名青年士兵，罗马执政官不忍他们被活活饿死，于是率军投降，与萨莫奈人签订了和约。罗马人被迫离开萨莫奈人生活的地区，保证不再重新发动战争，并从罗马军团中挑出600名贵族作为人质交给萨莫奈人。

萨莫奈人没有杀死投降的罗马士兵，却想出了侮辱罗马军团的办法，即强迫他们从轭门下钻过。轭门是用三支矛架起的，两支矛插在地上，第三支矛横架在另外两支上，与地面平行，其高度仅够一个人蹲伏着钻过。其形状很像是架牛的轭，因此被称为轭门。放下武器的罗马士兵一个个钻过轭门，四周的萨莫奈人发出了刺耳的嘲讽和讥笑。对崇尚勇敢和自由的罗马人来说，这真是一种巨大的耻辱。值得一提的还有罗马民众对罗马士兵遭受轭门之辱的态度。据阿庇安记载，这个灾难的消息传到罗马的时候，罗马人痛苦悲伤，如临公共的丧礼。妇女们对那些用这种不名誉的方法挽救了生命的人，好像对死者一样服丧。元老们取消了他们的紫带袍。整个一年之内宴会、婚姻及其他一切类似的事情都被禁止。* 轭门之辱点燃了罗马人内心复仇的怒火。此后，每当罗马军团胜利时，也常常对失败者加以羞辱，让他们钻过这样的轭门。

但是，"考乌狄姆和平"仅仅维持了5年。公元前316年，罗马人以执政官无权签署这一和约为借口，撕毁和约，战争重新开始。罗马开辟了三条战线，一条在坎帕尼亚，一条在里里斯河谷北部，还有一支罗马军队越过亚平宁山脉，沿亚得里亚海岸向南行进，试图与卡普亚人的军队会合。

萨莫奈人在行动速度和谋略上都远远超过了罗马人，他们任由罗马人占领了卡普亚和里里斯河谷，也没有理会在坎帕尼亚的罗马军队，而是看准了罗马兵力分散的弱点，直接向北进发，直逼罗马的中心腹地。罗马集中了所能得到的全部兵力，由独裁官鲁里亚努斯全权指挥。公元前315年，独裁官带领军队向南迎敌，与萨莫奈人在特拉西纳城附近相遇，罗马军队被悉数歼灭，吃了惨重的败仗。局势由此急转直下，意大利南部的罗马同盟城市纷纷叛乱，萨莫奈人继续向拉丁姆地区进军，沿途不断破坏乡间的粮食作物，还有30公里就兵临罗马城下了。

---

* 阿庇安：《罗马史》上卷，谢德风译，北京：商务印书馆，2013，第44页。

获胜的罗马军团逼迫战败者钻过轭门

仓皇中，罗马元老院召回了在里里斯河谷的军队。萨莫奈军队立刻给予这些罗马军团以迎头痛击，把他们打得四处逃窜。罗马在北方的同盟者此时也蠢蠢欲动，伺机反叛。萨莫奈军队与最后的胜利只有咫尺之遥，但这时却发生了意想不到的事情。受意大利南部希腊殖民地事务的影响，萨莫奈人在继续打击罗马的问题上犹豫了一下。而这一短暂的犹豫使他们丧失了赢得最后胜利的机会，罗马人迅速反扑，将所有的兵力集中在一起奋力抵抗。公元前 314 年，还是在特拉西纳城附近，罗马军团扳回了一局：歼灭了 10000 多名萨莫奈人。此后，战争又持续了 10 年，在这 10 年中，萨莫奈人逐渐式微，公元前 311 年，尽管有几个埃特鲁里亚城市加入到萨莫奈人的阵营中，却再也无法改变其失败的命运了。公元前 304 年，罗马人与萨莫奈人签订和约，第二次萨莫奈战争结束。

这次和平仅维持了 6 年，就爆发了第三次萨莫奈战争。战争开始的前两年，仍然只是小股的游击战，双方没有爆发决定性的战斗。公元前 296 年，萨莫奈人再次向北挺进，穿过亚平宁山脉，试图与北方的埃特鲁里亚人、高卢人和翁布里亚人会师，共同打击罗马。这对罗马来说，是一个很大的挑战，在此之前，罗马人面对的是单个的敌人，而这次，是众多敌人联合在一起的力量。面对严峻的挑战，罗马开始大量征兵，成批的退役老兵又重操战戈，大量奴隶也被紧急充军。罗马倾全国之力，几乎投入了所有的兵力来进行这场战争。

公元前 295 年，在森提乌姆，萨莫奈人的联军与罗马军队进行了决战，最终，罗马军队取得了决定性的胜利，联军中约有 10 万人阵亡，其中包括萨莫奈人的杰出将领埃格纳提乌斯。

森提乌姆一役决定了战争的结局，也决定了萨莫奈人的命运。罗马敌人的联盟解体了，卷入这场战争的埃特鲁里亚人和翁布里亚人丧失了自己的独立，并支付了大量赔款。在公元前 3 世纪上半叶，埃特鲁里亚地区的城邦要么被罗马人征服，要么与罗马结成了联盟。此后，萨莫奈战争又持续了几年，罗马人有步骤地攻击萨莫奈人，在被征服地区系统地进行军事殖民，巩固已有的胜利果实，也为最终的胜利奠定了基础。

公元前 290 年，在漫长的战争之后，萨莫奈人被迫向罗马求和。萨莫奈战争的胜利对罗马军团的成长有着深远的影响，在山地作战中，萨莫奈军队的灵活机动反衬了罗马重装步兵方阵的笨拙，促使罗马军团在军制上进行全面的改革，创建了真正具有罗马特色的、灵活机动的中队战术。

中队战术

早期罗马军团基本仿效希腊的方阵模式，一个军团就是一个整体，依靠密集队形对敌方进行震荡冲击。这种方阵虽然有一定的冲击力，但缺乏灵活性，不利于发挥士兵个人的战斗能力，也不适合在山地作战。在公元前390年的阿普里亚河战役中，这种过于笨重的队形是罗马人失败的主要原因；而在与萨莫奈人在山地交战的过程中，这种队形也令罗马人吃尽了苦头。

罗马人是一个善于学习的民族，在遭受轭门之辱后，他们立刻向自己的敌人学习，改革了希腊方阵，在军团和百人队之间设置了新的战术单位——中队。中队是能独立行动和单独作战的单位，以前的军事行动，无论是否需要，都得整个军团同时进行，而在中队战术下，不同的军事任务可以根据实际情况，由一个或数个中队来完成。罗马军团因此变得更加机动灵活了。

历史学家狄奥尼修斯和普鲁塔克认为中队战术是罗马人向入侵的高卢人学习的结果。但高卢人从没使用过这种战术，公元前4世纪的高卢人对罗马军事发展的影响，更多地体现在武器装备和对骑兵的运用上。对罗马中队战术的追溯，李维的记载似乎更可信些，李维认为罗马是在与萨莫奈人的交战中接触了中队战术，进而采用了这种战术和与之相配的装备——意大利圆盾和重投枪。

李维对中队军团作了比较详细的描述。罗马共设4个军团，每个军团有4200名士兵（有时候也会达到5000人），另有300名骑兵。军团由3个战列组成。第一列是年轻的士兵，称为“枪兵”；第二列是壮年士兵，称为“主力兵”；第三列是后卫，由罗马军团中最富有作战经验的老兵组成。三列阵均由重装步兵组成，轻装兵和骑

罗马军团摆开阵型攻城

兵不列入三列阵，而是配置在三列阵的两翼，保护军团的侧翼。

在作战时，罗马军团的三列士兵像棋盘一样排列，在第一列的一个中队和另一个中队之间留有空隙，恰好可以供第二列的一个中队穿过。战斗开始时，由轻装部队投掷长枪扰乱敌人的队形。当敌人冲上来时，轻装部队就穿过中队之间的空隙撤到后面，而重装步兵则冲上来，投掷重投枪，并与敌人短兵相接。如果仍然无法击溃敌人，他们就撤退到第二列主力兵中间的空隙中，与第二列一起迎战敌人。当第一列和第二列士兵共同进行作战时，第三列士兵一律左腿支地，右腿跪地，左肩支撑的椭圆形的大盾掩护着自己免受敌

在战斗中持枪等待的第三列士兵。他们右膝跪地，长矛向上斜指，左肩依靠着盾牌作为掩护。一旦前面的两列士兵失利，他们就会冲上前去，投入战斗

人的流矢伤害，手中握着矛斜插向前方，形成一道密集的枪林。如果前两列的进攻都失败了，那么，他们就撤退到第三列的空隙中，而第三列会合拢空隙，全军撤退。根据李维的描述，第三列既能掩护部队撤退，也是发起最后进攻的力量源泉。进攻的号角响起时，他们会立即站起，让前两列的士兵进入战列空隙中，然后迅速合拢，重新以密集的兵力向敌人发起进攻。那些乘胜追来的敌人也会被裹进战列空隙中，由他们任意宰割。

三列阵与原来的方阵比起来，体现了很多优势。首先，中队这一作战单位的设置，使罗马军团更加灵活，无论是丘陵、山地还是

敌人设置的障碍，罗马三列阵都可以以中队为单位很容易地越过；其次，罗马军团分为三列，后一列的力量总是比前一列的大，前列士兵无法抵敌时，就会有更强大的主力军来支援，被击溃的长矛兵则可从容地退到后排重新整顿队形再战。因此，有军事家评论说，中队军团的出现不仅在人类军事史上将单兵作战的士兵第一次从密集队形中解放出来，而且还使其侧面和背后得到了必要的支援，标志着罗马军队已步入比较正规和成熟的阶段。

很快，在南意大利战场上，在罗马军团与皮洛士的马其顿方阵的较量中，中队战术的这些优势得到了具体的体现。

与皮洛士的较量

罗马在立国之初，土地面积仅有 217 平方千米。森提乌姆战役之后，罗马几乎控制了意大利半岛上的所有土地，土地面积已达 80000 多平方千米，只有南部的希腊城市还在罗马同盟之外。为了巩固自己的统治，罗马开始向这些希腊城市施加压力，迫使他们成为自己的同盟者。

在众多的希腊城市中，位于意大利南端的他林敦最为强大和富庶，他们的瓷器、纺织和染色技术享誉地中海世界，他们的海军是意大利最强大的，垄断着亚得里亚海的海上贸易。凭借这样的经济和军事实力，他林敦在希腊城市中常常以霸主自居。萨莫奈战争期间，为了避免他林敦这一强国援助萨莫奈，罗马人曾与他林敦签订了一个协议：他林敦不干涉罗马在意大利中部的扩张，而罗马也不得派遣船只进入他林敦湾。但是，公元前 291 年，在萨莫奈战争胜利的前夕，罗马在他林敦附近的维努西城建立了拉丁殖民地，深深

伊庇鲁斯国王皮洛士头像

激怒了他林敦人，因为他们将此举看成是罗马人对自己的直接挑衅。

公元前 282 年，意大利中部的路卡尼亚人袭击了希腊殖民城市图里。这时的图里已经与罗马结盟，于是向罗马求援。当罗马军队开进他林敦湾援助图里时，他林敦认为罗马已经公开撕毁了协议，战争由此爆发。

公元前 281 年，罗马军队开进了图里城，并在那里驻守。他林敦不甘示弱，联合了墨西拿人、路卡尼亚人、萨莫奈人和布鲁提人与罗马公然对抗。不仅如此，他林敦还向伊庇鲁斯国王皮洛士求援。

伊庇鲁斯堪称当时希腊世界中的头号强国，其国王皮洛士是亚历山大大帝的后裔，也有着与亚历山大大帝一样的扩张梦想。接到他林敦的求援，皮洛士立刻意识到，这是向西西里和意大利南部

庞贝出土的大象驼塔雕塑，约公元前2—前1世纪，最早可能出现于罗马与东方国家的战争中（那不勒斯国家考古博物馆藏）

扩张的绝好时机。公元前280年，皮洛士渡过亚得里亚海，带着一支25000人的军队和20头战象来到了意大利南部。罗马立刻派出25000名军团战士前去迎敌。

在他林敦湾附近的赫拉克里阿，罗马军团与马其顿方阵进行了第一次较量。这次战役，双方打得难分难解，罗马军团的三列阵光荣地经受住了马其顿方阵的冲击。但是，在战斗的紧要关头，皮洛士放出了战象。这些令人生畏的庞然大物在战场上横冲直撞，冲乱了罗马军团的阵脚，罗马军团几乎损失了三分之一的兵力，不得已而退却。尽管如此，罗马军团也给皮洛士的军队造成了重创：他丧失了4000名战士，其中很多是作战经验丰富的军官，皮洛士清楚地知道，要补偿这一损失是何等的困难，他说："如果再取得这样的一次胜利，谁也不能跟我回到伊庇鲁斯了"。*

---

* 科瓦略夫：《古代罗马史》，第164页。

此战之后，皮洛士很想得到休整，他认为罗马人应该也是很想议和的，于是便派了一个叫西奈阿斯的能言善辩的人去说服罗马人与皮洛士结成同盟。西奈阿斯很有辩才，再加上皮洛士的威望以及罗马人与之作战时所遭受的挫折，罗马人在议和问题上非常犹豫。这时，双目失明的元老克劳狄乌斯出现在罗马元老院的会议上，他以激烈的言辞坚决反对议和，并提出，只要敌人还在意大利的土地上，就决不能与敌人议和。他的演说极大地鼓舞了罗马人的战斗热情，罗马人拒绝了皮洛士的议和要求。

元老院下令征集两个新军团，西奈阿斯还未离开罗马就看到了罗马人争先恐后踊跃参军的情景。据说，他回去后就向皮洛士报告："我们是在和九头妖蛇作战……"*

公元前 279 年，罗马派出 40000 名士兵打击入侵者。这次，皮洛士得到了意大利南部各城邦的支持。双方在阿斯库伦附近进行了激烈的战斗。由于此地林木茂密、地势起伏，皮洛士无法充分发挥方阵和大象在战场上的优势，所以在战斗的第一天，双方没能分出胜负。第二天，皮洛士抢到了好的位置，亲自带兵向罗马人发动了一次密集而秩序井然的强大进攻。罗马人既不能后退，也不能前进，被迫在平原上作肉搏战，不顾一切地用刀剑拼杀于敌人的长矛中。据普鲁塔克记载，皮洛士在久战不下后，又放出了战象。势不可挡的战象冲垮了罗马军团的阵脚，让他们意识到：他们的英勇已毫无作用，必须撤退。此次战役，罗马的执政官戴克优斯连同 6000 名士兵战死沙场。但是同赫拉克里阿战役的结果一样，皮洛士虽然获胜，也付出了惨重的代价：5000 名将士战死，而这些人很多是皮洛士从

---

* 杨共乐选译：《世界史资料丛刊：罗马共和国时期》（上），第 41 页。

皮洛士的战象

本土带来的精兵强将，有的还是他的挚友和亲信，皮洛士本人也受了伤。在这样的条件下，皮洛士根本无法乘胜追击，只好颓然地领兵退回他林敦。两次战役都以皮洛士的险胜而告终，后人用“皮洛士的胜利”一词来形容得不偿失的胜利。

此后，皮洛士应西西里之邀去帮助那里的希腊人打击迦太基人。而迦太基人由于早就担心皮洛士会援手西西里，已经与罗马人建立了联盟。伊庇鲁斯的军队在西西里岛上纵横驰骋，几乎肃清了岛上所有的迦太基军队，只有西角的利里贝乌姆港还在迦太基人手中。但是两年之后，面对着负隅顽抗的迦太基人和自己久攻不下的窘境，皮洛士失去了热情，决定撤回意大利。在穿越墨西拿海峡时，他遭到了迦太基人的袭击，大约损失了一半的舰船；率残部北上时，

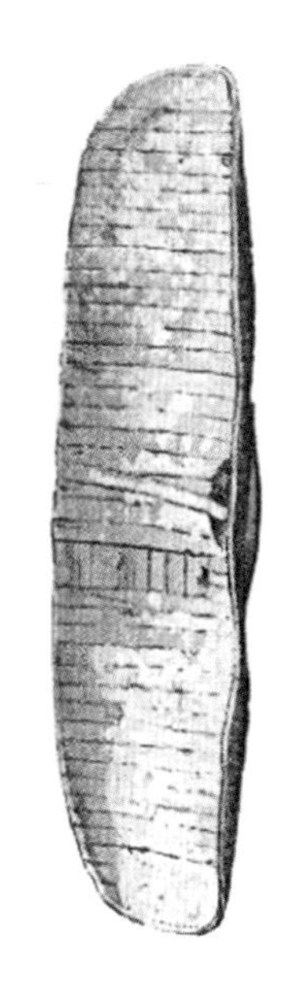

埃及法尤姆地区出土的罗马士兵盾牌，保存在开罗博物馆。盾牌长1.28米，宽0.635米

又遭到了罗马在利基乌姆驻军的打击，损失惨重。

在皮洛士离开意大利的两年间，罗马人没有浪费这来之不易的喘息之机，先后制服了萨莫奈人和路卡尼亚人，所以当皮洛士再次回到意大利时，发现自己已经没有了盟友。公元前275年，皮洛士带着残部退回到他林敦，重整军队，继续北上，希望能与罗马军队决一死战。此时，已有两支罗马军队分头开往意大利中部，但皮洛士并没有意识到这两支军队已经离自己很近了。按照他自己的计划，皮洛士决定袭击驻扎在贝尼温敦的罗马军队。他星夜兼程，希望能在罗马军团觉察之前占据有利位置，但不幸的是，他在夜间行军中迷了路，耽误了行程，等他赶到该地时，发现罗马军团早已布好了战阵。皮洛士还没来得及布阵，其先头部队就遭到了罗马军团的猛攻，转瞬间灰飞烟灭。在与罗马的主力部队交战时，皮洛士再次使用了战象，而这次，战象却没有给皮洛士带来他想要的胜利。

罗马军团经过多次战斗，已经适应了皮洛士的战术，应战能力显著提高。面对着冲过来的大象，罗马军团把密集阵型散开，放大象进入阵内，用投枪猛刺大象，受伤的大象失去了控制，掉头跑回自己的营地，冲乱了皮洛士的阵脚。罗马军团乘势掩杀而来，皮洛士溃不成军。而此时，罗马的援军也正向贝尼温敦急行而来。皮洛士再一次与他迫切希望的胜利失之交臂，于是撤回了他林敦，不久之后扬帆回到伊庇鲁斯：在意大利，他失去了战争，也失去了三分之二的军队。

公元前 272 年，他林敦投降，意大利南部的绝大多数希腊城市成了罗马的同盟者，随后，罗马又征服了意大利南部的其他民族，最终完成了对南意大利的征服。公元前 265 年（第一次布匿战争前夕），除了北方的波河流域还在高卢人的控制之下，整个意大利半岛都落入罗马人的手中。

忠勇卫国之师

在意大利争夺战中，为什么罗马成为最终的胜利者？除了优越的地理位置、坚忍的民族性格等因素外，最重要的恐怕就在于罗马有一支忠勇卫国的公民兵军队了。当罗马的许多敌人不得不依赖雇佣兵打仗时，罗马军团却是以罗马公民为主体组建起来的。在罗马，公民就是士兵，士兵就是公民，他们的身份是一体的。在战场上，士兵是为国家而战，也是为自己的土地、家人、自由和神庙而战。与那些为了获得军饷而参军的雇佣兵相比，罗马军团无疑有着极高的战斗热情。

而单就公民兵军队这一点而言，罗马军团也不同于其他城邦或民族的公民兵军队。比如，意大利中部的萨莫奈人也是公民兵军队，但他们的组织性和纪律性都远远逊于罗马军团。这是因为，在连续不断的征战和扩张中，罗马军团培养了自己的军队精神：他们坚忍勇敢、纪律严明，对国家、对宗庙始终保持着忠诚和敬畏。这种精神才是罗马军团、罗马民族制胜的法宝。

罗马共和国在立国之初，生存环境非常恶劣，从一开始就面临着很多威胁。这些威胁使罗马的每一个公民都有一种危机意识，迫使他们把个人的利益与国家的兴亡紧紧地联在一起，逐渐形成了一种“国兴我兴、国亡我亡”的群体意识，这种意识其实就是一种民族精神。美国学者伯恩斯在《世界文明史》中总结了罗马的民族精神：“勇敢、荣誉、自我克制、对神和自己祖先的虔诚以及对国家和家庭的义务感。忠于国家高于忠于其他一切。为了国家的利益，公民不仅必须准备牺牲自己的生命，而且必要时，还要牺牲其家属和朋友的生命。”* 在欧洲历史上，很少有民族能够像罗马人那样彻底地服从国家的利益。

共和国早期，当罗马人与厄魁人和萨宾人之间爆发战争时，元老院任命昆提乌斯·秦齐纳图斯为独裁官（任期 6 个月，在此期间拥有全罗马唯一的、至高无上的权力），赴战场指挥作战。任职命令传给他的时候，他正在田间耕地。听完元老院使者的汇报，他擦去汗水，换上妻子拿来的战袍，立即奔赴战场。他用 16 天的时间击溃了敌军，然后又返回田间继续劳动。恩格斯因此称赞他是“真正的

---

* 转引自宫秀华：《罗马：从共和走向帝制》，北京：高等教育出版社，2006，第 35 页。

早期的罗马士兵（左），装备仿照希腊军队，身穿鳞片式铠甲

公民美德和异常质朴而高尚的忘我精神的榜样”。

维爱战争中，为了保卫罗马，罗马名门法比乌斯家族共有 4000 人战死，其中与法比乌斯有直系血缘关系的就有 300 多人，整个家族在战后基本上只剩老弱妇孺。这个家族的牺牲换来了罗马人对其长久的尊重，他们被称为“伟大的法比乌斯家族”，是罗马人忠勇为国的一个典范。

公元前 3 世纪 80 年代，伊庇鲁斯国王皮洛士与罗马交战期间，有一次，皮洛士在接待罗马使团时，偶然得知使团代表菲布利西阿在罗马颇有势力却很贫穷，就对他说，“如果你愿意，就跟我到伊庇鲁斯共享荣华富贵吧！”菲布利西阿严肃地回答说：“国王啊，

罗马士兵浮雕（图拉真纪功柱，113）

无论你的朋友也好，你自己也好，都不能夺去我的独立。我认为，我的贫穷比你们这些忧心忡忡的国王们所有的财富都更加幸福些。”*其甘守清贫的品质令皮洛士肃然起敬。

罗马的民族精神就是罗马军团的精神。对罗马军团的士兵来说，服从国家利益就是勇敢杀敌。在罗马士兵的各种品德中，英勇是第一位的。品德（virtus）一词的原意，就是指男子汉、大丈夫的气质（词源为 vir，男子）。出于对勇敢的崇尚，在神话传说中，罗马人把罗马的建立者罗慕洛斯说成是战神玛尔斯的儿子；也是出于对

---

* 阿庇安:《罗马史》上卷，第 51 页。

勇敢的崇尚，罗马军团以鹰为旗帜。罗马军团的勇敢是举世闻名的，据说，罗马军团的士兵常常在夏天把衣服脱下来，炫耀自己的伤疤，在罗马人的眼里，没有疤痕的皮肤是丑陋的，因为没有经过战争的洗礼，算不上男子汉。

“忠勇卫国、甘于牺牲”的罗马民族精神不是凭空产生的。宗教信仰、道德信念以及对国、对家的责任感为罗马民族精神的发轫和保持提供了基础。罗马人的宗教虽然很简单，但以家庭为单位的宗教活动却经常进行而且毫不懈怠。他们以虔诚的态度对待自己的宗教信仰，敬畏祖先，崇拜神明，对罗马社会产生了很大的精神凝聚力。* 罗马士兵在应征入伍后的第一件事就是宣誓永不违反纪律，服从上级指挥官的命令，甘于为国家的安全牺牲自己的生命。这种宣誓对个人、对军团来说，都是极有意义的，因为“举头三尺有神明”，罗马人相信，个人所有的行动都是受到神明监督的。

除了神明的监督外，罗马军团还有严格的纪律规范、严明的奖惩制度。战功卓著的士兵能得到各种各样的物质和精神奖励。比如，在公民大会上受到表彰、增加薪饷、分到更多的战利品、提升官职、获得荣誉奖章等。在战斗中第一个登上敌人城墙、壁垒或军舰的战士，可以得到金冠；在激战中拯救了战友的战士，可以获得花冠，这是一项最为崇高的荣誉。罗马士兵认为从敌人手中救出自己的战友是最勇敢和无私的行为，这种观念是罗马军团成为一支团结的、有战斗力的军队的基础。

与此相应，罗马军队的惩罚手段也是异常严酷的。罗马军法规定，凡是违反军令、临阵脱逃和表现怯懦者，都要在战士队列前受

---

* 参见朱龙华：《罗马文化》，上海：上海社会科学院出版社，2003，第 20 页。

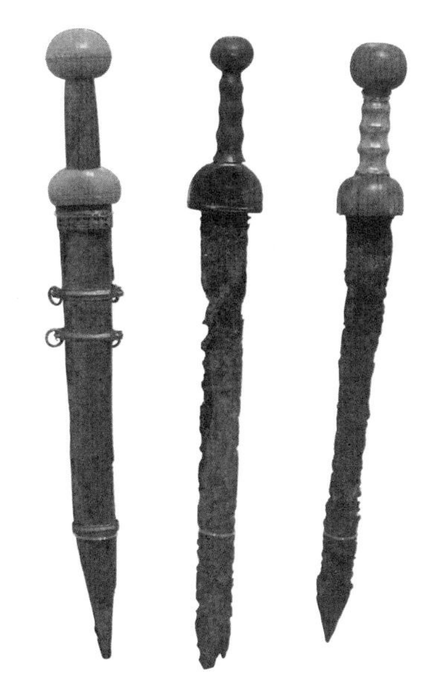

早期罗马军团使用的长剑，手柄由骨头、象牙或木头制成（奈梅亨沃克霍夫博物馆藏）

罗马军团使用的盾牌（耶鲁大学艺术博物馆藏）

到鞭挞，然后砍头示众。如果是整个部队在战斗中胆怯溃逃，则施加严酷的“十一抽杀法”。执政官召集军团，要求溃逃的士兵集体出列，以10人为一行排队抽签，每一行中都会有一个抽到死签的士兵被同伴们乱棒打死，其他的人被强迫吃下难以下咽的大麦，并且要在营垒外没有保护的地方搭建帐篷。

犯小错的人受到的惩罚通常是交罚金和保释金，如果犯了以下错误，如偷盗宿营地的东西、做伪证、为了逃避职责而自残、同一错误犯了三次、在战场上扔掉自己的剑和盾，以及向保民官虚夸战功等，会遭到棒刑，有的士兵甚至死在棒刑之下。罗马军团非常重

犯错的罗马士兵被处以“十一抽杀法”的严酷惩罚（William Hogarth，*Beaver's Roman Military Punishments*，1725)

W Hogarth Invt et sculpt

罗马士兵获得的桂冠

视宿营地的警卫工作，对在站岗警卫过程中玩忽职守的士兵，通常只有一种惩罚，那就是处死。据李维在《建城以来史》中记载，在高卢人夜袭卡匹托山的战役中，那个最先惊醒的战士不仅得到军政官们的奖赏，而且还受到了全体军士的酬谢，每人都给他家送去了半磅小麦和四分之一品脱的酒，而那个失职的哨兵则被从山顶上抛了下去。

赏罚分明使得军团培养了浓厚的为国效忠、勇敢无私、甘于牺牲的精神氛围，它以最直接的方式，向士兵们传达了什么是军团所鄙视和尊崇的行为。罗马军团注重实效，他们从队列、操练、宿营等小事抓起，在日常训练中突出强调和培养军团士兵的组织性、纪律性；一旦投入战场，这种组织性、纪律性就立刻转化成坚忍和勇猛的作战行为，转化成敌人眼中的一只雄鹰。

一个民族，没有昂扬的精神，就失去了赖以生存发展的根基。正因为有了这样的精神，罗马士兵才能在一次又一次的危急关头，发挥出巨大的潜能，不断重新振作起来，以更高昂的斗志杀进战场。他们经历过法比乌斯家族的壮烈牺牲，经历过卡匹托山上的围困，经历过萨莫奈人的轭门之辱，但给人印象最深的却是，在每一次艰难历程后，罗马军团都会焕发出新的生机：法比乌斯家族壮烈牺牲后，他们赢得了维爱战争的胜利；被困卡匹托山上之后，他们完成了对罗马城的修建；遭受轭门之辱后，他们改进了自己的作战技术，最终征服了整个意大利。仿佛是凤凰的涅槃，每一次都是辉煌的重生。

从传说中的公元前753年罗马建城到公元前265年罗马征服意大利，罗马历经了500多年的漫长岁月。而在征战意大利的过程中，罗马军团得到了全面的发展，军队的给养、军团的战略战术、士兵的心理素质和作战经验都得到了严峻考验和实战锻炼。罗马军团真正成长为一支能打善战的劲旅。此后，凭借着这支劲旅，罗马扩张的脚步有了加速度，100年后，她成为地中海世界的霸主，再一个100年后，地中海成为其内湖，罗马成为雄霸世界的大帝国。

ROMAN LEGION

II

第二章

争霸地中海

为争夺地中海的霸权，罗马和迦太基两强相遇，一场古代史上历时最长、间隔最短也最为残酷的战争就此展开了，其间，罗马军团遭遇了一个极其危险的对手——古代军事史上最伟大的将领汉尼拔。

据说，公元前 275 年，当皮洛士满怀失望之情离开意大利时，宣称：“这个战场，我留给迦太基和罗马去打好了”。果然，在他离去之后，罗马迅速完成了对意大利的彻底控制，不可避免地与迦太基这个海上强国相遇了。

两强相遇，一场古代史上历时最长、间隔最短也最为残酷的战争就此展开了。从公元前 264 年到前 146 年，罗马与迦太基人进行了三次战争，其间，25 万名军团战士战死沙场，而一度称霸地中海的海上强国迦太基就此消失了。因为罗马人称迦太基人为“布匿”，所以这场对迦太基的战争就被称做布匿战争。

布匿战争以后，罗马完成了向南和向西的扩张，接着又开始了对地中海东部地区的征服活动，最终战胜马其顿王国、塞琉古王国，成为地中海世界的统治者。

两强相遇

迦太基是公元前 3 世纪地中海世界的海上强国，控制着非洲海岸线、西班牙的东南部、科西嘉岛、撒丁岛以及西西里岛的西部。作为举世闻名的航海民族腓尼基人的后裔，迦太基人拥有优良的航海传统和一支堪称地中海世界一流的海军舰队。罗马征服意大利后，罗马和迦太基这两个强国就隔着墨西拿海峡遥遥相望。

《迦太基的兴起》(J. M. W. Turner，1851)

罗马和迦太基的争端起于西西里岛。

公元前 310 年至前 289 年间，叙拉古国王阿格多克里斯控制着西西里岛的大部分地区，但是阿格多克里斯去世后，其手下的一支坎帕尼亚雇佣军发生哗变，占领了地峡附近的墨西拿城，杀死了城中绝大多数公民。这支雇佣军自称马末丁（意为战神之子），以墨西拿为基地，骚扰附近城镇，劫掠过往商船。公元前 270 年，希耶罗成为叙拉古人的国王，受到墨西拿幸存公民的请求，决心铲除马末丁人。他率军在龙格努斯河附近打败了马末丁人，并一度包围了墨西拿城。

但是，叙拉古国家的内乱，使得迦太基人坐收渔翁之利，乘机扩大自己的地盘。看到墨西拿城被围攻，迦太基人非常担心墨西拿海峡落入叙拉古之手，因此主动援助墨西拿，并派兵从海上登陆，

今人对古代迦太基的想象性再现。前面的圆形港口是迦太基的军事港口 Cothon，迦太基的所有战舰都停泊在那里，远景为拜尔萨山和突尼斯湖（突尼斯迦太基国家博物馆藏）

迫使希耶罗撤军，之后迦太基军队驻扎在墨西拿城中。公元前 265 年，原本欢迎迦太基援助自己的马末丁人对城中驻扎的迦太基军队产生了反感，他们既不希望墨西拿城落入叙拉古之手，也不希望受制于迦太基。因为羡慕海峡对岸的罗马同盟城市雷吉城所享有的自由和好处，公元前 264 年，他们决定向罗马投降。

罗马人深知，接受墨西拿的投降，就等于同时向迦太基和叙拉古宣战。但是，经过反复斟酌，罗马人还是决定不能让西西里岛这块与意大利咫尺之遥的沃土落入迦太基之手，因为那样的话，罗马不仅要承受巨大的商业损失，其继续扩张的脚步也会受到严重的阻碍。于是，罗马接受了墨西拿的投降。很快，一小支罗马军队穿过迦太基人控制的海峡，顺利进入墨西拿湾。在海峡上巡逻的迦太基人此时还不愿意卷入与罗马的战争中，对罗马军队进入墨西拿城中没有进行全力的阻止。而罗马人一进城，墨西拿人就要求迦太基驻军的长官哈农撤出该城。哈农一时间不知所措，撤出了自己的队伍，把墨西拿拱手让给了罗马。因为胆怯和软弱，哈农被迦太基政府处以死刑。

迦太基立刻采取报复行动，向西西里岛增派军队，沿南部海岸线行军，与他们从前的敌人叙拉古人合兵一处，向墨西拿进发。与此同时，罗马执政官克劳迪乌斯率军来到雷吉城，横渡海峡，从此开始了这场世界古代史上历时最长也最为残酷的战争。

公元前 263 年，即战争开始的第二年，罗马的两名执政官率领 40000 人的大军来到西西里岛上，决定先击败叙拉古，然后再应付迦太基人的威胁。在罗马军队的重重包围下，叙拉古国王希耶罗投降了，并与罗马人缔结了和约与联盟。罗马军团在岛上取得了一定的优势地位，接连打下了西西里岛西南沿岸的迦太基人的据点阿格里根图姆和几座陆上城市。可是，沿海的一些大城市却害怕迦太基海军的报复行动，坚定地据守着城池，令罗马军团无计可施。与此同时，意大利沿岸也遭到了迦太基舰船的不断侵扰，罗马开始意识到：他们在西西里岛上的优势地位不能持久，只要制海权掌握在迦太基手中，仗就不可能打下去。

所以，对罗马人来说，没有海军是不行的。没有海军就无法在海上占有优势地位，也就无法与迦太基人相抗衡。公元前 261 年，罗马人决定建立自己的海军。这真是一个勇敢的决定，因为当时罗马人对舰船的建造几乎一无所知。好在罗马人曾俘获过一艘触礁的迦太基舰船，这艘船就成为罗马人造船的样板。在两个月的时间里，罗马人依葫芦画瓢地造了 120 艘战船。因为意识到自己的士兵不习水战，他们还发明了一种全新的装置，即被称为“乌鸦”的接舷吊

罗马军队战船上的水手们（图拉真纪功柱，113）

保存在突尼斯巴尔德博物馆的迦太基马赛克，描绘了罗马的三列桨战舰

桥。吊桥的一端有一根钩子，一旦靠近敌船，·接舷吊桥就会紧紧钩住敌船，让士兵从上面冲过去，在甲板上展开罗马军团最拿手的白刃战。

公元前 260 年，罗马执政官杜伊利乌斯率领的罗马舰队与迦太基舰队在米拉海角附近遭遇。迦太基舰队由 130 艘战船组成，他们企图采用撞击战术，用舰船的冲角撞击罗马战舰。而这正是罗马人

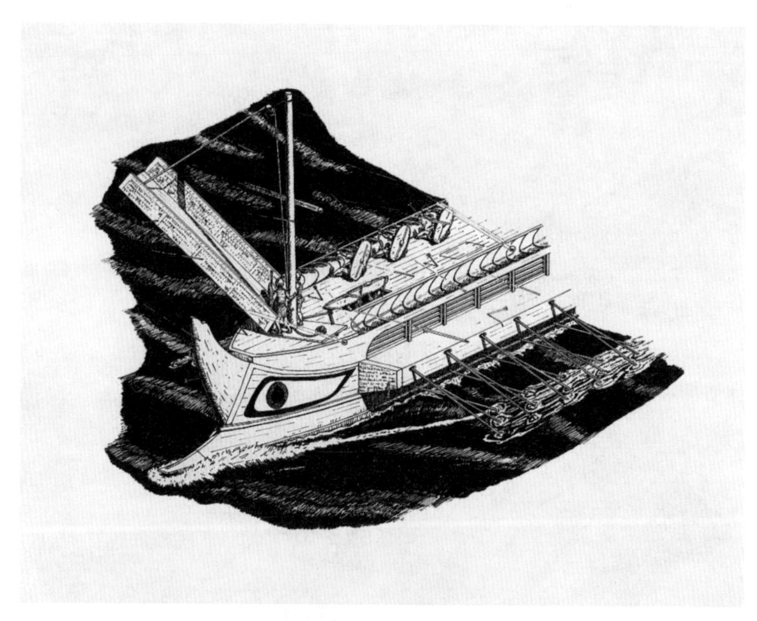

罗马的三列桨战舰，配备了乌鸦接舷吊桥。乌鸦吊桥的成功运用，极大地增强了罗马人的信心，也使罗马进一步加大了对海军的投入，在地中海西部形成了自己的海军优势

所想要的。罗马战舰没有躲闪，以船首逼近迦太基战舰。两舰靠近后，罗马人立即放下吊桥钩住迦太基战舰。同时，早已准备多时的罗马重装步兵立即冲上迦太基战舰。迦太基战舰上都是水兵和划桨手，根本不是强悍的罗马重装步兵的对手。一时间，迦太基战舰上到处刀光剑影，鲜血迸溅。迦太基人损失了 50 艘战舰，罗马人取得了意想不到的胜利。

这次海战的胜利使罗马人大为振奋，罗马的广场上竖起了庆功柱，击败迦太基这一海上强国的信心与日俱增。在接下来的两年中，罗马军团又连续两次在海战中击败了迦太基舰队，迦太基人只能在西西里岛的西部负隅顽抗了。

罗马福尔图娜神庙里的浮雕，描绘了罗马海军舰船（约前 120，梵蒂冈博物馆藏）

公元前 256 年，为了打破西西里岛的僵局，罗马人决定把战争打到迦太基的老巢非洲去。当年的两名执政官率领由 330 艘战船组成的庞大舰队，从墨西拿沿西西里东岸向非洲进发。为这支舰队服务的划船手约有 10 万人，准备在非洲进行作战的步兵有 40000 人。绕过西西里的东南角之后，罗马舰队转而沿西南岸航行。在埃克诺姆斯海角附近，他们遇到了在这里等候已久的迦太基舰队。迦太基舰队的规模更大，有 350 艘战船，舰队上的人员不下 15 万人。从规模上看，这一仗可算是古代史上规模最大的海战了。罗马战船排成楔子形状，冲入迦太基舰队展开的防线，却立刻被迦太基的舰队从四面八方包围起来。罗马战船再次发挥了乌鸦吊桥的优势，把海战变成了战船上的陆地战。最终，迦太基损失了大约 100 艘船，其中被击沉的有 30 多艘，被俘的 64 艘。罗马的损失是 24 艘船被击沉。

迦太基的败军退回非洲海岸，而罗马人很快在非洲东岸的克鲁佩阿城附近登陆。这时，罗马军队接到元老院的命令，部分军队奉命返回罗马，只留下执政官李古鲁斯带领 15000 名重装步兵和 500 名骑兵在非洲驻扎。

李古鲁斯两次击败迦太基的军队，并在突尼斯建立了作战基地，给迦太基带来了极大的威胁，大量人口逃进迦太基城，分外拥挤的城市里出现了饥馑。这年冬天，迦太基人遣使求和，但是，李古鲁斯提出了极为苛刻、带有侮辱性的条件，令迦太基人无法接受，他们别无选择，只能把战争进行下去。

在这个绝望的时刻，迦太基把军队的操练交给了一个叫克桑提普斯的斯巴达人。此人很有军事才干，对时局也有着清醒的认识。迦太基军队在他的领导下，进行了改组，不仅提高了战斗力，还恢复了自信。公元前 255 年，他率领迦太基军队与罗马人进行决战。他在步兵方阵前排列了 100 头战象，同时令 4000 名骑兵分布在方阵的两翼。战斗开始后，迦太基的战象首先冲散了罗马军团的阵营，还没等他们恢复过来，迦太基的步兵方阵就掩杀过来，非洲的骑兵也击溃了罗马军团的两翼，从后面包围了罗马军团。混乱中，大部分罗马士兵被大象踩死了，李古鲁斯和其他 500 名士兵被俘，只有 2000 名罗马战士逃脱。更糟的还在后面：罗马组织了庞大的增援队伍，营救了那些幸存者。但在返回罗马的途中，船队遭遇了海上风暴，结果 200 多艘战船毁于一旦，10 万名官兵遇难，只有 80 艘战船返回了意大利。

面对这种可怕的损失，罗马人并没有灰心，他们在 3 个月的时

迦太基战象与罗马步兵交战（Henri-Paul Motte, 1890）

间里又建造了220艘新舰船。两年之后，罗马舰队再次遭遇风暴，150艘船沉没于大海。到公元前251年，罗马的资源消耗殆尽，仅剩60艘战船，迦太基人再度获得了制海权。此后数年中，战争处于僵持状态，交战双方都已疲惫不堪。

僵持状态中，罗马和迦太基对战争的态度和策略直接影响了战争的最终结局。公元前242年，罗马元老院向富人借国债，新建了200艘当时最先进的五帆帆船。罗马军团士气高涨，决心进行最后一搏。迦太基的情况则与之相反。迦太基寡头政权内部腐败丛生，不仅没有改良战船的装备，而且办事效率低下的兵站部常常延迟对西西里岛上作战军队的粮食供给，削弱了他们的战斗力。

公元前241年，迦太基海军在运送粮食的途中，在西西里岛西端的埃加特斯岛附近遭遇了罗马舰队。这是一场决定胜负的战役，罗马军队占尽优势，迦太基海军元气大伤，被迫向罗马求和。罗马人向迦太基人提出了以下条件：放弃西西里岛以及西西里岛与意大利半岛之间的一切岛屿；交还全部罗马战俘；在10年内赔偿罗马白银3200塔兰特。

两强的首次较量结束了，但更为残酷的较量才刚刚开始。

迦太基出了个汉尼拔

为了弥补失去西西里岛的损失，也是为了在与罗马的新的战争中有一个巩固的基地，迦太基拟定了大规模征伐西班牙的计划。公元前237年，一直梦想打败罗马军团的迦太基名将哈米尔卡离开了祖国，带着自己的儿子汉尼拔来到西班牙。在这里，他收复了伊比利亚半岛东南部的一些地区，逐渐扩张了迦太基在西班牙的势力。公元前229年，哈米尔卡去世，他的女婿哈斯德鲁拔担任了迦太基军队的统帅，继续在西班牙地区推行扩张政策，并在东南沿海要地建立了新迦太基城。公元前221年，哈斯德鲁拔遇刺，汉尼拔于是成为迦太基军队在西班牙的统帅，此时，他只有26岁。

汉尼拔出身迦太基名门，幼年时就随着父亲转战沙场。汉尼拔具有极强的军事才能和敏锐的政治眼光。他准确地理解了当时地中海世界的政治格局，认为，如果罗马进攻西班牙的话，他们能够得到很多被迦太基人征服的部落的支持，这将大大损害迦太基在西班牙的地位。但是，如果自己能率领一支迦太基军队进军意大利的话，就可能得到罗马的宿敌——如克尔特人、萨莫奈人和埃特鲁里亚人——的支持，从而分裂罗马同盟，孤立罗马。因此，一个千里跃进、奇袭罗马的伟大计划在他的心中酝酿产生了。

从第一次布匿战争结束以来，罗马就拥有了绝对的制海权，所

迦太基的战神——汉尼拔

以对汉尼拔来说，进入意大利只能走陆路。在实施这一计划前，汉尼拔首先要尽快稳定迦太基在西班牙的统治。他在西班牙中部高地发动了两次战争，把领土一直推进到今天的葡萄牙边界，扫清了通往比利牛斯山脉的道路。公元前 219 年，汉尼拔用 8 个月的时间攻下了萨贡杜姆城。该城位于西班牙东部海岸，与罗马订立过盟约。萨贡杜姆城的陷落具有战略上的意义：它为迦太基在西班牙的统治消除了一大隐患，一旦罗马与迦太基之间重燃战火，罗马将无法以该城为基地从海上获得物资。

罗马很快向迦太基发出了最后通牒：要么交出汉尼拔，要么双方再次开战。迦太基的统治者选择了战争，于是第二次布匿战争在公元前 218 年春天开始了。

从表面上看，第二次布匿战争是由汉尼拔的野心引起的，而实际上，罗马元老院也认为彻底消灭迦太基在西班牙势力的时机已经成熟。所以，双方都准备再较量一次。

罗马元老院知己知彼，对敌、对己的计算都是正确的，但他们却无法估量躲在迦太基人后面的汉尼拔的军事天才。而恰恰是这一个人的力量，使罗马在战争的初期全面告急。

公元前 218 年 6 月，汉尼拔率领远征军离开新迦太基，踏上远征意大利之路。这真是一次充满艰险和困难的远征，而其中最大的困难就是军队的粮食供应问题。李维在《建城以来史》中提到，汉尼拔和他的司令部非常清楚这些困难，他们在会议中也曾为此多次讨论。汉尼拔的一个朋友说，按他的意见，只有一个办法可以穿过意大利，那就是，必须教会战士们吃人肉并且让他们预先习惯这种食物。虽然是开玩笑，但筹措粮草的确耗费了汉尼拔很长一段时间，而且，为了在进入意大利后能够得到援助，他一直在等意大利北部克尔特部落盟友的消息。直到得到确切回音之后，汉尼拔才率领 90000 名步兵、12000 名骑兵和 37 头战象向阿尔卑斯山进发。

汉尼拔的军队主要由外国雇佣军组成，成分很复杂，包括克尔特人、西班牙人、希腊人和北非努米底亚的骑兵。让这样一支多民族混杂的军队听从他的命令，并充分发挥不同民族士兵的优势，绝对是汉尼拔高超的指挥才能使然。波里比阿对此曾评价说："这个人的影响是太巨大，简直是惊人，他的心可以适合于一切人力范围之内的任何工作。一连 16 年的时间，汉尼拔都一直在意大利，与罗马人作不断的苦战。他的军队从来没有一天离开过战场，他好像一个优良的舵工一样，始终使这个巨大的兵力在他的控制之下。" *

---

* J.F.C. 富勒：《西洋世界军事史》第一卷，钮先钟译，北京：中国人民解放军战士出版社，1981，第 141 页。

汉尼拔的战象渡过卢恩河（Henri Motte，1878）

与迦太基相比，罗马的人力资源是丰富的，罗马有能力召集到70万名步兵和70000名骑兵，这是战争中至关重要的因素。但罗马对汉尼拔军事行动的反应太慢，直到公元前218年9月，老西庇阿才取道马赛利亚，带着第5军团和第6军团驻扎在卢恩河东部的入海口处。此时，汉尼拔正沿着海边的道路向卢恩河进发。

根据情报，汉尼拔知道老西庇阿在河口处驻扎，因此决定避开老西庇阿，直接渡过卢恩河，再沿着杜朗斯河谷进入阿尔卑斯山区，然后翻过蒙特涅乌隘口，进入意大利。但是在渡河的时候，他们还是遇到了一些麻烦。卢恩河水流湍急，水面宽200—500米，马匹、辎重和士兵已经很难通过了，更何况他们还有37头战象。据记载，为了让这些庞然大物过河，士兵们扎起了很多7米宽的木筏，想出各种办法引诱大象走上这些木筏，然后把它们渡过河，当然，在河的中间，也有大象或象夫掉进水里的情况发生，结果象夫淹死了，而大象却爬到了岸上。

等到老西庇阿打探到汉尼拔的位置赶到时，汉尼拔已启程三天了。望着空空的营地，老西庇阿极度震惊，这时他才明白汉尼拔的部队有可能是开往意大利了——是他放走了汉尼拔！而此时的意大利门户大开，毫无防范。

罗马连遭败绩

9 月，汉尼拔用 15 天时间翻过了阿尔卑斯山。阿尔卑斯山危岩嶙峋，终年白雪皑皑，其翻越难度可想而知。在这一过程中，汉尼拔损失了一半的兵力和驮运辎重的牲畜。从卢恩河出发时，他还有 38000 名步兵和 8000 匹战马，到达意大利时，只剩下 20000 名步兵和 6000 名骑兵，战象仅存一头。但是，率军翻越阿尔卑斯山的行动本身就是一大奇迹，古往今来，西方很多历史学家都对汉尼拔走过的路线非常关注，希腊化时代的历史学家波里比阿、19 世纪美国军事史学家道奇都曾怀着无比崇敬的心情实地考察过汉尼拔的征程。

从新迦太基城走到波河上游地区，汉尼拔大约花了 5 个月的时间，军队耗损严重，士气明显低落。当地的部落看到迦太基部队的状态和规模，说什么也不相信这就是能够领导他们战胜罗马军团的救世主。针对这种情况，汉尼拔一方面休整队伍，另一方面进行说服工作。当他没有办法说服当地部落时，他就以武力攻下了这里最主要的城市，屠杀了城里的居民。靠这种震慑和强力手段，汉尼拔控制了当地的一些部落和城市，解决了军队在粮草上的燃眉之急。但汉尼拔也明白，只有尽快击败这一地区的罗马军团，才是对自己

汉尼拔率领部队越过阿尔卑斯山（Bilder aus dem Altertume）

最好的宣传。因此他带领部队向波河北岸逼近。

此时，老西庇阿已经乘船回师意大利的比萨，带领第 1 军团和第 2 军团越过亚平宁山脉进入了波河平原，试图堵截和打击汉尼拔。但是，老西庇阿在指挥上连连失误，接连在波河的两个支流——提契诺河和特里比亚河上遭到汉尼拔的伏击。尤其是在特里比亚战役中，罗马人损失了两万人的兵力，失掉了北部意大利。汉尼拔的胜利产生了立竿见影的宣传效果。弱肉强食、崇尚武力一直是克尔特人的特点，他们蜂拥而至，参加迦太基军队，原来在罗马军队中服役的克尔特人也倒戈叛逃。按照克尔特人的传统习惯，他们在离开时，还杀死了一些罗马人，把他们的头割下来作为向汉尼拔投诚的信物。

第二年春天，罗马军队退守意大利中部，分东、西两路堵截汉尼拔，阻止他南下进攻罗马。但汉尼拔又一次出人意料地绕开罗马军队主力，直接翻越亚平宁山脉进入到亚诺河河谷。此时正值亚诺河泛滥时节，到处都是沼泽和泥泞。迦太基的军队连续 4 天 3 夜不分昼夜地在齐腰深的水中行军，很多驮运的牲畜摔倒了，死在了烂泥里，疲惫不堪的士兵们就在这些牲畜的尸体上稍作休息。汉尼拔自己也染上了严重的结膜炎，由于没有时间停下来治疗，他的一只眼睛失明了。

但是，此次行军的确达到了出人意料的目的：罗马新任的执政官弗拉米尼乌斯完全没有料到汉尼拔的军队会如此快速地出现在自己的右翼。弗拉米尼乌斯本来打算与另一位执政官塞维利乌斯会师后再与汉尼拔开战，但汉尼拔大肆劫掠周围的农田，令他非常气愤，于是他离开在亚雷提恩设防的营地而急追汉尼拔。当地的居民对胜利充满了自信，他们成群结队地跟在弗拉米尼乌斯军队的后面，给

汉尼拔率军翻越阿尔卑斯山成为世界战争史上的一大奇迹，在后世不断地得到想象性的再现（Jacopo Ripanda，1510，罗马卡匹托尼亚博物馆藏）

将要成为俘虏的迦太基人拿着枷锁。*

汉尼拔是一个喜欢出奇制胜的指挥官，埋伏阻击和所有一切的计谋对于他来说都是家常便饭。此时的汉尼拔决定利用有利的地形再打一次伏击战。他派人侦察了周围的地形，发现在特拉西梅诺湖的北岸有一个三面环山的谷地，一条狭窄的隘路从西南通向谷地，正好适合设置埋伏。汉尼拔仔细研究了弗拉米尼乌斯的经历和性格，不断打探弗拉米尼乌斯在自己身后的追击情况，成功地把罗马军队引入了自己的包围圈。

公元前 217 年 6 月 21 日清晨，罗马军队共计 30000 人果然追到

---

* 科瓦略夫：《古代罗马史》，第 274 页。

意大利画家笔下的特拉西梅诺湖之战（16 世纪上半期）

了峡谷。时值大雾，山坡上一片模糊，罗马军团没有进行应有的侦察，没有发现汉尼拔的 10000 名骑兵和 25000 名克尔特人已沿托罗河口布阵，他们轻率地沿着左侧是山、右侧是湖的谷地前行，直到被汉尼拔的西班牙步兵和非洲轻装步兵挡住了去路。刹那间，迦太基军队的号角声响彻山谷，迦太基的军队从三面掩杀过来，罗马军团几乎没有反应过来，就遭到了惨败。弗拉米尼乌斯战死，罗马军团阵亡 15000 人，被俘 15000 人。

特拉西梅诺湖之战失利后，通向罗马城的大门已被汉尼拔打开。罗马元老院采取紧急措施，加强首都防卫，并任命费边为独裁官，统一指挥军事行动。汉尼拔的兵力有限，也没有足够的攻城器械，不敢轻易围攻罗马这座设防的大城，而是率军越过亚平宁山脉，

罗马独裁官费边

向意大利南部挺进，沿途靠掠夺意大利的乡村补充给养，休整军队；同时利用罗马与其同盟者之间的矛盾，对后者实施分化瓦解，孤立和削弱罗马。

罗马方面，新上任的独裁官费边生性谨慎，他认识到汉尼拔是希望速战速决的，因为他们孤军深入，没有后援支持，所以，他决定采用迁延战术来对付汉尼拔。他就职后，率领四个军团向卡普亚推进，但始终不与汉尼拔的军队发生大的正面冲突，只是尾随着汉尼拔，伺机骚扰，断其补给，以此来消耗迦太基军队。费边也认识到汉尼拔军队的优势在于迦太基的骑兵，因此罗马军团进军时所据守的地点都选在了不适于骑兵活动的山区，并坚决拒绝汉尼拔在平原地区作战的引诱。费边的迁延战术是有意义的，但无限制地使用这种战术引来了很多人的不满，费边因此被人们讥讽为“犹豫不决的人”。

公元前216年，费边的独裁官任期结束，兵权交给了两个新上任的执政官——包拉斯和法罗。历史上一直认为，在包拉斯和法罗之间存在着意见分歧，即前者主张延续费边的战术，而后者主张出战。但实际上，因为罗马当时拥有16个军团的强大实力，两个执政官连同罗马元老院都有决心同汉尼拔一较高低。

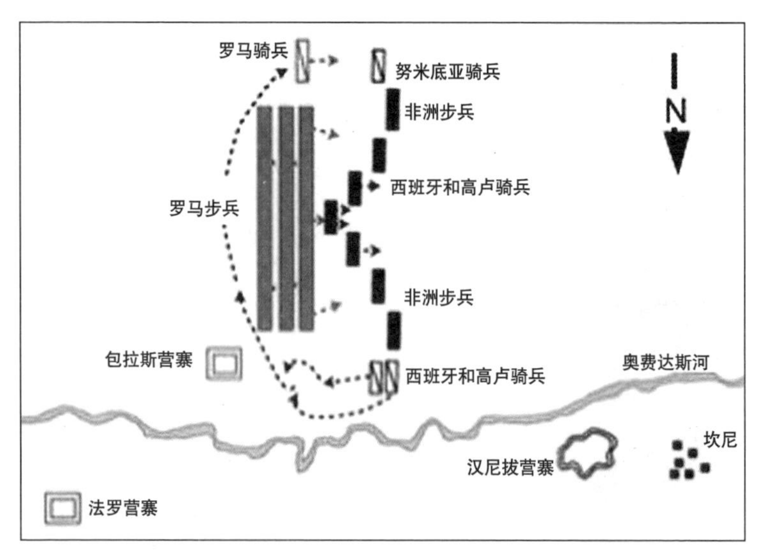

公元前 216 年坎尼战役中，罗马军团最初的攻击线路，罗马骑兵被击溃

时间已经进入夏季，汉尼拔向西南运动，来到奥费达斯河畔，夺取了坎尼城。坎尼是罗马人重要的粮食补给站，失掉这个地方将给罗马军队的给养造成很大的困难。罗马元老院立刻决定与汉尼拔进行一次决战，以尽快结束这场战争。于是罗马大军直扑向坎尼。

迦太基军队扎营在一片开阔的平原上，在考察了当地的地形后，法罗决定在奥费达斯河北岸扎营，目的是要阻止迦太基士兵获得粮秣。接着，包拉斯在第二天率领三分之一的兵力，渡河在南岸远离主宿营地也远离汉尼拔宿营地的地方驻扎下来。这种宿营是有一定目的性的，并不是两个执政官之间出现意见分歧导致的结果。从上图中我们可以清楚地看到，在南岸宿营切断了汉尼拔与平原的联系，也切断了迦太基军队的粮食供给。而对汉尼拔来说，粮食吃完只是早晚的问题，所以必须速战速决。

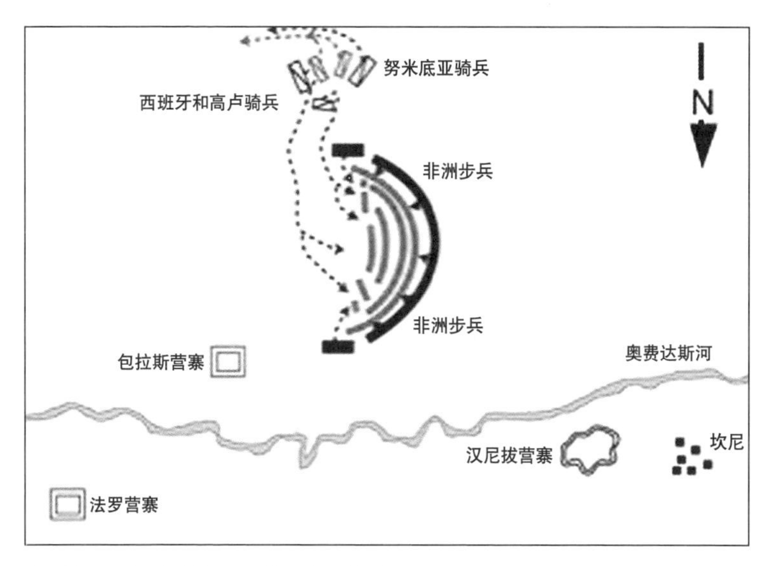

公元前 216 年坎尼战役中，罗马军团被包抄

公元前 216 年 8 月 2 日清晨，包拉斯率领罗马军团离开北部的营地，涉水过河，在南岸的山地与河水之间的狭窄地带排兵布阵。因为在这里，他们不会受到迦太基骑兵的包抄。受地形所限，再加上人数众多，罗马军团各中队之间的间隔要比以往小很多，纵深也长了很多，枪兵和主力兵中队的纵深达 30 列。布阵的位置是罗马人挑选的，汉尼拔根本没有设置埋伏的机会，罗马人认为自己没有理由会输掉这场战争。

面对罗马军团的挑战，汉尼拔将军队面东背西排成了一个新月形的战阵，突出的一面朝向罗马人，精锐的骑兵列在战争的两翼。

战斗打响以后，迦太基骑兵依靠数量上的优势先把罗马骑兵赶出了战场，然后转到阵后，等待步兵决一胜负。很快，迦太基新月形阵线中央突出的部分就承受不住罗马士兵的压力，被迫步步后退，渐渐地凹了进去，变成了一个口袋，而罗马人就这样不知不觉地钻入了这个口袋里。这时，汉尼拔发出了一个信号，500 名迦太基人突然喊叫着向罗马军队跑了过去，似乎是要投降。罗马人解除了这些人的武器，把他们安置在自己的后方。中午时分，战场上刮起了猛烈的西风，面向西方的罗马人被风吹得双目难睁，阵型大乱，就在此时，那 500 名迦太基人突然抽出怀中暗藏的短剑，奋力向附近的罗马人杀去，同时迦太基骑兵也从两翼迅速杀出，迂回到罗马军队的后方，封上了口袋。

激战变成了屠杀，被围进狭小口袋的罗马军团挤成一团，自相践踏，成为汉尼拔军队的靶子。最终，汉尼拔以 6000 人的代价杀死了 54000 名罗马士兵，俘虏了 18000 名人，执政官包拉斯以及两名监察官和 80 位元老全部战死。

从特里比亚河战役到特拉西梅诺湖战役再到坎尼会战，孤军深入意大利的汉尼拔无一败绩，这种成功应归因于汉尼拔的天才。汉尼拔是一个能够适应任何环境的将才，在意大利，他不仅显示了无比的胆识，而且还有惊人的机智、远见和想象力，经常能对罗马军团奇袭成功。反观罗马军团，我们也可以看到，罗马人的战争观念是僵化的，在战场上完全依赖于匹夫之勇，依赖于严格的纪律和日常的集体操练，因为他们过去的敌人都是缺乏纪律和操练的野蛮民族，所以他们能够取胜，创造了辉煌的战绩。但是，说到用兵的谋略，罗马没有通晓兵法的专业的军事将领。罗马的军事将领是每年选举产生的执政官，他们更换频繁，只是临时担任军事指挥职务，没有一个长久的对敌策略。对此，蒙森在《罗马史》中评论说：“这样一个战争，对于将领的人选，却年年都要用投票的方式来决定。这实在是一种不可能的怪事。”很明显，这种兵无常将的体制，在布

罗马执政官包拉斯在坎尼战役中身受重伤，生命垂危（John Trumbull，1773，耶鲁大学艺术博物馆藏）

匿战争中体现了它最不利的一面，那就是费边的政策没有一直贯彻执行下去。

坎尼会战的惨败动摇了罗马的根基。罗马遭到的损失是空前的：连续三次惨遭败绩，罗马损失了她最好军队中的10万人。街道上聚集着妇女和儿童，他们为牺牲的儿子、丈夫、兄弟和父亲而哭泣。坎尼战役的惨败令元老院一时不知所措，在几天内没有任何行动。一些暴徒在愤怒和恐惧中为失败寻找替罪羊：两个维斯塔贞女被控没有遵守自己的誓言，一个被迫自杀，一个被活埋。这些暴徒还求助于野蛮的活人祭祀，把一对希腊男女和一对克尔特人男女活埋在牲畜市场。

但罗马人并没有长久地沉浸在这种状态中，元老院咬紧牙关，拒绝一切谈判，坚决要把战争进行下去。元老院颁布紧急命令，凡年满 17 岁的男子全部应征入伍，罗马很快组建了两个军团（第 22 军团和第 23 军团）。在兵源短缺的情况下，元老院还动用国库钱财购买奴隶，征集了两个军团的奴隶志愿者，让他们加入打击敌人的战斗，许诺服役后给他们自由和公民权，并以同样的条件释放了 6000 名罪犯。

坎尼会战之前，罗马同盟国的忠诚坚如磐石，此后却发生动摇。理由很简单，他们对罗马失去了信心。当时许多同盟国的居民发动了暴乱，并在暴乱后投靠了迦太基人。这些居民包括：坎帕尼亚人、阿德拉尼人、萨莫奈人、加拉提尼人，还有沿海地区的所有希腊人和山南的高卢人。

卡普亚之围和罗马的转机

坎尼会战的辉煌胜利令汉尼拔名垂青史，却没有为他赢得这场战争。在罗马，构成战略枢纽的是那些有城墙的城市，这些城市彼此间都有道路相连，不仅可以安全地对抗汉尼拔的野战军，也能保证补给和供应。所以，对汉尼拔来说，能否攻下这些城市是胜利的关键。但是相对于广阔的意大利战场而言，汉尼拔的兵力太少，又苦于没有攻城的器械，无法攻下那些设防严密的城市。即使对于那些已经投靠自己的城市，也没有足够的力量施以保护。而罗马方面也逐渐吸取了教训，又回到了费边的迁延战术上：避免大规模的冲突，把全部注意力集中用来围攻那些投降汉尼拔的城市。依靠还留在手中的设防城市，罗马军队小心翼翼地活动着，并不断扩大着自己的武装力量，到公元前212年，直接参战的罗马军团已经达到25个之多，构成了罗马庞大的军事资源。所以，尽管汉尼拔在意大利战场上仍然是每战必胜，但他实际的处境却一年比一年困难了。

坎尼会战后，坎帕尼亚地区的重要城市卡普亚投降了汉尼拔，成为汉尼拔在南意大利的基地，这对罗马在南意大利的威信是个极大的打击，所以，把这个城市重新夺回来成为罗马的一大战略目标。但是，直到公元前212年，罗马才积累了足够的兵力围攻卡普亚，而这一围，就围了个水泄不通。卡普亚周边建起了双重战壕和土垒，6个罗马军团就顽强地据守在自己的战壕里。

汉尼拔当然充分了解卡普亚的重要性，他几次想用突击的办法攻下罗马军团的阵地，都没有成功。他也设法向被围的城内派出信使，告诉对方攻城的时间，期望能够里应外合，解除围困。但罗马人早就做好了准备，他们把兵力分为两部分，一部分对付汉尼拔，一部分防守城内，汉尼拔的这一计策也没有成功。

在卡普亚附近停留了5天之后，汉尼拔率军沿拉丁大道直奔罗马城，并在距离罗马城8公里的地方安营扎寨。其实，汉尼拔并不是真的要把罗马打下来，他知道此时自己还没有这个能力，他只是想以“围魏救赵”之计调开围困卡普亚城的罗马军团。但是罗马城内当时恰好有4个军团的兵力，而且费边也恰在城中，他立刻明白了汉尼拔的真正意图，告诉围困卡普亚的守军一定要留下足够的兵力，如果有多余的兵力，才能去增援罗马。汉尼拔的计策再次失效，他被迫回到意大利南部，卡普亚只好听天由命了。

最终，卡普亚的居民在饥饿的逼迫下，向罗马军团投降。这座叛乱的城市受到了严厉的惩罚：其元老院的成员被全部处死，一部分居民被卖做奴隶，全部土地被罗马没收，整个城市失去了自治权。

汉尼拔“围魏救赵”，力图以围困罗马城的方式调开围困卡普亚城的罗马军团，此举在罗马城内引起了震动，图为罗马人在阿波罗神庙前举行仪式，祈祷神的护佑

公元前 212 年的卡普亚之围是罗马战事的转折点：卡普亚的陷落在意大利产生了巨大的震撼作用，原来投靠汉尼拔的一些力量开始动摇，并想重新回到罗马方面来了。在这种情势下，罗马重新收复了意大利南部的一些城市。

当意大利境内进行着防御战和消耗战时，西班牙境内也发生了激烈的战事。

在西班牙，汉尼拔的兄弟哈斯德鲁巴尔、玛哥和吉斯哥与老西庇阿兄弟发生了激战。公元前 218 年，汉尼拔领兵进入意大利后，老西庇阿在塔拉格纳建立了永久的基地。第二年夏天，哈斯德鲁巴尔带领 40 艘战舰横渡埃布罗河，老西庇阿抓住时机，在埃布罗河口给了迦太基军舰以致命的打击，摧毁敌舰 6 艘，俘获 25 艘。不久

迦太基钱币上的汉尼拔与哈斯德鲁巴尔兄弟的形象。上为汉尼拔，下为哈斯德鲁巴尔

西庇阿青铜胸像（前 1 世纪中叶，那不勒斯国家考古博物馆藏）

以后，哈斯德鲁巴尔被召回非洲镇压努米底亚人的叛乱，在他离开西班牙的三年中，老西庇阿兄弟在西班牙修建了大道，并重新夺回了萨贡杜姆港。但是，公元前 211 年，哈斯德鲁巴尔重回西班牙战场之后，老西庇阿兄弟的命运发生了改变。他们把军队分成两支，分别深入迦太基人的腹地，却被迦太基人各个歼灭，兄弟二人被杀。罗马军团的残部撤退到他们在埃布罗河北部的基地。西班牙又回到了 7 年前的局面，大部分地区控制在迦太基手中。

针对西班牙的战况，罗马元老院认识到，一旦哈斯德鲁巴尔控制了西班牙，肯定会派兵增援意大利的汉尼拔，无疑会让汉尼拔如虎添翼，于是在攻下卡普亚后，罗马元老院就命令执政官尼罗从两个军团中挑选了 6000 名步兵和 300 名骑兵，乘船赶往西班牙。公元前 211 年秋天，尼罗来到塔拉科，接管了罗马军团的残部，并在第二年巩固了这里的防守。

与此同时，元老院还决定选出一个新的指挥官以总督身份指挥在西班牙的战争。但此时罗马已经找不出合适的人选，于是年仅 25 岁的西庇阿毛遂自荐，成为罗马在西班牙的总司令官。

西庇阿曾跟随自己的父亲老西庇阿在战争中得到过历练，表现出一定的军事天分。据说，他 17 岁的时候曾在战场上救过自己的父亲。此外，西庇阿能够获得元老院的破格提拔，还因为他已是一个有公众影响力的人物，很多人鉴于他的出身和他所表现出来的高尚品质，把他看成是罗马的希望。西庇阿的确没有辜负众人的期望，尽管他自认是神的宠儿，但在担任军事统帅期间，始终小心谨慎，细心思考每一个计划，再三斟酌每一个步骤。在他所有的品质中，最值得称道的是，他有一颗开阔的心灵，善于学习，尤其善于向敌人学习。在布匿战争中，西庇阿不仅令自己的军队采用了特别适合劈砍和冲刺的西班牙短剑，还从汉尼拔那里学到了各种战术，如两翼包抄、骑兵作战和各军团之间如何配合等等，大大提高了罗马军团的作战素质。

公元前 210 年秋，西庇阿带领 2 个军团和 1000 名骑兵来到西班牙。他面临的情况不容乐观，除了两个要塞外，罗马已经丧失了埃布罗河以南的所有地区。西庇阿用整整一冬的时间，训练新兵，鼓舞士气。在此期间，西庇阿还派出情报人员，打探迦太基军队的部署情况。当他确定迦太基的 3 支军队分散在各自的冬季宿营地里，而每个宿营地距离新迦太基均不少于 10 天的行程时，果断决定：奇袭新迦太基城，夺取在西班牙战场的主动权。公元前 209 年初春，西庇阿率领军队突然向南移动，以迅雷不及掩耳之势来到新迦太基城下，攻下了该城。这种奇袭的作战方法很显然是学自汉尼拔。攻城之后，西庇阿也以汉尼拔的方式对待城中的居民：他释放了拘留在城中的西班牙人质，并送礼物给他们。这种办法立竿见影，很快赢得了当地西班牙人的好感，几个强大的部落转到西庇阿这边来，稳定了罗马在西班牙的统治。

此后，西庇阿沿海岸向南进发，试图击败占据西班牙银矿的哈斯德鲁巴尔。哈斯德鲁巴尔希望在进军意大利与汉尼拔会合之前获得银矿资源，但是，他知道自己在兵力上远远比不上罗马军队，因此不愿意应战，而是集中一些重要军事物资，率军迅速地向北撤退。公元前207年的春天，哈斯德鲁巴尔取道11年前汉尼拔走过的旧路，翻越阿尔卑斯山，进入波河流域，围攻普拉森提亚，但未能攻下。他派了4名克尔特骑兵和两个努米底亚人带着信件南下寻找汉尼拔，希望能和他的兄弟在翁布里亚会师。这时，汉尼拔也离开他在意大利南端的冬季宿营地向北行进。途中，他们避开了罗马执政官尼罗的堵截，成功到达阿普里亚地区的卡努沙，在这里等候哈斯德鲁巴尔的音信。

哈斯德鲁巴尔派出的6个送信人来到意大利南部，却听说汉尼拔已经北上，于是又调头向北追赶，但他们不幸迷失了道路，在他林敦附近被罗马人俘获，押送到尼罗的帐中。尼罗读了哈斯德鲁巴尔的信，立刻派人交给元老院，同时向元老院建议，在哈斯德鲁巴尔与汉尼拔会师之前，消灭哈斯德鲁巴尔的军队。当时，罗马的两名执政官尼罗和萨利那托各自率军在南北两线作战，尼罗在南线与汉尼拔对峙，而萨利那托在北线阻击哈斯德鲁巴尔。尼罗于是开始了一次大胆的军事行动。当天夜里，他挑选了6000名精锐步兵和1000名精锐骑兵，离开了宿营地。他们以最快的速度，日夜兼程，一周后，接近了萨利那托在西拿格利卡的营地。为了不让哈斯德鲁巴尔知道罗马已获得增援，他们直到夜幕降临后，才悄悄进入萨利那托的营地，而且这7000人挤进了萨利那托士兵的帐篷里，没有因为他们的到来而增加已有宿营地的规模。

尽管为了保密尼罗采取了很多防范措施，但是，距离此地仅

后世画家笔下的米陶拉斯战役

500 米处宿营的哈斯德鲁巴尔还是凭直觉感到，与他们对峙的罗马军队获得了增援。他派密探前去侦察，得到的结果是罗马的宿营地并没有扩大。这时罗马人却犯了一个愚蠢的错误：他们的号角声传递了真实的信息。依照罗马军团的规定，夜间巡逻队回来报到时，在军事保民官的营帐里，吹一声号角，在执政官的营帐里，吹两声号角。根据罗马营地里的号角声，哈斯德鲁巴尔确认：在罗马的营地里有两个执政官。于是，他拒绝会战，连夜撤退。

罗马军团发现哈斯德鲁巴尔撤退后，立即追赶。在米陶拉斯河谷，尼罗的骑兵追上了因迷路浪费了大量时间的哈斯德鲁巴尔。哈斯德鲁巴尔只得背水一战。在战斗中，罗马军队的右翼从后面包抄而来，迦太基人的战象受到惊吓，失去了控制，给自己的阵营造成了极大的伤亡。哈斯德鲁巴尔本人看到战局无法挽回，骑马猛冲向罗马士兵，战死在沙场。据波里比阿记载，米陶拉斯一战，迦太基战死 10000 人，罗马方面死了 2000 人。

当夜，尼罗领兵迅速赶往他在阿普里亚的营地。这次战役真是

看到哈斯德鲁巴尔的人头后汉尼拔悲痛欲绝

速战速决，出敌不意，阿普里亚营地对面的汉尼拔甚至不知道他曾经离开过。此时，关于他胜利的消息已传到了罗马，起初人们还不敢相信，因为11年来人们一直渴盼着这样的胜利。当使者沿着弗拉米亚大道赶来报信的时候，罗马居民倾城而出，在路边夹道欢迎，据说欢庆的队伍长达5公里。

扎玛会战和迦太基的灭亡

在阿普里亚，尼罗做了一件令人不齿的事，他把战死的哈斯德鲁巴尔的人头扔在了汉尼拔的帐外。翘首企盼与哈斯德鲁巴尔会师的汉尼拔悲痛欲绝，万念俱灰，他看到了这场战争的结局，也看到了迦太基的末日。

米陶拉斯战役是一场决定性的战役，它恢复了罗马人的信心，恢复了罗马人对意大利的控制权，虽然汉尼拔的威名仍然令罗马人谈虎变色，不敢直接攻击他，但他们采取慢慢逼近的方法，逐渐把汉尼拔孤立在意大利南部的布鲁蒂姆地区。

战争的中心又从意大利转移到了西班牙。

努米底亚骑兵（图拉真纪功柱，113）

在西班牙，迦太基的将领、汉尼拔的兄弟吉斯哥认识到，战争胜利的关键在于击败西庇阿，为在意大利的汉尼拔提供物资供应。公元前207年初夏，吉斯哥离开冬季宿营地北上，驻扎在伊里帕，西庇阿沿河谷追击而来。罗马军队有45000名步兵和3000名骑兵，虽然在数量上少于迦太基军队，但是西庇阿运用一种新的战术，成功地击败了迦太基军队。到公元前206年末，西庇阿已经完全肃清了迦太基在西班牙的军队。他还同努米底亚的国王建立了联系，在这一点上，他也想模仿汉尼拔，不仅要把战争引到非洲，还要策动努米底亚人反抗迦太基。

公元前205年，西庇阿回到意大利，受到了罗马民众热烈的欢迎，但很多资深的元老认为他今日的成功完全是他们多年浴血拼搏的结果，因此对他颇有微词，甚至排挤他，尽管西庇阿当选了执政官，但元老院指定给他的省份不是阿非利加省，而是西西里岛。对于他提出的进军非洲的计划，元老院加以嘲笑，但准许他自己招募军队，自我装备，在适当的时候可以入侵非洲。

不过，西庇阿进军非洲的计划得到了埃特鲁里亚人和翁布里亚人的热烈响应，他们承诺建立一支舰队供西庇阿调遣。很快，西庇阿就率领 7000 名志愿者乘船来到了西西里。他发现当地只有两个军团，其主体是坎尼会战后的败军残部。西庇阿对这些士兵的处境非常同情和理解，他充分利用士兵们希望一雪前耻的心情，激起了他们再上战场的斗志。在这一年中，西庇阿继续招募军队，为远征非洲积极准备。

公元前 204 年，西庇阿在迦太基以北 35 公里处的法里纳角登陆。第二年春天，西庇阿连续两次打败迦太基与努米底亚的联合大军，攻占了突尼斯，切断了迦太基与内地之间的联系。迦太基城内出现了恐慌，被迫召回在意大利作战的汉尼拔。公元前 203 年至前 202 年，迦太基人忙于与西庇阿媾和，一半是出于真心，一半是为了赢得时间，期待着汉尼拔能尽快赶回。

公元前 202 年初春，汉尼拔离开了他征战 16 年的意大利，当年雄心勃勃的青年已经人到中年，威名犹在，却壮志难酬！在返回故乡的途中，汉尼拔想必已有英雄末路的滋味在心头了吧！带着 4000 名残兵，汉尼拔在非洲登陆后，向内陆方向前进，在扎玛附近扎下了营。扎玛在迦太基城西，相隔有 5 天的路程。

西庇阿率军向西运动，与努米底亚的新国王马西尼沙会合。努米底亚原来的国王塞法克斯被杀后，马西尼沙继承了王位，他与西庇阿交好，为西庇阿提供了 6000 名步兵和 4000 名骑兵。汉尼拔把部队拉到了距西庇阿宿营地 6 公里处，一场大战即将拉开帷幕。

在开战之前，双方将领进行了短暂的会晤。之后，就各自引军摆成了战斗序列。汉尼拔把自己的军队摆成了三列：第一列是12000名雇佣军，他们的前面是80头战象；第二列是由利比亚—腓尼基人和土著的迦太基人组成的方阵；最后一列是汉尼拔的老兵。迦太基的骑兵摆在右翼，而努米底亚骑兵摆在左翼。

罗马军团可能有30000名步兵和6000名骑兵，在数量上远远超过迦太基军队。他们按传统的三列阵排列，但是为了对付迦太基的战象，在阵列中留下了几条甬道。方阵的两翼，分别由意大利骑兵面对迦太基骑兵，马西尼沙率领的努米底亚骑兵面对迦太基阵营里的努米底亚骑兵。

战斗开始。首先是骑兵的战斗，然后，汉尼拔命令战象冲锋。西庇阿正等着这一时刻，他命令轻装步兵冲上去迎战，同时吹响号角和喇叭，吓坏了几头战象，它们掉过头来驱散了跟在后面的努米底亚骑兵。利用这一混乱，马西尼沙率骑兵疾驰而来，击败了迦太基阵营的左翼，而意大利骑兵击散了迦太基骑兵，迦太基阵营由此失去了右翼和左翼的掩护。剩下的战象继续冲锋，罗马的轻装步兵转身跑回阵营，引导着追击的战象穿过了阵营中的甬道，另外一些跑到侧翼的战象，面对着罗马士兵投掷过来的像雨点一样的投枪，惊慌地逃出了阵地。

步兵之间的战斗随即展开，罗马第一列的枪兵吼叫着冲杀过来，主力兵紧跟其后，鼓舞着他们向前推进。迦太基军队的第一列先是支撑了一阵子，接着就崩溃了，转身冲向第二列，由于第二列不允许第一列士兵穿过，于是，这些惊慌失措的士兵就向自己的人砍杀过去，第一列和第二列混战在一起，向迦太基阵营的第三列退去，第三列老兵举起长矛，阻止了他们的通过，于是他们向两翼逃去。

决定了迦太基败亡命运的扎马战役（Giulio Romano，16 世纪后期，莫斯科普希金艺术博物馆藏）

战场上血流成河，尸横遍野，西庇阿命令把伤兵抬到后方，清扫战场，出动主力兵，让老兵站在主力兵的两翼，向汉尼拔的老兵冲去。这场战斗打得非常艰苦，迟迟未决胜负。在紧要关头，罗马的骑兵赶了回来，在迦太基军队的后面发起了冲锋，于是，两下夹击中，迦太基军队失败了。罗马战死 1500 人，而迦太基则战死 20000 人。汉尼拔带着一小队人马，逃向哈德鲁梅。

扎玛战役就这样结束了，这是汉尼拔的第一个败仗，却决定了迦太基今后的命运。公元前 201 年，双方缔结条约，规定：迦太基丧失非洲以外的一切领土；赔款 10000 塔兰特；只保留 10 艘船用于巡逻；未经罗马允许，不得与任何国家进行战争。迦太基在军事和经济上被掠夺一空，完全丧失了海上强国的地位，再也无力与罗马

《迦太基帝国的衰落》(William Turner，1817)

在军事上争锋了。

半个世纪以后，迦太基凭借迅速发展的商业，又积累了丰厚的物质财富。罗马人嫉妒了，他们害怕迦太基再次复兴，成为自己的对手，因此，决心把迦太基从地图上彻底抹掉，夺取它的全部财产和领土，使其永远不能成为罗马的威胁。

公元前 149 年，罗马兵临迦太基，要求迦太基交出所有的武器和他们最显贵家族的 300 个儿童做人质。迦太基人答应了这一要求，20 万套盔甲、2000 架弩炮和无数投枪落入罗马军队之手。然而，罗

罗马军团围困迦太基，迦太基人拼死反抗（Edward Poynter，1868）

马又提出了更加无理的要求，命令迦太基人自毁城市，移居到 15 公里以外的地方。这一要求令迦太基人悲愤至极，决心倾尽全力与罗马人血战到底。

这是一场不平等的血战，一方是久经沙场、装备精良的罗马军团，另一方是临时招募的迦太基平民。但是，凭借着坚固的城墙，迦太基人同仇敌忾，把罗马军团挡在城外整整 3 年之久。直到公元前 146 年，罗马军团才攻陷了这座弹尽粮绝的城市。残酷的巷战进行了 6 天 6 夜，最后，85000 名迦太基人与自己的神庙同归于尽，剩下的人被卖做奴隶。

罗马元老院下令焚烧迦太基城，大火燃烧了 16 天，这个有着 700 多年历史的繁华城市化为一片废墟。

持续了 118 年的布匿战争，以迦太基的消失和罗马的全面胜利而告终。

罗马军团 VS 马其顿方阵

布匿战争以后，罗马完成了向南和向西的扩张，接下来，他们扩张的目标盯在了地中海的东部地区。

当时，在地中海东部地区活跃着三支主要势力：马其顿王国（希腊半岛）、塞琉古王国（叙利亚）和托勒密王国（埃及）。这三个王国都是“亚历山大帝国的遗产”，但它们之间从未真正地联合过，而是互相挑拨、互相争斗。

在迦太基与罗马进行第二次布匿战争期间，马其顿国王腓力普五世因为对罗马在亚得里亚海东岸建立据点颇为不满，想借汉尼拔之力斩断罗马试图伸向地中海东部的触角，于是异常果断地与汉尼拔缔结了同盟，把自己摆在了与罗马敌对的立场上，与罗马进行了第一次马其顿战争。在亚得里亚海东岸，双方短兵相接，马其顿无功而返。

公元前 203 年，埃及国王托勒密四世去世，年幼的托勒密五世即位。这一事件令东方三个国家间已有的平衡关系发生了变化。腓力普五世和塞琉古国王安提柯三世密谋共同瓜分托勒密王朝在地中海东岸的领地。这一联合行动不仅直接威胁到埃及的利益，也被看成是马其顿吞并希腊城邦的前奏，立刻在希腊诸城邦中引起了恐慌。

马其顿硬币上的腓力普五世像

于是，这些受到威胁的国家把求助的手伸向了罗马。小亚细亚的罗得共和国和帕加马共和国由于担心自己的海上利益受到马其顿和塞琉古王国的威胁，也派出使者到罗马求救。一直想插手希腊事务的罗马终于等来了在地中海东部地区进行扩张的最好借口。公元前200年，第二次马其顿战争爆发。

在战争初期，罗马首先采取了分化瓦解的手段，拉拢塞琉古国王安提柯三世，甚至不惜以牺牲埃及的利益为交换条件，允许塞琉古的军队在埃及自由行动，使其脱离了与马其顿的联盟关系。同时，罗马还充分利用了希腊城邦反马其顿的情绪，在全希腊组建了反马其顿同盟，以解放者的形象出现在希腊人面前。此举不仅为罗马扩充了兵源，更重要的是起到了孤立马其顿的作用。所以，双方还未正式交手，罗马已经先赢一步了。

手握长矛的马其顿士兵（前4世纪，希腊萨洛尼基阿萨纳西奥斯墓室壁画）

公元前197年春，罗马军团在执政官弗拉米努斯的带领下侵入帖撒利。马其顿国王腓力普五世前来迎战，与罗马军团在费莱相遇。由于此地不适合方阵作战，所以双方均向西撤军，罗马军队退到了狗头山的南面，而腓力普领军退到了狗头山的北面。晚上，暴雨刚过，大雾弥漫着整个山丘，双方都没意识到对方的存在。次日清晨，罗马人派出

罗马执政官提图斯·弗拉米努斯宣布给希腊人以自由（Giuseppe Sciuti，1879）

300 名骑兵和 1000 名轻装骑兵巡逻，在通向山顶的小路上与马其顿的军队遭遇，于是战役就在山上打响了。

刚开始时，罗马军队并没占优势，被马其顿军队从山上逼得节节败退，但是在山下，他们得到了弗拉米努斯派来的 500 名骑兵和 2000 名步兵的支援，迅速改变了战局，腓力普五世被迫派出援兵。

大雾散去后，双方决心一战。罗马军队靠近小路，据此排兵布阵。

弗拉米努斯把几头战象放在了军队右翼的前面，告诫他的部队决不能后退，要与左翼一起向前推进。马其顿方阵击退了罗马军团的左翼，迫使罗马军团退到了山坡上。但由于地形的缘故，马其顿军队的右翼和左翼无法保持一致，队形散乱，丧失了方阵原有的威

后世画家演绎的马其顿方阵

力。而罗马军团的中队却凸显了灵活性和机动性，一个军事保民官带领 20 个中队的老兵设法穿过山坡来到了马其顿右翼的后方，在无法调头的马其顿方阵里，任意切割。一些马其顿士兵缴枪投降，或者跑到山顶，但仍被罗马士兵追赶着杀掉了。腓力普五世带着一小队人马逃离了战场。

狗头山战役的胜利是罗马中队战术对马其顿方阵的胜利。马其顿方阵正面进攻的威力十分巨大，部队如墙而进，几乎坚不可摧，但其方阵士兵之间的间隔很小，个人无法灵活行动，只能向前，想要转向是很困难的，所以在崎岖的山地，很容易被灵活机动的罗马军团击败。狗头山战役结束了马其顿对希腊的支配权，但罗马此时还无意占领马其顿，为了保持东方国家的实力均衡，罗马对马其顿采取了宽容政策，允许腓力普五世仍当国王，只是让他交出海军、支付少量战争赔款，并保证以后不再干涉希腊事务。

随着马其顿王国的衰落，希腊世界里出现了权力真空，塞琉古王国因此跃跃欲试，试图成为新的霸主。公元前 192 年秋天，塞琉古国王安提柯三世首先征服了小亚细亚，接着渡过赫勒斯滂海峡，占领了希腊北部的色雷斯。罗马与塞琉古之间的战争开始了。

塞琉古国王安提柯三世头像（约前 1 世纪晚期—1 世纪早期，巴黎罗浮宫博物馆藏）

罗马元老院对这场战争严阵以待。一支由 20000 名步兵、2000 名骑兵和 15 头战象组成的军队迅速来到了巴尔干半岛，向塞琉古军队所在的位置逼近。公元前 191 年 4 月，在铁尔摩波利，罗马军队以优势兵力展开攻击，致使塞琉古军队全面崩溃，只有国王和少数随从得以逃脱。公元前 189 年，经历多次惨败的安提柯三世终于向罗马乞和。罗马人对安提柯三世提出了如下条件：放弃陶鲁斯山脉以西的所有亚洲地区；赔偿 15000 塔兰特；交出所有战象，舰队只保留 10 艘，不再涉足爱琴海世界。安提柯三世接受了这些条件，从此，塞琉古这

刻有马其顿国王帕尔修斯头像的钱币

个东方大帝国也衰落了。

公元前 179 年，马其顿国王腓力普五世去世，其子帕尔修斯即位。帕尔修斯决心摆脱罗马的控制，因此励精图治，推行社会和经济改革，受到了下层平民的欢迎和支持，马其顿的国力得到了恢复和发展。帕尔修斯还组建了一支 40000 人的军队，与罗马的敌对国家（如迦太基）建立了联盟关系。为了抑制马其顿的复兴，公元前 171 年，罗马发动了第三次马其顿战争。

战争初期，罗马军团数次受挫。但帕尔修斯坚持防御战略，没有乘胜追击，给了罗马人反击的机会。公元前 168 年，罗马执政官保罗斯率领罗马主力部队挺进希腊，与马其顿军队在皮德纳进行决战。由于地面崎岖不平，马其顿方阵难以保持严整的队形，出现了缺口和漏洞。罗马军团抓住这一时机，把中队投入到这些漏洞中，并从两翼和背后包抄进攻，使马其顿方阵迅速土崩瓦解。马其顿军大败，20000 人阵亡，10000 人被俘，帕尔修斯在逃跑途中被擒。而罗马军团死伤仅百余人。

从世界军事发展史的角度看，马其顿战争也是罗马军团对马其顿方阵的胜利，即新的战斗队形对旧的战斗队形的胜利。自从亚历山大大帝的父亲腓力普二世创建马其顿方阵以来，马其顿方阵在世界古代战争史上称雄一时。马其顿方阵的基本队形为手持 6 米长枪的 16 人纵队，并有骑兵和排成松散队形的轻步兵掩护配合，具有无可比拟的冲击力。凭借马其顿方阵，亚历山大征服了波斯，向东一直打到了印度河流域。亚历山大死后，马其顿方阵仍旧作为最强的步兵战斗队形君临于战场之上，但亚历山大创造出来的诸多战术却没能得到继续发展，反而停滞不前。步兵装备变得更为沉重、机动能力进一步退化，而本该掩护方阵侧翼的骑兵部队却被大大削弱。

苏美尔方阵（前 2400，拉加什国王安纳图姆胜利碑浮雕）

在狗头山战役和皮德纳战役中，正是这些弱点，使得叱咤风云几百年的马其顿方阵败在了罗马军团手下。

马其顿战争后，马其顿王国不复存在。罗马也无须再以解放者的形象出现在希腊诸城邦面前了，希腊的埃托里亚同盟、亚该亚同盟等或被镇压，或解散，一些想保持自由、与罗马对抗的城邦如科林斯、斯巴达等，被尽数毁灭，希腊人的自由被彻底剥夺。战后的罗马人以盛气凌人的征服者身份对希腊诸城邦进行了清洗，15 万名希腊居民被卖为奴隶，1000 名人质被送往罗马。

至此，罗马彻底地控制了地中海东部地区，登上了地中海霸主的宝座。

III

第三章

内　战

公元前2世纪，罗马向外军事扩张的势头达到顶峰，同时分配不公所导致的社会内部危机也进一步深化。

这一时期，众多深具魅力的人物登上了历史舞台，格拉古兄弟、马略、德鲁苏斯、苏拉、庞培、克拉苏、恺撒、安东尼、屋大维……在长达百年的内战中，这些政治领袖也改变了罗马军团的命运，公民兵被追随各自将领的职业军人所取代，罗马军团于是成为政治家追逐权力的工具，并最终成为罗马共和制的掘墓人。

公元前 2 世纪，罗马向外军事扩张的势头达到顶峰，疆域不断扩大，财富不断增多。但是，增加的土地和财富并没有在社会各阶层中平均分配，而是日益集中在少数人手中。分配不公激化了罗马社会内部已有的各种矛盾。

公元前 2 世纪后半期，围绕土地分配问题，格拉古兄弟在罗马进行了改革。结果，以改革者生命为代价的改革并没有扭转罗马大土地所有制发展的趋势。在大土地所有者的排挤下，小农经济逐渐衰落。而另一方面，受累于长年的战争，从前“平时农耕，战时打仗”的罗马公民兵无力照顾自己的田园，或主动放弃，或被迫失去了保有土地的权利，因此也就失去了当兵的资格。符合公民兵财产资格的公民数量日益减少，使罗马兵源日益枯竭，公民兵制陷入危机。

危机之下，罗马内部发生了多次变革和一连串的权力争夺战。众多深具魅力的人物登上了历史舞台，他们是格拉古兄弟、马略、德鲁苏斯、苏拉、庞培、克拉苏、恺撒以及安东尼和屋大维。在长达百年的内战中，这些政治领袖也改变了罗马军团的命运，公民兵被追随各自将领的职业军人所取代，罗马军团于是成为政治家追逐权力的工具，并最终成为罗马共和制的掘墓人。

马略改革

公元前2世纪末，罗马内部矛盾和公民兵制危机在两大战争中充分暴露出来，这两大战争是：在非洲的朱古达战争和在意大利北部对条顿人和森布里人的战争。

朱古达是北非努米底亚王国的国王。在第二次布匿战争的最后关头，努米底亚骑兵曾援助过罗马，因此，布匿战争之后，罗马一直允许努米底亚保持着独立地位。公元前113年，朱古达为了争夺努米底亚王位，率军攻入齐尔塔城，杀死了自己的王位竞争者，同时也杀死了很多在此居住的罗马商人。这些商人代表着罗马骑士在北非的利益，因此引起了罗马社会骑士阶层的普遍不满，公元前111年，罗马元老院向朱古达正式宣战，朱古达战争爆发。

战争刚刚开始，奔赴战场的执政官卡尔普尔尼乌斯就被朱古达用重金收买，致使朱古达战争草草收场，根本没有满足罗马骑士阶层要惩治朱古达的要求，罗马国内的不满情绪日益高涨。公元前110年，罗马执政官阿尔比努斯又率兵进攻努米底亚，但是由于承平日久，荒于训练，罗马军团这支曾打遍地中海无敌手的劲旅已经变成了一群乌合之众，再也没有了往日的威风，在毫不出色的努米底亚军队面前竟然连吃败仗。看到努米底亚连连获胜，努米底亚周边的一些土著部落纷纷加入反罗马的阵营。

公元前109年，罗马元老院启用执政官麦特鲁斯担任朱古达战争的军事指挥官。麦特鲁斯精通军事，他到达非洲时，看到的是“一支软弱、懦怯、无力承担任何困难与危险的军队”，这支军队“毫无纪律和约束，营地没有设防，军营没有巡逻，在这支军队里，只要高兴，士兵在任何时候都能擅离职守。士兵与那些随军小贩日

当罗马军队挺进努米底亚时，狡猾的朱古达假意谈判议和，以重金收买罗马指挥官。之后，他被要求在罗马元老院作证，然而在罗马期间，他派人暗杀了流亡的王位竞争对手玛西瓦，令罗马人大为恼火，因此重启战争

夜斯混在一起”。面对这种情况，麦特鲁斯首先严明军纪，“禁止任何人在营地内卖食品，不许商贩跟随军队，不许普通士兵在营地或在行军中带奴隶或驮畜”*。同时提高训练强度，强迫士兵进行越野行军、实战演习，在一定程度上整顿和恢复了罗马军团的军纪和士气。但是，因为朱古达利用当地的条件，采用游击战术，逃脱了麦特鲁斯的追击，致使后者没能结束朱古达战争。公元前 107 年，朱古达战争军事指挥官的位置由当年的执政官马略接任了。

马略出身低微，其家人是麦特鲁斯家族的世袭食客。马略原本只是一个普通的士兵，由于麦特鲁斯家族的支持，他曾担任过保民官，在民众中赢得了一定的威望。后来，他又在几次投机生意中大有斩获，经济条件有了明显的提升，与当时的显贵朱利乌斯家族结为姻亲，娶了后来的朱利乌斯·恺撒的姑母。公元前 108 年，在竞选下一年的执政官时，马略承诺要打赢朱古达战争，因此赢得了骑

* 撒路斯提乌斯：《喀提林阴谋 朱古达战争》，王以铸、崔妙因译，北京：商务印书馆，1995。

士和广大平民的支持，以绝大多数的票数当选，根据公民大会的特别决定，马略被授予在非洲进行战争的权力。

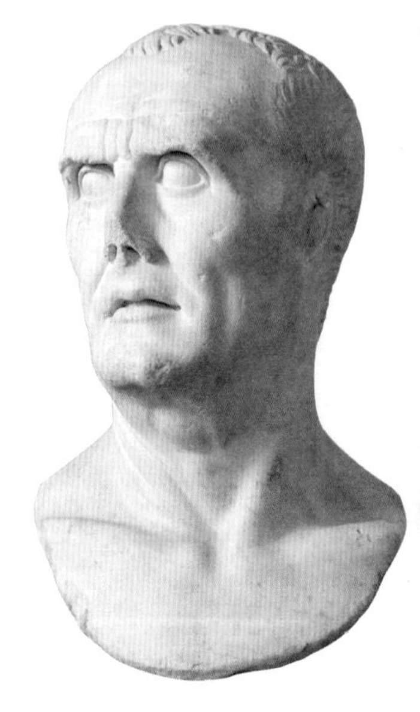
马略头像

元老院允许马略征兵，实际上是想看他的笑话，让他在群众中失去声望。因为在当时，由于小农经济破产，很多罗马公民失去了土地，流浪到罗马和其他城市，成为城市中的无产者，他们没有足够的财产为战争自备武器和粮草，也就失去了成为公民兵的条件。马略按照惯例采用传统的征兵方法，根本无法征集到足够的士兵。在公民兵兵源枯竭的情况下，马略不得不采取应急措施，在去非洲上任的最后一刻，他取消了征兵的财产限制，宣布“任何公民都可以作为志愿兵参加军队”，武器装备由国家提供。马略还规定，公民服役年限为16年，其间可领取固定的薪饷作为生活补贴，服役期满的老兵可以从国家那里领取一块份地作为养老保障。这样，在罗马实施了几百年的征兵制终于被募兵制所代替。

以募兵制代替征兵制，使得军人成为一种职业。改革前的公民兵主要是农民，当兵带有业余的性质，战时当兵打仗，平时解甲归田。实行募兵制以后，士兵要靠薪饷和战利品生活，当兵打仗是为了薪饷，为了解决吃饭问题。所以，募兵制代替征兵制，解决了公民兵危机，却也改变了罗马军团公民兵的本质，建立了一支完全脱离社会生产的职业化军队。数量巨大、具有公民权的无产者纷纷涌入军队，成为罗马军团里的职业军人，成为罗马继续向外扩张的最可靠的兵源。

以募兵制代替征兵制，罗马军团在编制和排兵布阵上也发生了变化。马略以联队制代替了中队制，他在中队之上、军团之下设立了大队的编制。整个罗马军团由 10 个大队组成，一个大队包括 3 个中队，一个中队辖 2 个百人队，一个百人队有 100 人，罗马军团的正规编制由此扩大到 6000 人。需要指出的是，在联队建制下，百人队成为罗马军团最基本的战术单位。由于罗马军团中没有设专职的中队长和大队长，百夫长也要负责中队和大队的军事行动，所以，百夫长的地位就变得非常重要了。百夫长对自己麾下每一名士兵的基本情况都要熟悉掌握，还必须做到即便军团指挥部被歼，每个百人队也能够独立作战。在一个军团中，60 个百夫长的权力是按顺序来排列的，第一大队百夫长们的权力最大，其中，第一大队第一中队的第一个百夫长被称为“首席百夫长”，一般由最富有作战经验的老兵担任，他是全军团地位最高的百夫长，有时甚至可以指挥整个军团的军事行动。

改革前的罗马军团里有骑兵、重装步兵和轻装步兵，他们是按士兵所拥有财产数量来划分的，同时还根据年龄和武器装备把重装步兵分为三个作战队列。征兵等级的取消，使罗马军团的成分发生了变化，原来按财产、等级、年龄划分的兵种界限已经不存在了。过去军团中的骑兵现在全部改由同盟者提供，不再编入罗马正规军团。作战队列仍是三列阵，由全军团的 6000 名重装步兵组成，所有

阿希诺巴浮雕上的两个罗马步兵形象（左），头戴饰有马鬃的头盔，身穿链子甲，手持小牛皮覆盖的椭圆形盾牌（前 122）

（左图）由于人员紧张，一支罗马军团不得不从格拉纳姆（现位于法国南部）撤出（约前 1 世纪浮雕，里昂高卢—罗马博物馆藏）

士兵的武器和甲胄都由国家统一配给，所以三个战列阵之间没有年龄、武器装备等方面的差异。

罗马军团的大队和中队一样，都是能够独立执行军事任务的战术单位，10 个大队可以单独调动，能攻能守，具有综合作战的能力，指挥官可根据战斗情势将其分成一列或数列军阵，可以在任何地形作战且能够迅速变换队形。所以，大队的设置使原来就比较灵活的军团变得更加机动了。

配合军团的联队建制，马略还改良了军事装备，加强军事训练。他把角斗学校的击剑术介绍到军队中，让士兵们学习角斗士们的格斗技巧。以前，罗马军团在行军时，有一个专门的驮运辎重的

罗马军团士兵的驮架和行军包

牲畜队跟随，这不仅常常引来敌人的偷袭，还大大减慢了队伍前进的速度。为了增强部队的机动力，减少随军人员和驮畜的数量，马略设计了一种驮架，让士兵背在身上装载辎重。马略手下的士兵必须背负的辎重包括武器、筑垒扎营的工具以及 3 天的粮食，总重量在 25 公斤以上。马略的军团因此被戏称为“马略骡子”。驮运辎重的牲畜队并没有被取消，但是在规模上大大缩减，也更加规范了。

马略还创设了军团团徽，给每个军团授予固定的番号和鹰徽。军团徽标以前就有，但较为复杂，有鹰、狼、熊、马等 5 种，从马

罗马军团的几种徽标，其中左边三种为大队旗，右边第二种为军团鹰旗，第一种为狼旗（图拉真纪功柱，113）

略开始，罗马军团的徽标固定为鹰，从此之后，雄鹰成为罗马军团的标志和象征。在马略的铁血训练下，罗马军团的战斗力终于被提升到前所未有的高度，再次甩掉了懒散和怠惰，成为一只展翅翱翔的雄鹰，欲用利爪去攫取世界。

公元前 104 年，凭借改革后的新型军队，马略迅速结束了朱古达战争。接着，他挥师北上解决森布里人和条顿人对意大利的威胁。

在与朱古达进行战争的同时，罗马北方边境也受到了森布里人、条顿人和阿姆布昂人的诸多侵扰。公元前 113 年，罗马执政官加博带大军北上弹压这些北方民族，结果在诺里亚战役中惨遭失败。公元前 109 年，罗马执政官西拉努斯带大军北上高卢，与条顿人和森布里人交战，几乎全军覆没，执政官本人阵亡。公元前 107 年，执政官隆格努斯带兵追击森布里人的盟邦提古林人至西班牙边境时，遭到对方的伏击，结果执政官阵亡，战败的罗马军队遭受轭下之辱。从公元前 113 年到前 107 年，北方民族数次让罗马军队惨败而归，唯一值得庆幸的是，这些北方民族没有乘胜追击，所以并没有动摇罗马的根本。

公元前 105 年，森布里人和条顿人卷土重来，与罗马军队会战于阿劳西奥。此战，罗马倾其全力集结了两支军队，由当时的两名执政官各率一支，如果加上辅助部队和随营勤杂人员，罗马军队的总数接近 12 万人。森布里人、条顿人和阿姆布昂人加在一起大约 30 万人，但这是全族人口，其中能战之兵估计仅占一半。10 月 6 日双方决战，两位罗马统帅隔河为阵互不协调，互不信任，结果，阿劳西奥一战令罗马 16 个军团灰飞烟灭。尽管史学家认为这个数字存在夸大的成分，但也都承认，这是坎尼会战之后罗马损失最大的一次战役。

公元前 102 年，条顿人再次进攻意大利。马略率领改革后的新职业军团与条顿人在六水河进行了激烈的较量。马略老谋深算、善用地利，抓住条顿人刚勇有余而缺少计谋的特点，命令罗马军团在山坡上列阵，重装步兵排成密集队形，以重盾联成盾墙，一步步将攻打阵地的条顿人往山坡下面推去。两军从山上打到平地，危急关头，马略战前埋伏在树林里的 3000 名士兵从条顿人背后杀出，一举完成合围。六水河之战惨烈非常，战斗延续了三四天，尽管双方的兵力相差悬殊，据估计，马略可能仅有三四万人，却凭借军队的战

意大利画家笔下罗马人和森布里人在维尔凯莱的血战（Giovanni Battista Tiepolo，1725—1729，纽约大都会博物馆藏）

斗实力以少胜多，取得了胜利，大约有 12 万名条顿人被杀。

公元前 101 年，罗马和森布里人之间的决战发生在波河上游的维尔凯莱，即在今天意大利的费拉拉城附近，由马略、苏拉和当年的执政官卡图鲁斯共同指挥。与六水河之战相比，这次战役规模更大，也更惨烈。据说，打到最后，森布里人的妇女也拿起了武器，先杀死己方的逃兵，再杀死自己的孩子，然后自杀。战役结束后，共有 60000 名森布里人被俘，12 万人被杀。

结束北方战事后，马略回到罗马，与卡图鲁斯一道举行了凯旋

马略领导罗马军团战胜了森布里人，赢得了罗马军民热烈的拥戴（那不勒斯卡波迪蒙特博物馆藏）

式，公元前100年马略当选为执政官，这是他第六次当选执政官，在罗马历史上还没有人如此多次地担任执政官。欣喜若狂的罗马平民追随马略，称他为“第三位祖国之父”。第一位是传说中的罗马城建立者罗慕洛斯，第二位是赢得维爱之战胜利并挽救罗马于危亡的卡米卢斯。马略的声望达到了顶点。

马略的军事改革，在当时确实起到了广开兵源和提高战斗力的作用，使罗马很快取得了朱古达战争的胜利，扫清了北方民族带来的威胁。但从长远的角度看，它也给罗马带来了严重的后果，那就是罗马产生了一支真正意义上的职业军队：职业兵远离务农、养殖和经商等一切社会生产，杀戮是他们唯一的使命，战利品和军饷是他们唯一的生活来源。这样的一支军队不可避免地存在一种隐患：对士兵来说，部队的统帅就是那个为他们提供薪饷和战利品的人，只要追随军事统帅，就可以得到财富和土地。而凭借对利益的支配，军事统帅也就很容易以慷慨的赠赐来收买自己的队伍，使之成为实现个人目的的工具。从这个意义上来说，马略的军事改革为以后的军事独裁奠定了基础。

意大利人起义

马略改革解决了罗马兵源不足的问题，却无法解决罗马面临的一些根深蒂固的矛盾和问题，罗马与意大利同盟者的关系就是其中最棘手的一项。

自罗马统一意大利以来，一直实行分而治之的政策，罗马人把被征服的意大利各部族视为同盟者，让他们承担各种义务，获取他们的人力及财力资源，却不把罗马公民权授予他们，使他们无法享有与罗马人同等的政治经济权益，以此来维持罗马人的独尊地位。罗马人的这种狭隘观念和对意大利同盟者的盘剥令他们日渐不满。公元前 90 年以前，罗马军队中大约有 2/3 的士兵都是来自意大利半岛的非罗马人，他们常年辗转于战场上，用生命和鲜血为罗马开疆拓土，但退役后，却得不到土地，也得不到与罗马公民相同的待遇。比如，他们无权分得公有地，无权参加罗马的公民大会，也不能担任罗马的各级官职。随着罗马对外战争的日益扩大，越来越多的意大利同盟者被迫从军，他们的不满也就越积越多。意大利同盟者认

李维乌斯·德鲁苏斯头像

为，获得罗马公民权是他们获得政治平等、在经济上分得土地的根本前提。

公元前 91 年，李维乌斯·德鲁苏斯担任保民官。德鲁苏斯秉性正直，行事光明磊落，据说，他曾想在帕拉丁山上建一所房了，建筑师夸耀说自己能为他建一座任何人都看不到里面的房子，德鲁苏斯回答说，如果你真有本事，就为我建一座这样的房子：无论我在里面干什么，外面的人都能看见。[*]

德鲁苏斯很早就开始关注罗马的两大尖锐问题：土地问题和意大利同盟者的罗马公民权问题。他上任后，首先实施了谷物法案，向贫穷的公民廉价售粮，将坎帕尼亚和西西里余下的公有地分给贫民。同时，在元老院增加 300 名骑士，司法权归还元老院。德鲁苏斯试图调和各种矛盾，出台的改革方案尽量照顾到各阶层的利益，

* Erik Hildinger, *Swords Against the Senate: The Rise of the Roman Army and the Fall of the Republic*, Cambridge: Da Capo Press, 2003, p.157.

不料却遭到了误解，无论是元老院还是骑士都对这些法案表示了强烈的不满。尽管如此，德鲁苏斯还是使用强制手段执行了这些法案。

但是，当他出台把罗马公民权授予意大利同盟者的法案时，却无法强制执行了。因为罗马城的平民和无产者也反对这一法案，不满的情绪在罗马城蔓延。这时，一些意大利人也愤怒了，因为他们震惊地发现自己的利益和命运竟然要由罗马无产者来决定！于是马尔西城的贵族西洛带领几千名武装随从来到罗马，决心通过监督元老院会议以获得罗马公民权。虽然在他人的劝说下，他中途放弃了这一计划，而且德鲁苏斯也并未参与此事，但由于他与德鲁苏斯是朋友，所以，德鲁苏斯被怀疑与马尔西人勾结。最终，德鲁苏斯在自己的家门前遇刺身亡。据说，他临死时仍保持了自己的骄傲，他问自己的亲戚和朋友："共和国何时才能有像我这样的公民？"*

德鲁苏斯的死使意大利同盟者认识到，通过和平的手段是无法获得与罗马公民同样的权利和地位的，剩下的只有最后一条路，那就是起义。于是一场旨在争取罗马公民权的同盟战争爆发了。

早在同盟战争爆发之前，意大利各城市、各部落之间就广泛联络，彼此之间互相交换人质作为结盟的信用。公元前 91 年末，当一名人质被送往阿斯库伦城时，恰好被罗马派出的密探看到，于是罗马的一名行政长官塞尔维乌斯率领一小队人马来到阿斯库伦城检查。在该城的剧场里，他向集中起来的居民发表了具有威胁性的演说。那些挑衅性的话语无异于"落在火药桶上的火花"，瞬间就激起了人们心中酝酿已久的怒火。剧场里的居民蜂拥而上，杀死了这名行

* Erik Hildinger, *Swords Against the Senate: The Rise of the Roman Army and the Fall of the Republic*, p.159.

政长官，接着杀死了阿斯库伦城内的所有罗马人，起义正式爆发。

起义迅速蔓延至意大利半岛的大部分地区。这是继布匿战争以来罗马所遇到的最危险的战争。起义者拥有与罗马军队相匹敌的大军，其战斗力和武器装备与罗马军团相当，由于经常参加罗马发动的战争，他们对罗马军团的作战方式也非常熟悉。而更为可怕的是，以前，罗马军团无论是在东方战场还是在北方战场厮杀时，意大利同盟始终是他们的坚实后盾，而现在，他们发现自己不但失去了后盾，还遭到了围攻。围攻他们的敌人相当多，有马尔西人、帕里格尼人、韦思提尼人、马鲁奇尼人、比善提尼人、弗伦塔尼人、赫比奈人、庞贝人、卢卡尼人，以及罗马的宿敌萨莫奈人。只有罗马的拉丁同盟由于比其他民族享有更多的权利，依然保持着对罗马的忠诚。

罗马昔日的同盟者迅速组成了一支军队，人数达 10 万之众，马尔西人西洛和萨莫奈人盖约·巴比乌被选为同盟军的主要领导，领兵纵横南北，成为罗马最大的威胁。两年之内，罗马军队数次败北，接连有两位执政官战死疆场，罗马迅速丧失了对意大利的控制权。意大利同盟者以科菲纽姆为中心创立了自己的国家，取名意大利（Italica），还设置了由 500 人组成的元老院以及执政官等职位。

公元前 90 年，罗马派两名执政官及一批将领（包括马略和苏拉）倾全力镇压。战斗十分惨烈，罗马人付出重大代价。这一年年末，罗马共和国颁布朱利亚法，规定凡未参加暴动仍对罗马忠诚的同盟者可以获得罗马公民权。于是，埃特鲁里亚人和翁布里亚人首先获得了公民权。公元前 89 年初，罗马元老院又宣布：凡在 60 天内放下武器的意大利人，一律获得罗马公民权。这两项法令的颁布是罗马共和国在穷途末路之时不得不采取的分化策略。这项策略稳定了动摇不定者，孤立了起义者，一部分为了获得罗马公民权而参

意大利同盟国发行的纪念币

加起义的同盟者率先从起义队伍中撤出来，同盟者的阵营濒于瓦解。

公元前 89 年，罗马集中兵力对付仍在抵抗的马尔西人与萨莫奈人。这一年，苏拉率军攻下了最先起义的阿斯库伦城，在城内大肆屠杀，以儆效尤。接着他又挥师攻下了萨莫奈人的波瓦努姆城，使同盟战争的形势发生了彻底的变化。公元前 88 年，起义领袖西洛被杀，同盟战争结束。

意大利同盟战争从表面上看是罗马人取得了胜利，但如果从战争的原因和结果看，这场战争的胜利者应该是意大利人，通过这场战争，他们得到了一直在争取的罗马公民权。同盟战争之后，意大利所有居民都逐渐变成了罗马公民，他们被编入 10 个新的部落，成为罗马军团稳定的兵源。而在这一过程中，意大利人与罗马人之间的界限也日渐模糊，意大利完成了民族统一和整合，为罗马的继续扩张提供了安稳的后方和坚实的根据地。此外，同盟战争中出现了一个大赢家，那就是靠镇压意大利同盟者而名声大振的苏拉。

苏拉头像

苏拉的军事独裁

苏拉出身于一个破落的贵族家庭，从小醉心于文学艺术，酷爱交际，终日混迹于优伶、小偷和娼妓之中，后来依靠一个富有妓女的捐赠和继母的遗产，得以重返贵族阶层。此后，苏拉跟随马略，在朱古达战争以及对北方的条顿人和森布里人的战争中，屡立战功，在意大利同盟战争中也尽显军事才能，不断得到马略的提拔，被公认为优秀的军事统帅。但后来马略发现苏拉权势欲很强，就不再为他提供立功晋级的机会，于是，苏拉离开马略，转投到另一个执政官卡图鲁斯门下。马略与苏拉的关系由此恶化。

公元前 88 年，黑海沿岸的本都国王密特里达提发动战争，占领了小亚细亚，接着兵锋直指希腊。小亚细亚的居民非常欢迎他，把他看做是帮他们摆脱罗马统治的解放者。一些城市还把他们那里的罗马指挥官捆绑起来交给密特里达提，曾于公元前 101 年担任过罗马执政官的阿克维里乌斯就这样落到了密特里达提的手中，受尽了严刑拷打。在密特里达提的命令下，小亚细亚有成千上万的罗马人和意大利人被杀死，无论男女老幼。

密特里达提头像
（巴黎罗浮宫藏）

危急时刻，元老院授权苏拉领兵远征，出任对密特里达提战争的军事指挥官。就在苏拉欲往东方赴任的前夕，马略的支持者却使用非常手段让公民大会推选马略担任这场战争的统帅。双方为战争的指挥权争执不下，当苏拉日夜兼程地赶到军队的所在地坎帕尼亚的诺拉城时，马略派出的两名军事保民官也赶来了。苏拉抢先召集士兵大会，向士兵们讲述了他和马略的指挥权之争。他鼓动说，如果由马略指挥这场战争，马略当然会利用这次机会把自己的老兵带到东方战场去。此言一出，在场的士兵都激愤起来，东方一向是富庶之地，谁在东方打仗谁就会得到丰厚的战利品，这样的肥肉岂能让给别人！士兵们把石块扔向马略派来的军事保民官，高叫着让苏拉把他们带到罗马去。

于是，苏拉带着 6 个本来要开往东方的军团，打着“拯救祖国，使她不受暴君统治”的旗号，杀气腾腾开向罗马。

苏拉领军进攻罗马，首开罗马军队攻打罗马城的先河，自然遭到了罗马平民的强烈反对。城内的居民从屋顶上投下瓦块石头，阻挡他们向前推进，而苏拉也真把这些平民当成是自己的敌人，他命令弓箭手把带火的箭往房顶上射。凭借优势兵力，苏拉很快就打败了仓促应战的马略，占领了罗马城。

苏拉攻打罗马，表明罗马军队的性质已经发生了彻底的改变，为国而战、为荣誉而战的罗马军团蜕变为军事指挥官争权夺利的工具。在军团士兵的眼中，没有国家利益，只有统帅及其承诺的薪饷和战利品，他们是为统帅而战，也是为自己的利益而战。

苏拉进城后，立即宣布马略及其支持者为“罗马人民公敌”，这是一种极端可怕的指控。根据罗马法律，凡是被宣布为“公敌”的人，其财产被全部没收，任何人包括奴隶都有权杀死他，不仅不

苏拉率军进攻罗马（Edward Sylvester Ellis，*The Story of the Greatest Nations–Rome*）

负法律责任，还可以领取赏金。公敌宣告有点类似于我们今天的全国通缉令，一旦被宣布为公敌，就在劫难逃。从苏拉开始，一直到共和国灭亡，这种公敌宣告成为内战时各种势力经常使用的一种政治手段。苏拉还颁布新宪法，剥夺公民大会审批议案的权力和立法权，剥夺了保民官的否决权，元老院成为国家的最高权力机构。而苏拉通过把自己的 300 名党羽选进元老院，使元老院变成了为自己服务的机构。

苏拉大权在握、稳定罗马局势后，便于公元前 87 年率军奔赴希腊和小亚细亚战场与密特里达提交战。苏拉在东方前线辗转作战，罗马城内却风云突变。原来，战败出逃的马略在北非收罗旧部，在执政官秦纳的内应下，乘苏拉出征之际，举军攻破了罗马。他们废除了苏拉的各项立法，宣布苏拉党人为公敌，对苏拉的支持者展开

流亡中的马略坐在迦太基的废墟上（Joseph Kremer，约 1870）

无情的大屠杀。在一片白色恐怖中，马略与秦纳当选为公元前 86 年的执政官。但马略上任不久便染病身亡。

苏拉在希腊听说马略、秦纳攻陷罗马的消息后，急于赶回罗马进行报复，于是集中兵力向密特里达提施加压力，迫使密特里达提于公元前 85 年签订了停战和约，退出所占领的地区，同时向罗马缴付 3000 塔兰特的战争赔款和 80 艘舰船。此后，苏拉腾出手来清算自己的政敌。他致信元老院，宣布“要为自己、为罗马城，向那些有罪的人复仇”*。

公元前 83 年春，苏拉带着从东方战争中积聚的巨额财富和一支

---

* 阿庇安：《内战史》第 1 卷，谢德风译，北京：商务印书馆，1985。

苏拉带兵再次杀回罗马（Edward Sylvester Ellis，*The Story of the Greatest Nations–Rome*）

完全效忠于他的军队杀回了意大利，新的内战又开始了。秦纳被哗变的士兵杀死，另一位执政官卡波调集军队进行了顽强的抵抗，但最终苏拉再次夺下罗马，控制了意大利的政局。

苏拉以征服者的姿态进入罗马，以更加血腥的方式镇压异己。他在战争女神柏罗娜的神庙里召集元老会议，与此同时，他让自己的手下在马克西姆大竞技场里处决6000名马略党人。整个会议期间，外面行刑时的惨叫声不绝于耳，但是苏拉却若无其事地告诉那些吓呆了的元老们，外面的事与他们无关，元老们应该注意听他的讲话。毫无疑问，面对这种威胁，元老们只能任其摆布。

马克西姆大竞技场内的屠杀仅仅是大屠杀的开始。不久，苏拉又在罗马广场上发布了“公敌宣告”。他在公民大会上凶狠地宣称：

“我将对我的敌人一个也不宽恕，将以最残忍的手段对付他们。”他前后拟定三批公敌名单，对列入名单的公敌，捕杀者有赏，告发者有奖，隐匿者有罪。意大利人人自危，朝不保夕。据罗马历史学家阿庇安记载，大约有 40 位元老和 1600 名骑士作为公敌被杀。苏拉急需钱财和土地来满足效命于他的士兵，所以很自然，富人更容易成为公敌。为了掠夺财富，一些无辜的人被指控为“公敌”。普鲁塔克曾讲过，有一个叫奥勒利乌斯的人，是一个非常平和、与世无争、与人为善的人，有次偶然去广场看公敌名单，竟发现自己也在其中，他失声叫道：“这是我的阿尔巴庄园要了我的命啊！”没走多远，他就被专门靠杀死公敌领取赏金的暴徒一刀杀死。*

苏拉如此残暴和冷血，为何能维持自己的统治呢？关键就在于他手里有一支军队。苏拉的军队里，绝大多数是破产的农民和城市里的无产者，他们渴望财富和土地，而苏拉满足了他们的要求。苏拉安顿了很多士兵，大约有 10 万人，他们的份地遍布意大利的殖民地。对士兵的安置使他牢牢地控制了整个国家，因为士兵的财产完全仰赖于苏拉政府的存在，所以，士兵们才会全心全意地支持他。

在白色恐怖中，苏拉的权势达到顶点。公民大会正式“任命”他为无限期的独裁官，罗马的立法、行政、司法、财政和军事大权都掌握在他手中。无论他何时出行，前面都有 24 个执法吏手执棒束开路，与国王无异。对苏拉本人的崇拜也达到极点，罗马广场上竖起了苏拉的镀金像，上刻“永远幸福的科尔奈利乌斯”（科尔奈利乌斯也是苏拉的名字）。尽管罗马还保留着共和国的形式，实际上，

---

* Erik Hildinger, *Swords Against the Senate: The Rise of the Roman Army and the Fall of the Republic*, p.208.

奥勒利乌斯发现自己在“罗马人民公敌”的名单里，失魂落魄地离开（Mary Macgregor, *The Story of Rome,from the Earliest Times to the Death of Augustus*）

苏拉已成为罗马的国王。正当苏拉权倾罗马的时候，公元前 79 年，他突然在公民大会上宣布放弃一切官职，退隐林泉，不再过问政治，不久即病死于坎帕尼亚的海滨别墅里。

苏拉的独裁完全是凭借武力和军队实现的，因此是军事独裁。这种军事独裁是罗马共和危机的集中体现，也是对共和危机的一种应对。但是，苏拉的措施并没有触及罗马最为严重的社会问题，相反，苏拉维护了元老贵族的利益，压制了底层民众的需要。贵族的大庄园继续剥削压榨小土地所有者，迫使他们离开乡村，越来越多地涌向城市，成为城市里的底层。当谷物价格上涨或者供应减少时，罗马的城市特别是罗马城内就会出现周期性的暴动。与此同时，城市贫民越来越多地参军，为那些颇具野心的将军卖命，直接威胁了社会和政治的稳定。在这种混乱的背景下，恺撒开启了罗马由共和政体向中央集权的帝制政体转变的过程。

“前三头同盟”

苏拉死后，罗马政坛上出现了三个重要人物：庞培、克拉苏和恺撒。他们既是野心勃勃的政治家，又是驰骋沙场的军事将领。在他们的政治生涯中，军队是他们权力的基础，是他们财富的来源，也是他们捞取政治地位的资本。在共和国末期复杂的政治斗争中，他们不断加深了自己同军队之间的联系，把罗马军团变成了各为其主的政治工具，彻底地改变了罗马共和国军队的性质。

格奈乌斯·庞培出身于贵族家庭，他的父亲斯特拉波·庞培曾担任过执政官，在意大利同盟战争中出任过指挥官，庞培年轻时曾跟随父亲参战。受其父亲的影响，庞培一直具有远大的政治抱负，并不惜一切代价为之努力。公元前1世纪80年代，正是苏拉位高权重之时，庞培自然把苏拉作为自己的靠山，他与妻子离婚，娶了苏拉的女儿，借此成为苏拉的心腹，得到了重要职位。

庞培很有指挥才能，为罗马屡立战功。他先后赢得了西西里战争、努米底亚战争等重大胜利，公元前81年，苏拉为他举行了凯旋式并授予他“伟大的庞培”的称号。公元前1世纪，罗马内乱不断，无暇解决海盗问题，海盗在东地中海活动猖獗，罗马商人的利益受到严重损害。罗马几次派兵清剿，都没有彻底消灭海盗。公元前67年，罗马元老院任命庞培为清剿海盗的司令官，授权庞培在各行省招募军队、征收金钱。庞培运用海陆夹击的战术，下令封锁全部海

罗马“前三头”：恺撒（左）、克拉苏（中）、庞培（右）

岸线 50 公里以内的地区，派兵日夜巡逻，断绝了海盗的给养，仅用三个月的时间就清剿了整个地中海区域的海盗。公元前 74 年，密特里达提发动了第三次密特里达提战争，庞培又拿到了这场战争的指挥权。公元前 66 年，庞培不负众望，彻底平息了密特里达提战争，把罗马的疆界扩展到幼发拉底河畔。他也因此成为共和后期最有权势的人。

克拉苏也是苏拉的部将。克拉苏的名声来自于他对斯巴达克奴隶起义的残酷镇压。公元前 73 年，意大利爆发了由角斗士斯巴达克领导的奴隶起义。起义军出奇制胜，多次击溃罗马军队，队伍迅速扩大到 70000 人，给罗马造成了极大的威慑。公元前 72 年，罗马元老院紧急启用克拉苏任统帅，前往镇压。当年秋天，斯巴达克的军队在意大利半岛南端集结，计划利用海盗船渡海前往西西里，但因海盗失约未能成行。克拉苏尾随而至，在起义军兵营后方构筑了一道防御工事，切断了起义军撤回意大利的后路。起义军突破了克拉苏的工事，但损失惨重，大约损失了三分之二的人马。公元前 71 年春，克拉苏得到了庞培军队的增援，与起义军在阿普里亚决战。在

《庞培的胜利》。19 世纪画家对第三次密特里达提战争的描绘（Gabriel de Saint-Aubin.，1765）

罗马军队的疯狂围攻下，60000 名起义者战死，斯巴达克也壮烈牺牲。克拉苏下令将 6000 名起义军俘虏钉死在从阿普里亚到罗马城沿途的十字架上。

克拉苏的残忍和狡诈还体现在他对财富的聚敛上，普鲁塔克说他“把公众的灾难当做个人致富的最大财源”。据说，克拉苏手下有几百名奴隶，遇到罗马城的某个地方着火，他就立刻带人赶到那里，但首先做的事不是救火，而是谈价钱，以极低的价钱买下着火的房子，然后才救火。灭火之后经过修葺，再以高价卖出。通过种种令人不齿的手段，克拉苏大发不义之财，成为罗马城内有名的大富豪，他经营高利贷、投机商业和建筑业，拥有无数的银矿、地产和很多身怀各种技能的奴隶。据普鲁塔克估算，他的个人财产高达 7100 塔兰特，而第一次布匿战争后，罗马要求迦太基的战争赔款也不过 3200 塔兰特。由此可见，克拉苏称得上是富可敌国。

与庞培的军功和克拉苏的财富相比，恺撒的资历显然逊色多了，恺撒的成功基于他个人的才干和机遇。

恺撒出身于古老的朱利乌斯家族，马略是他的姑父，马略的副将秦纳是他的岳父，在政治上，他与马略站在一起，也曾因此受到苏拉的迫害而逃亡海外。苏拉死后，恺撒返回罗马，积极参与罗马的政治生活。公元前 77 年，恺撒大胆揭露前马其顿行省总督多拉伯拉的贪污罪行，在公众面前展现了雄辩的口才和不畏强暴的正义感，令罗马政界对他刮目相看。公元前 68 年，他的姑母朱利雅（马略之妻）去世，恺撒发表悼词，以溢美之词悼念马略，在罗马社会引发了对马略的怀念和追思。大批平民和马略的老兵纷纷支持恺撒，恺撒的身价和声誉由此得到提升。

在罗马混乱的局势中，争取人心是捞取政治资本的有效途径，

斯巴达克壮烈牺牲（Hermann Vogel，1882）

恺撒试图通过这条途径出人头地。公元前 65 年，恺撒出任市政官。市政官的职责是监督城市建设、组织娱乐竞赛等活动，这一职位本身没有津贴，要靠任职者出钱搞建设才能取悦民众。凭恺撒当时的财力，他根本没有能力担任这一职务，但为了笼络人心，讨好民众，他在城市建设上慷慨捐资，不惜耗尽资产，高筑债台。比如，他负责监修阿皮乌斯大道时，就自掏腰包补贴这一工程的建设。他还出资举办角斗士比武、戏剧表演、赛马等公众娱乐活动，使罗马民众时时都能感受到恺撒的业绩和慷慨。

公元前 63 年，恺撒不惜欠下巨额债务，通过巨额的贿赂当选了大祭司长。公元前62年，恺撒担任大法官，赢得了平民的广泛支持，借机鼓动平民反对元老院。公元前61年，恺撒出任西班牙总督。赴任前，由于欠债甚多，境遇窘迫，还曾接受了克拉苏的资助。但当公元前60年恺撒载誉归来时，不仅还清了所有的债务，发了大财，还为自己积累了足够的政治资本。

恺撒青铜立像

公元前60年，由于对元老院的不满，罗马政治舞台上的三个风云人物走到了一起。克拉苏由于涉嫌参与推翻共和国的喀提林阴谋，遭到了元老院的冷遇；庞培战功卓著，但是他在东方擅自将包税权授予骑士的作法令元老院非常不满，甚至怀疑庞培有搞军事独裁的野心，因此迟迟不批准庞培欲在东方行省实行的各项措施，也不批准他把份地分配给他的退伍老兵。庞培大为恼火，于是决意支持恺撒当选公元前59年的执政官。恺撒趁机调解庞培与克拉苏之间的矛盾，以便共同对抗元老院。公元前60年，三人达成了互相支持的协议，建立了秘密的政治同盟，这就是罗马历史上的“前三头同盟”。

“前三头同盟”是一个为反对元老

“前三头同盟”（纽约赫伯特·费斯特画廊藏）

贵族和夺取国家权力而临时结成的政治同盟。为了巩固这一联盟，恺撒把自己的女儿朱利娅嫁给了庞培。三人中，庞培握有军队，克拉苏腰缠万贯，恺撒在平民中有较高的威望，但单凭一个人的力量，谁都无力独揽权柄与元老贵族势力相争，只有三人暂时妥协和联合，才能与元老贵族抗衡。前三头同盟初期，由于克拉苏和庞培彼此争雄、各不相让，恺撒作为缓冲者奔走于这两人之间，协调两人的关系，稳定了三头同盟。

公元前 59 年，恺撒在庞培和克拉苏的支持下，当选了执政官。据记载，选举那天，庞培的老兵是衣服下暗藏着利刃而来的，他们使恺撒的拥护者占了绝对的优势。作为回报，恺撒在任期间，解决了平民和退役老兵的土地问题，使庞培的士兵得到了土地，同时以法律形式承认了庞培的东方政策，充分回报了庞培和克拉苏的支持。

恺撒在高卢

任执政官期满后，恺撒担任了高卢总督，拥有 4 个军团的兵力。担任高卢总督是恺撒的一个梦想，他“渴望巨大的权力、一支军队和一场新的战争，因为只有在这一场战争里，他的辉煌的功业才能充分展现出来”*。

恺撒时代的高卢分为三个部分：山南高卢、那尔波高卢和野蛮高卢。山南高卢在第二次布匿战争期间已经被罗马征服，而剩下的两部分还未被征服。从整体看，高卢各部落之间的生产力水平相差很大，有的仍处于氏族社会发展阶段，有的已经出现了显著的社会分化，高卢中部的一些部族甚至已产生萌芽状态的国家权力机构。为了掠取土地和财富，高卢各部族之间相互敌视、战争连绵不断，这就为恺撒插手他们的内部纷争进而出兵入侵提供了良好的机会。

公元前 58 年，恺撒率军进驻山南高卢后，处心积虑地训练、培植和扩展一支忠于自己的强大部队，同时，伺机侵占尚未被罗马人征服的野蛮高卢的广大地区。

这一年，居住在现在瑞士西部的厄尔维几人为了寻求自由的土地，想要迁徙至加龙河口。而这样做势必要穿过高卢中部埃督依人生活的地区。埃督依人担心厄尔维几人的迁移威胁自己的利益，遂向恺撒求援。恺撒于是率军跨越阿尔卑斯山进入高卢北部地区，在毕布拉克德附近击败厄尔维几人，迫使他们返回原住地。接着他以高卢人的“同盟和友邦”的名义击败奥维斯都斯领导的一支日耳曼人，使其退回莱茵河东岸。至此，高卢中部完全为恺撒所控制。

---

* 撒路斯提乌斯：《喀提林阴谋　朱古达战争》，第 147 页。

恺撒与日耳曼人首领奥维斯都斯谈判（Liebig collectors card, 1950）

高卢北部的别尔盖人没有尝过罗马军团的利剑，不打算不战就屈服于恺撒，于是，别尔盖人的各部落相互串联，试图结成联盟把罗马人赶回阿尔卑斯山以南去。恺撒获悉后，决定先发制人。公元前 57 年，恺撒率 8 个军团进攻别尔盖人。别尔盖人的部落进行了殊死抵抗，但最终，罗马军团凭借良好的战术和恺撒天才的指挥逐一吞食了别尔盖人的各个部落。恺撒在各重镇和交通要冲驻军、建立冬令营，要求高卢各部落提供人质、纳贡、听从军事调度和服从罗马的统治。

但是，高卢人并不甘心臣服罗马。公元前 54 年到前 53 年的冬天，别尔盖人爆发了起义。当时恺撒的 6 个军团都在各自的冬令营内，彼此相距甚远，起义者利用了这一点，先歼灭了两个军团。情势非常紧张，在亚眠过冬的恺撒匆匆赶来相助，才把起义镇压下去。但是一年后，也就是公元前 53 年到前 52 年的冬天，当恺撒本人离开高卢回到罗马后，一场更大的起义席卷了整个高卢。

罗马钱币上被俘的高卢人
形象（前 184）

起义的领导者是曾长期忠诚于罗马的阿维尔尼人，这一部族的显贵维钦盖托列克斯被起义者推举为国王和全高卢的领袖。维钦盖托列克斯曾在罗马军队中服过役，具有军事指挥能力和联合高卢各部族的外交能力。他组织起一支由各部族战士参加的军队，共同对罗马作战，他们采取坚壁清野和破坏敌人辎重、给养的策略，使罗马军团在高卢的处境极为困难。

得到战报，恺撒火速赶回高卢。当时他手下的兵力约有 60000 人，仅相当于维钦盖托列克斯兵力的五分之一。凭借罗马军团丰富的作战经验和良好的战斗素质，恺撒企图一举消灭起义军，他带着 6 个军团迅速突入阿维尔尼人所在的地区，在首都盖尔哥维亚附近与维钦盖托列克斯短兵相接，激烈交战。维钦盖托列克斯在城内储存了大量粮食，又在城外扎下了设防的营地。恺撒以突击的方法数次攻打高卢人的营地，均被击退，还损失了 46 个百夫长和将近 700 名士兵。

恺撒率军渡过莱茵河

这次失败动摇了高卢其他部落对恺撒的信任，埃督依人叛离了，去年冬季被镇压下去的别尔盖人也起来反叛。在这一危急时刻，恺撒充分表现了令人敬畏的军事天赋。他引领军队向北推进，与自己的助手拉比耶努斯会师，壮大了罗马军队的力量。在这个过程中，维钦盖托列克斯以骑兵袭击恺撒，均被击退，于是他带着主要兵力退到阿列吉亚。恺撒指挥军队步步为营，构筑大批工事、防堤和壁垒，把起义军驻守的阿列吉亚团团围住。

阿列吉亚城坐落在一个山头上，地势高峻，除了围困以外，也没别的法子可以攻取。罗马人用两道防线组成了包围工事：里面的一道用来对付城内的敌人，这是一条约 6 米宽的沟，两边垂直，即上下一样宽；外面的一道用来对付来解围的高卢援军。两道工事之间的中间地带还有两条 4.5 米宽的壕沟，靠近里面工事的那条壕沟内，注满了河水。两条壕沟的后面，还加筑了一道防堤和壁垒，上设胸墙。胸墙和防堤衔接的地方，向外斜列着像鹿角似的削尖的木桩，可以防止敌人向上爬。此外，环绕着整个工事，每隔 25 米筑一座木塔，用作瞭望和监视。

这么庞大的工程，修筑起来是非常耗时费力的。城内的高卢起义军不时地从几座城门内同时冲出来，攻击修筑工事的罗马军队，给他们造成极大的困扰。为了减少军队的伤亡，弥补兵力的不足，恺撒又在工事上做起了文章。他命令士兵采伐了许多树干和坚韧的树枝，把树枝顶端的皮剥去以后再削尖，直立着钉在沟内，而让树干的尖端伸到地面之上。这样的树枝插上五行，互相衔接，又互相穿插，任何敌人冲进这样的埋伏，必然会被这些极尖锐的木桩刺伤。除了这种被称为“阴阳界”的陷阱外，还安置了“百合花”和“踢马刺”等陷阱，敌人跌入陷阱后，或者被铁钩钩住，或者被硬木桩砸伤。

阿列吉亚要塞内有 80000 名精兵，同时还有城内的居民，而他们的粮食只够30天。因此，破除包围成为起义军生死攸关的大问题。维钦盖托列克斯号召高卢各部落前来解围。很快，从四面八方集合了 20 万人的高卢大军。一场决战开始了。

阿列吉亚要塞里的起义军试图突围，而恺撒阵地外的高卢人要冲进来解围。两支高卢部队奋勇作战，向罗马军队数次发起猛烈突击，战局一度成拉锯态势。恺撒站在一个可以观察到全局战况的塔楼上，指挥和调度全军的行动。他看到一处防线被突破后，立刻派拉比耶努斯率后备军前去增援，及时堵住了防线的裂口。高卢人的几次突击均被击退，很多高卢人被战壕里的木桩钉在了地上，号叫不已。

由于罗马防御工事的阻碍和罗马军团寸步不让的坚守，城内外的高卢人一直没能会师在一起。在激战中，高卢几个部落的首领被

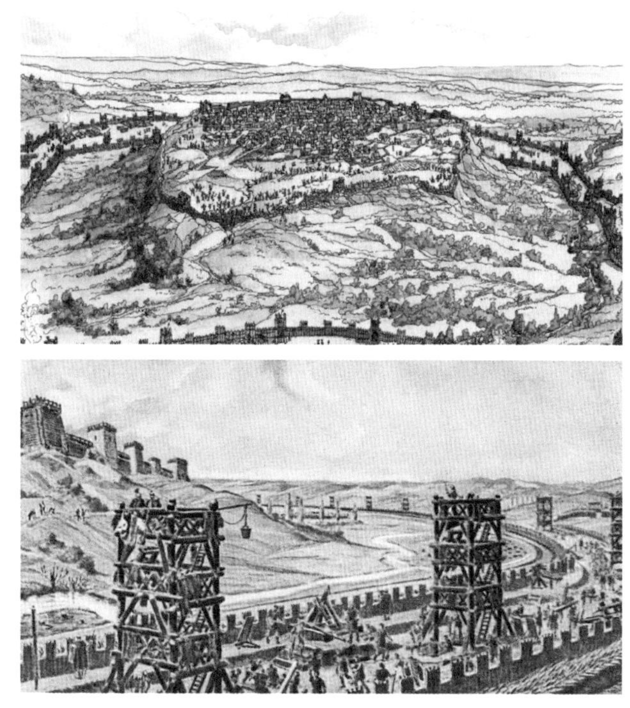

阿列吉亚城被罗马军团层层围困

高卢人袭击修筑工事的罗马军队（Liebig collectors card, 1950）

杀或被俘，罗马军团缴获的敌方军旗有 74 面之多。那些在城内的高卢人遥望惨烈的战局，看到自己的同胞被屠杀的惨景，感到非常绝望。

这时，高卢起义军的首领维钦盖托列克斯把城内的高卢人召集在一起，对他们说道："我发动了这场战争，不是为我自己，而是为我们的自由。既然我们没有取得胜利，我现在把自己交给你们。你们或者把我活着交给罗马人，或者杀了我，把我的尸体给他们。"* 最终，为了结束罗马人在高卢的杀戮，维钦盖托列克斯，一个勇敢而光荣的战士，把自己交给了恺撒，成为恺撒凯旋仪式上最重要的战利品。

维钦盖托列克斯的投降决定了高卢的命运。这一场声势浩大、几乎遍及高卢各部落的起义，在不到一年的时间里被恺撒的 10 多个军团镇压了，高卢又恢复了平静。

征服高卢对恺撒的政治生涯有着重要意义。他在高卢戎马倥偬 9 年之久，占领了 800 多座城市，征服了 300 个部落，与总数达 300 万人的高卢人作战，杀死了 100 多万人，俘虏了 100 多万人，同时掠夺了大量的财富。据记载，恺撒从高卢掠夺的黄金曾使罗马的金价大大贬值。巨大的财富使恺撒有能力在罗马举行声势浩大的宣传活动，在城市平民中的影响也与日俱增。

而更为重要的是，在征战高卢的数年中，恺撒凭借卓越的指挥才能和身先士卒的人格魅力赢得了士兵的爱戴。作为高卢战场的最高指挥官，恺撒善于把握战机，讲求速战速决，乘胜追击，不给对方喘息的机会，在多次战役中稳操胜券。比如在公元前 58 年，"为

---

* 戴维·肖特：《罗马共和的衰亡》，许绶南译，上海：上海译文出版社，2001，第 55 页。

维钦盖托列克斯放下武器向恺撒投降（Musée Crozatier，1899）

了追击厄尔维几人的其余部队，他命令在阿拉河上造起一座桥来，带着自己的军队渡了过去。他的突然到来，使厄尔维几人大为惊异，因为他们看到自己花了 20 天时间才困难地渡过来的河流，恺撒却只花一天就过来了”*。这样一位每战必胜的将军，必定会带来丰富的战利品和胜利的荣誉，令士兵们愿意追随。而为了赢得士兵的拥戴，恺撒自己也在领兵带队的细节上大做文章。在恺撒自己写的《高卢战记》里，我们看到，每到作战之前，恺撒总会发表演说，为士兵

* 恺撒：《高卢战记》，任炳湘译，北京：商务印书馆，1979，第 14 页。

恺撒在战争中身先士卒，赢得士兵们的爱戴

们分析战斗的目的和敌我双方的力量对比，也谈自己的境遇和心态。在演讲时，他亲切地称呼他的士兵为“战友”“同胞们”，而不是简慢地用“士兵们”这个词，拉近了与士兵的关系。在行军中，恺撒常常走在队伍的前面，有时骑马，但更多的是和士兵们一起徒步前行。公元前 58 年，在与厄尔维几人交战前，恺撒先把自己的坐骑送走，自愿与士兵一起直面危险，表现了自己与战士们共存亡的决心，令战士们深受感动。

恺撒还以各种手段讨好军队，让他们为自己卖命。比如，恺撒给他的军团发双饷。在粮食充足的时候，他不拘手续、不限数量地分给他们。战争胜利后，他同士兵们平分战利品，不时地把战俘分给每个人做奴隶，把土地分给那些退伍士兵。他的部下大部分来自山南高卢，他就把罗马公民权慷慨地赐给山南高卢整个行省的居民。

正因如此，恺撒赢得了军团的绝对忠诚。在恺撒与庞培的内战中，当恺撒无钱支付士兵们的薪饷时，每个军团的百夫长都自愿拿出自己的积蓄装备骑兵，所有的士兵即使没有口粮和薪饷也愿意为他效劳。在漫长的内战期间，没有一个人离开恺撒，即使被俘也绝不投降。在被敌人围困或围困敌人时，士兵能够忍受饥饿和其他的艰难困苦，甚至以草为食，顽强抵抗，连庞培都惊叹说，自己是在同野兽进行战斗*。这支在高卢战场上得到了百般历练的军队，不知有国家，只知有恺撒，他们的忠诚、勇敢、无畏都是为了报效恺撒个人。罗马军团蜕变为一支只效忠于统帅的私人军队。

跨过卢比孔河

恺撒的辉煌战绩引起了克拉苏和庞培的强烈嫉恨，也引起了元老院的惶惶不安。公元前 53 年，克拉苏不甘心在荣誉和财富上输给恺撒，挑起了对帕提亚的战争，结果在战场上阵亡。而一年前，恺撒的女儿死于难产，他也由此结束了和庞培的翁婿关系，于是，前三头同盟宣告解体。庞培开始与元老院联手，殚精竭虑地削弱恺撒在罗马的影响。

公元前 49 年 1 月 7 日，元老院会议在庞培的鼓动下宣布恺撒为公敌，剥夺其对行省的统治权。当时，恺撒的大部分军队都驻守在

---

* 苏维托尼乌斯：《罗马十二帝王传》第 1 卷，张竹明等译，北京：商务印书馆，2000，第 33—34 页。

克拉苏战死

山北高卢，身边只有一个军团和少量辅助部队。他经过一番周密计划，利用庞培毫无准备的疏漏，于 1 月 10 日决然地渡过山南高卢省与意大利本土的交界线——卢比孔河，以迅雷不及掩耳之势向罗马突进。

庞培其实很早就着手准备与恺撒的战争了，但由于他办事拖沓，一直都没有真正准备好。庞培的军队大量地驻扎在希腊和西班牙，而在意大利，他并没有合适的军队来对付恺撒。仓促之中，庞

恺撒率部渡过卢比孔河

培和大部分元老逃往希腊半岛。因为此时他去往西班牙的路已被恺撒切断，他只能寄希望于从希腊带兵折回来征服意大利了。

恺撒率军占领了罗马，夺取了国库。他对留下来的元老非常温和，也没有打断政府机构的正常办公，居民生活很快恢复了往日的平静。此后，他仅用40天的时间就完成了对西班牙的征服，庞培的军队纷纷不战而降。恺撒留下了一部分庞培的军队，让他们驻守在西班牙，其余的军队被全部解散。

恺撒征服西班牙

庞培把自己庞大的兵力都集中在希腊，除了9个罗马军团外，他还拥有东方行省的大量辅助部队，控制着东方广大的地盘，他的海军统治着亚得里亚海。与恺撒相比，在兵员数量和军需储备上，庞培占据着优势地位。公元前49年11月，恺撒率领7个军团出其不意地在希腊登陆，开始东征。但由于庞培在海上有较大的优势，恺撒的另一支远征军（4个军团和1个骑兵队）未能按时登陆，直到公元前48年春才同恺撒会合。遗憾的是，庞培贻误战机，没有在恺撒的军队会合之前对其各个歼灭。

恺撒的部队会合后，把庞培的几个军团围困在狄尔拉起乌姆的筑垒兵营里。但历时3个月未能攻下，只好撤到帖萨利。庞培见敌退去，立即率军追击。公元前48年8月，双方在法萨卢进行了一场决战。按照恺撒的说法，庞培的兵力要比他多一倍。虽然这个说法有点夸大其词，但是无论如何，庞培在人数上是占有优势的，特

庞培被谋杀

别是在骑兵方面。恺撒充分考虑了这一点，他安排了一种最出乎意料的战阵，把自己的精锐步兵设在骑兵阵线的后面右翼最危险的位置，当骑兵被庞培的骑兵打散后，步兵出人意料地突然出现在敌人面前，令庞培的骑兵措手不及，落荒而逃。恺撒的军队迅速转入全面进攻，最终大获全胜。庞培弃营逃到海边，任由自己的军队听凭命运的摆布。

逃亡中的庞培被恺撒穷追不舍，向埃及国王托勒密求援，希望能在埃及王宫中栖身。但是，埃及人不愿意为他得罪恺撒，于是决定杀死庞培。当庞培举足踏上埃及的陆地时，就遭到了背信弃义的突然袭击，一把匕首从背后刺死了庞培。他的妻子和儿子目睹了这幕惨剧。

恺撒追踪庞培来到埃及。此时，一切已经完结，埃及人把庞培的人头放在盘子里，送到他的面前。恺撒在埃及逗留了 9 个月之久，

恺撒时代罗马军团战士的穿着和装备（Allen and Greenough ed, *Caesar's Gallic War*, 1898）

把克娄奥帕特拉扶上了埃及的王位，使埃及成为罗马财富的另一个重要来源。

公元前 46 年，恺撒肃清了庞培在非洲的全部势力。至此，罗马全部领土都在恺撒的掌控之下。为了说明战争结束之快，他在凯旋式上仅打出了三个词组的标语牌："我来了！我看了！我胜了！"

回师罗马的恺撒受到空前隆重的欢迎，他被宣布为祖国之父，被选为终身独裁官，同时拥有执政官、监察官、终身保民官和大祭司长等头衔，集政治、军事、司法和宗教等大权于一身，成为罗马唯一的主宰者。从此，罗马共和国名存实亡。

恺撒独掌大权后，对罗马的政治、税收和行省制度进行了改革。但最重要的改革是解决老兵问题，因为老兵是恺撒政权的基础。

《恺撒的凯旋》(局部)(Andrea Mantegna，1484—1492)。描绘了恺撒征服高卢后返回罗马的凯旋式上手持军旗的军团旗手形象

恺撒没收了保守派贵族的土地财产，把这些土地都分给了自己军队里的老兵，并以战利品的名义发给老兵军团的每个步兵 24000 塞斯退斯。通过各项改革措施，8 万多名退伍老兵和贫苦公民在各行省获得了份地，也享受了诸多特权。

共和国的覆灭

恺撒以独裁的形式结束了罗马内战的混乱状态。但是，他的强权和独裁必然引起一些元老贵族的痛恨，公元前 44 年 3 月 15 日，恺撒的一名亲信布鲁图斯伙同卡西乌斯在元老院会议厅刺死了恺撒。

恺撒之死激起了各种社会矛盾，引发了新一轮的政治动荡。恺撒的部将安东尼成为恺撒派的主要领袖人物，他试图在混乱局势中实现自己独揽大权的目的，但由于他领导下的恺撒派对夺权斗争缺乏统一筹划，反而使元老院的地位有所增强。而这时，另一位政治人物的突然出场也给了元老院以可乘之机。这个人就是恺撒的养子、年仅 18 岁的屋大维。

屋大维是恺撒姐姐的孙子，在恺撒的遗嘱中被指定为继承人，得到了恺撒四分之三的遗产。安东尼和恺撒派的其他将领对这个从外地闻讯赶来奔丧的青年相当轻视，把他看成是无足轻重的人物。而实际上，屋大维这个人胆略兼备、非同凡响。他知道恺撒的声望和财产已成为自己的有力武器，遂大加利用。他反复宣扬自己是恺撒的继承人以唤起人们对他的好感，广泛招募恺撒旧部扩充军队，拉拢民众，居然在复杂的局势下，顶住了安东尼的排挤打击而自立门户。元老院也因此对他另眼相看，并利用他对抗安东尼。

公元前 43 年春，安东尼在出任高卢总督的要求遭元老院拒绝

《恺撒之死》(Jean-LéonGérôme，1867，巴尔的摩沃尔特斯艺术博物馆藏)

后，马上诉诸武力。他派兵抢印夺权，将原高卢总督围于穆提那城。元老院立即派屋大维和两位执政官一起出兵解围，安东尼兵败，退出高卢，与恺撒派另一重要将领雷必达联合。而屋大维得胜后却受到元老院排挤，多次要求担任执政官皆遭拒绝。公元前43年，在恺撒旧部的鼓动下，屋大维率8个军团开进罗马，400名军团士兵出现在元老们面前，拔剑相向：你们不能让屋大维当上执政官，我们的剑能！于是，凭借武力，屋大维强行当上了执政官。

但元老院的势力与影响也使屋大维、安东尼和雷必达看到，以一己之力，还是难以与元老院抗衡到底。于是，公元前43年秋，三人结成“后三头同盟”，协议分治天下5年：安东尼统治高卢，屋大维统治非洲、西西里和撒丁岛，雷必达统治西班牙，意大利和罗马由三人共治。亚得里亚海以东地区尚在杀害恺撒后逃亡的共和派布鲁图斯和卡西乌斯手中，由安东尼和屋大维负责征讨。

罗马公民大会批准了这一分治协议，并授予三人“建设国家的三头”之衔，在5年内有处理国务的全权。后三头当权后立即对共和派展开清洗和大屠杀，以西塞罗为首的元老贵族几乎被斩尽杀绝，西塞罗的头和手还被切下来，挂在从前他向人们发表演说的广场上。

屋大维头像（慕尼黑古代雕塑展览馆藏）

共和派也不示弱，布鲁图斯和卡西乌斯用残酷的手段大肆招兵买马，在东方俨然如具有无限权力的独裁者，甚至发行了铸有自己头像的钱币。公元前42年，他们集中了东方的兵力，迎击安东尼和屋大维派往希腊的军队。在腓力比城附近，两支军队展开决战，卡西乌斯和布鲁图斯战败自杀，共和派遭到了沉重的打击。

但是，与共和派的斗争并没有因为腓力比战役的胜利而彻底结束。庞培之

古罗马钱币，左侧是安东尼，右侧是屋大维，每面都印着“共和国的三头之一”字样，是后三头结盟的反映

子小庞培在西西里和撒丁岛还保存着自己的势力，很多共和派的人逃到他那里，成为一种新的威胁。安东尼和屋大维的手下集合了大量军队，但这些军队是要用金钱来维持的，巨大的军费开销让后三头感到手头太紧。于是，安东尼来到东方，向东方行省压榨钱财。在小亚细亚的塔尔苏斯城，他与埃及女王克娄奥帕特拉会面，并迅速坠入爱河，跟随女王来到亚历山大里亚。

腓力比战役后，屋大维回到意大利，在这里，17 万老兵等待着奖赏。为了满足士兵的要求，屋大维开始大量没收意大利居民的土地，引起了人民的普遍不满，甚至引发了起义。在这种局势下，公元前40年，后三头再次划分势力范围：安东尼统治东部，屋大维统治意大利和高卢，雷必达统治北非。屋大维坐镇罗马，有近水楼台之利，逐渐和元老、骑士等上层统治阶层达成妥协，又以公民领袖自居，渐渐积累了雄厚的政治实力。

公元前 36 年，屋大维联合雷必达向西西里发兵，肃清了小庞培在西西里和撒丁岛的势力，又利用军队的厌战情绪，解除了雷必达的军权，只为他保留了一

西塞罗是共和派的代表，这幅油画描绘了他通过演说反对喀提林阴谋的场景

个大教长的虚衔。雷必达的22个军团全部归于屋大维麾下，三头鼎立遂变成两雄对峙。

在东方，安东尼与埃及女王克娄奥帕特拉正式结婚，甚至在遗嘱中把他治下的罗马领土赐予克娄奥帕特拉之子。安东尼的行为引起了罗马人的不满，屋大维也乘机将这些丑闻当作攻击安东尼的炮弹，大肆丑化安东尼在罗马人心目中的形象。公元前32年三头分治协议5年期满之时，屋大维和安东尼公开决裂。屋大维以武力迫使

亲安东尼的两位执政官和300名元老东逃，威逼维斯塔神庙的贞女交出了安东尼的遗嘱，并将之公布于众。安东尼的遗嘱里的确有将罗马领土赠给克娄奥帕特拉及其子的内容，因此激起了罗马社会各阶层的强烈谴责，于是，元老院和公民大会宣布安东尼为“祖国之敌”，向埃及女王宣战。

公元前31年9月，屋大维与安东尼大战于希腊的亚克兴海角。此役双方旗鼓相当，交战初期胜负难分，但督战的克娄奥帕特拉却

克娄奥帕特拉和她的儿子恺撒里奥（埃及丹达腊哈索尔神庙）

在战斗最激烈时率埃及舰队撤退回国，安东尼也不顾其统帅身份，追随而去，全军遂告瓦解。之后，屋大维率军陆续收复了小亚细亚、叙利亚、腓尼基和巴勒斯坦等东部各省。公元前 30 年夏，屋大维进军埃及，包围亚历山大里亚，安东尼和克娄奥帕特拉先后自杀。托勒密王朝灭亡，埃及被并入罗马。

公元前 27 年，屋大维获得元老院授予的“奥古斯都”（意为神圣伟大）尊号，罗马帝国的诞生结束了罗马共和国末期的内战。

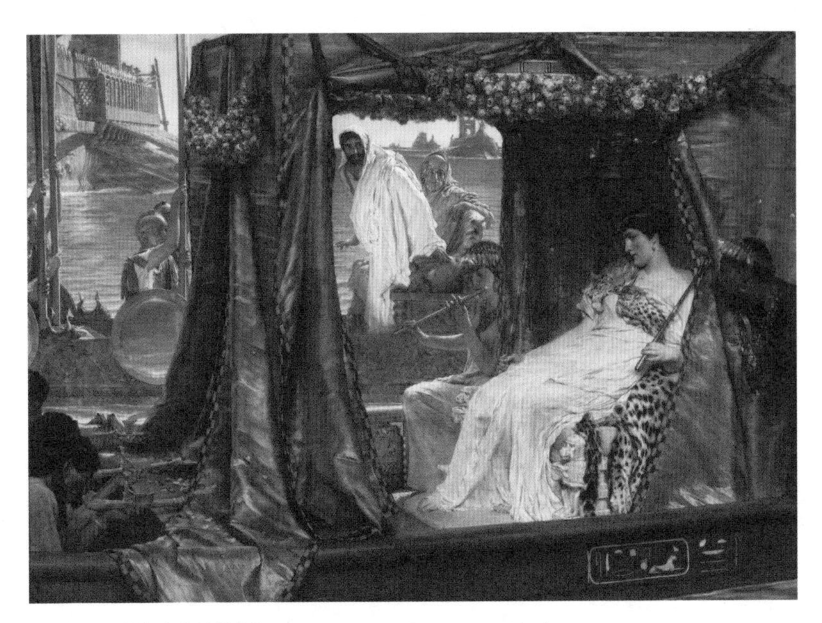

《安东尼和克娄奥帕特拉》(Lawrence Alma–Tadema，1885)

亚克兴海战 (Laureys a Castro, 1672, 伦敦英国海事博物馆藏)

IV

第四章

帝国军团

内战停止了，国内和平了，曾经极度膨胀发展的军队又当何去何从呢？为了使军队更加适应和平时代的发展，更好地为帝制服务，屋大维对军队进行了全面改组。罗马的军事组织由此发生了巨大变化。罗马军团、辅助部队和近卫军成为帝国军事统治的三大支柱，在帝国的政治舞台上，发挥了不同的作用。

从苏拉开始，罗马的独裁就带着明显的军事性质，各独裁者的权力都是依靠军队而获得的。屋大维也不例外。尽管有恺撒被刺的前车之鉴，他不得不小心翼翼地维持着共和制的外衣，但是在实质上，他就是罗马至高无上的皇帝，因为他手中始终掌握着最有力的武器——罗马军队。

内战停止了，国内和平了，曾经极度膨胀发展的军队又当何去何从呢？为了使军队更加适应和平时代的发展，更好地为自己服务，屋大维对军队进行了全面改组。罗马的军事组织由此发生了巨大变化。罗马军团、辅助部队和近卫军成为帝国军事统治的三大支柱，在帝国的政治舞台上，发挥了不同的作用。

裁军和改制

在连年不断的内战中，那些逐鹿争雄的将领们纷纷征募自己的军团，内战结束后，罗马国内也就不可避免地充斥着数量庞大的军队了。亚克兴海战之后，奥古斯都自己的军队加上安东尼的军队共计 60 个军团，另有 400 艘战舰和无法估算的非意大利人同盟军。庞大的军队需要财政支持，不容易调动，对社会和政治的稳定也是一种潜在的威胁；因此，奥古斯都首先做的事情就是裁军。

到公元前 15 年，奥古斯都共裁掉了 30 多个军团，只保留了 28

罗马军团正规部队的战士

个。这 28 个军团都是正规化的职业军队，他们长期服役，编制也被固定下来。奥古斯都之后，罗马帝国的军团数量虽然有所变化，但基本上还是 30 个左右。早期帝国时期，一个军团分为 10 个大队，每个大队又分为 6 个百人队，每个百人队有 80 人。到了 1 世纪下半叶，第一大队扩充到 800 人，由 5 个百人队组成，但是每个军团附带了一支 120 人的骑兵。这样一个军团约有 5500 人，加上数量相当的辅助部队，全国的军队人数大约在 30 万人左右。这些军队驻守在行省，主要是在军事情势比较紧张的地方，如莱茵河和多瑙河的边界、埃及、西班牙西北部等地。在公元前 1 世纪的内战中备受蹂躏的意大利没有军团驻扎。

一名古罗马埃及行省公民的肖像（1世纪）

罗马军团面向所有的罗马公民进行招募。奴隶不能成为军团的士兵，因为他们没有独立的身份，但这并不意味着所有的自由人都能成为罗马军团的士兵，自由人也有法律地位上的差异，有些自由人有罗马公民权，而有些自由人却没有。意大利同盟战争后，所有的意大利人都获得了罗马公民权，恺撒时期，高卢、西班牙等地的居民也获得了罗马公民权。但是，恺撒对行省居民的政策在屋大维那里并没有贯彻下去。据苏维托尼乌斯记载，屋大维想保持罗马人血统的纯洁，所以在给予罗马公民权时是颇为吝啬的，相当一部分行省（尤其是东方行省）的居民没有罗马公民权。在这些地区，征兵始终是一个问题，于是罗马人就把授予公民权作为吸引当地居民当兵的优惠待遇：在东方，一个人如果应征入伍进入罗马的辅助部队，退役后就可以得到罗马公民权。

尽管从理论上讲，进军团服役是每个公民应尽的义务，但因为军团士兵的服役期比较长，而近卫军的服役期则比较短，提升的机会也比较多，所以，意大利人不愿意在军团里服役，而更愿意选择在近卫军中服役，驻守在罗马。这样一来，罗马军团的士兵基本上是从行省的公民中征募来的，这些人有的来自于有罗马公民权的行省，有的是罗马军团士兵的儿子，有的是罗马辅助部队士兵的儿子，因为辅助部队的士兵在退役后，也能为自己和儿子赢得罗马公民权。意大利本土的人不愿意在罗马军团中当兵，可能对其他行省产生了影响，从史料来看，在公元1世纪和2世纪，也出现过强制征兵的现象。

奥古斯都在裁军和改制的过程中，没有再增加军饷，当时军团士兵每人每天的薪饷是10阿司，年薪是225德纳里，已经是恺撒时期士兵薪饷的两倍了。整个帝国时期，军团士兵的薪酬都是比较高的。奥古斯都之后的历代皇帝为了赢得军队的忠诚，不断增加士兵的薪酬，提高他们的待遇，尽管很多历史学家批评这些做法助长了军队的贪欲，使军队变得难以控制，但对士兵来说，由于帝国承平日久，他们难以从战争中获得战利品，因此薪酬的增加确实使得士兵这个职业变得更有吸引力。在士兵的薪饷中，国家会扣除伙食、衣物、靴子和武器等费用，有时士兵也会因损坏或遗失装备而被迫交纳罚金，但即使扣除这些支出和费用，他们仍然能够积蓄一些钱。这些钱存在军团的旗手那里，等到他们退役之后使用。

军团士兵的服役期限规定为20年。在奥古斯都时期，退役的士兵一般都能够得到固定的安置费。最初，给老兵的安置费是以分配份地的方式支付的，因此在土地所有权和军事服役之间就确立了一定的关系，即服役是得到土地的前提和保证。但是，由于需安置的老兵数量庞大，而国家的土地又是有限的，所以，这种安置费就改成了现金支付。为了支撑每年四五千名老兵的安置费用，公元6年，奥古斯都自己捐出1.7亿塞斯退斯，建立了军事金库，并设立新税，

由于不断增长的军费开支，罗马硬币逐渐贬值

即 1% 的拍卖税和 5% 的继承税，以保证军事金库的收入来源。此外，在退役安置的现金无法完全兑现时，国家还会补偿以土地。例如，公元 1 世纪时，不列颠两个废弃的要塞就在退役老兵的开垦下渐渐变成军事殖民地。但这种情况比较少，因为很难在士兵们期待的地点找到适合军事殖民的土地，所以，分到上兵手中的土地常常是塔西佗记载的那种“沼泽烂草地或者是乱石岗”。

自愿参军、长期服役和较高的薪酬使奥古斯都时期的罗马军团具备了典型的职业化特征，帝国的正规职业军团由此建立起来。为了确保自己对帝国军团的唯一领导地位，防止内战的再度发生，奥古斯都通过各种手段来保证军队对自己的效忠。共和国早期，士兵宣誓要服从执政官的命令，共和国末期，士兵宣誓要效忠其将领。奥古斯都把这种宣誓仪式推进了一步，他要求所有的士兵都向他个人宣誓效忠，而不是向某一个军团长官或行省总督宣誓。宣誓仪式每年都要举行一次。

奥古斯都成为帝国元首之后，自己并不亲自带兵，但是各行省的总督和高级军事指挥官都是由他任命的，他自己对全国的军事行

罗马军队宣誓效忠皇帝

动运筹帷幄。所有的战争都是在他的主持下进行的，所有的荣誉也都归于他一人。军团的司令官和高级将领只有效忠于奥古斯都才能保住自己的位置。奥古斯都与军队之间建立了一种紧密的私人关系，这种关系也成为一种遗产，影响着其后所有皇帝对军队的态度。到1世纪70年代，“军队统帅”（Imperator）一词成为对皇帝的专称。在公众面前，军队的责任、军人的形象都有很重要的作用，因此，皇帝本人常常身着戎装，以征服的英雄和坚强的军事领袖的形象出现在雕像、浮雕、凯旋门和钱币上。

奥古斯都屋大维戎装立像

未遂的谋杀和近卫军的建立

公元前 23 年，瓦罗·穆勒那和法尼乌斯·卡皮欧密谋杀死屋大维。但是，这次阴谋还未得逞，就被揭发出来，参与这起阴谋的人被处以死刑。此后，又有一些人几次企图谋杀屋大维，据苏维托尼乌斯记载，甚至一些地位最卑下的人也密谋反对他和威胁他的安全。有一次，一个伊利里亚军队士兵的仆人，带着一把猎刀，逃过了门卫的警戒，试图闯进奥古斯都的寝室行刺。虽然这些企图都没有得逞，却让奥古斯都感到害怕，也让他觉得共和这道屏障并不能保证他对帝国的统治。因此，在全面掌控行省军队之后，屋大维还加强了自己卫戍部队的建设，即建立了一支近卫军。

罗马共和国前期是没有近卫军的。奥古斯都所建近卫军的前身应该是执政官的保镖。很早的时候，罗马执政官出行时，有执法吏在前面开路，他们手执棒束和斧头，象征着执政官对公民有生杀予夺的权力。这些执法吏就承担了执政官保镖的职能。在战争期间，执政官的安全由罗马军团中抽调出来的精锐部队来保证。公元前 133 年，在围攻努曼提亚时，当时在西班牙的罗马军队情绪不稳，纪律很差，出于自身安全的考虑，执政官小西庇阿建立了一支 500 人的私人卫队，专职保护自己。这支部队因为守卫执政官的宿营地而被称为“近卫军”，这应该是最早的近卫军了。到共和国末期，将领拥有自己的私人卫队已经是很平常的事情。

奥古斯都建立的帝国近卫军已不仅仅是私人卫队，它的规模更大了，包括 9 个大队，大约 4500 人。其中 3 个驻扎在罗马，6 个分散在附近的城市中。此外，奥古斯都还在罗马建立了 3 个城市步兵队和 7 个夜间巡查部队来维持城内的治安。这样一来，在罗马和附

浮雕上的罗马军团近卫军形象（约 50）

一名罗马帝国近卫军战士的形象（约2世纪，柏林佩加蒙博物馆藏）

近的城市中，奥古斯都就有了军事靠山。到提比略统治时期，近卫军被集中在罗马城内设防的营区内，成为罗马城内一支独立的军事力量。近卫军长官的地位也得以提升，奥古斯都时期，他们还仅仅是有声望的骑士阶层，提比略时期，他们的地位已高出了埃及总督。

与远离家乡驻扎在遥远的行省边境的军团士兵比起来，近卫军官兵的服役条件要优越得多。为确保自身的安全，奥古斯都厚待近卫军，近卫军士兵的军饷是军团士兵的两倍。近卫军士兵服役期间，军饷数额为20000塞斯退斯，而军团的士兵只能得到12000塞斯退斯。除此之外，近卫军还有很多其他特权，比如他们得到提拔的机会比军团士兵多，他们的军旗上有皇帝和皇室的形象，有王冠和胜利的标志。在宫廷中执勤时，他们身着紫色的托伽袍，在罗马城内，即使不着军装，也可以携带武器。优厚的待遇、舒适的服役环境和相应的特权，使当时意大利的年轻人都愿意成为近卫军士兵。

但是，成为近卫军的一员，也不是一件容易的事。近卫军士兵必须接受严格的筛选和严酷的训练，淘汰率约为20%—30%。能够通过严格测试被录取的人一般都是最出色的士兵，因此，近卫军又被称为“精锐之师”。

一般情况下，近卫军中只有服役16年的留用老兵才被考虑提升为百夫长。提升为百夫长后，他可能被派到行省的军团或者继续留在罗马。如果继续留在罗马，他会在夜间巡查部队、城市步兵大队和近卫军三个大队之间轮流任职。城市步兵大队也驻扎在罗马，但他们只是在城市总督领导下的警察部队。城市总督一般由卸任的德高望重的元老来担任。城市步兵大队的数字编号是接着近卫军的编号而来的，近卫军是从1到9，城市步兵大队是从10到12。在克劳狄统治时期，城市步兵大队的数量有所增加，而在韦伯芗时期又减少到6个，其中4个驻扎在罗马，一个驻扎在迦太基，一个驻扎在里昂，驻守帝国的铸币厂。城市步兵大队从意大利征募士兵，塞维鲁时期人数从奥古斯都时期的500人增加到1500人。设置城市步兵大队的目的是为了给近卫军的选拔增加一道安全阀。比如，一个人如果要求得到近卫军里的一个职位，通过征兵考察后，他首先要在城市步兵大队服役，干得不错的话，才会在服役的第三年转到近卫军。城市步兵大队的士兵要服役20年，他们的薪水和待遇大致在军团士兵和近卫军士兵之间。夜间巡查部队共有7个大队，最初每个大队有500人，后来增加到1000人，他们最初的任务是防火，也充任夜间警察。

奥古斯都统治时期，近卫军有 9 个大队，此后，近卫军的数量有所变化，但是在公元二三世纪，基本固定在 10 个大队。每个大队的人数不好确定，在很长一段时间内，可能有 500 人，3 世纪早期可能升至 1000 人，甚至 1500 人。近卫军士兵来自罗马和意大利，这和罗马军团有着很大的不同，因为后者越来越多地来自于各行省。随着时间的推移，尤其是随着罗马—意大利人参军积极性的减退，近卫军也和军团一样，加入了一些非罗马—意大利籍的蛮族士兵，在近卫军服役也不再是一种特权的标志。

可独立作战的辅助部队

辅助部队是从各行省征募而来的，他们的主体是那些没有罗马公民权的居民。辅助部队有的被派到边境，有的就地驻扎，但是大多数辅助部队驻扎在莱茵河畔。公元 69 年，莱茵河地区的军队发生叛乱以后，辅助部队被调离这个地区，新的驻军就从当地居民中征募而来。

辅助部队的重装步兵服役期限为 25 年。由于罗马军队每两年才公布一次退役名单，所以，有些服役满 25 年的士兵就为了等待公布退役的名单，还要在军队里再待上一年，这样到第 26 年才能退役。退役后，他们能获得罗马公民权，拿到一份公民权的特许证，这是两张青铜板，上面刻着获得公民权的内容。目前，考古学家已经找到了几百份这样的特许证，它们是我们研究罗马辅助部队的基础资料。

辅助部队士兵的薪酬很低，仅相当于罗马军团士兵的三分之一。同军团士兵一样，辅助部队的士兵也不允许结婚。但是，他们

罗马辅助部队的士兵在服役期满后得到的罗马公民权特许证（1 世纪后期，奥地利卡农图姆博物馆藏）

常常与驻地的女子形成一种持久的关系，即事实婚姻，最后连皇帝也接受了这一事实，士兵和他们的孩子都能得到国家赋予的罗马公民权。他们的儿子被罗马军队接受，可以成为军团士兵。在公元2世纪，通过参加辅助部队而成为公民的人数稳步增加。

布匿战争以后，罗马人开始使用特种兵，如地中海—克里特弓箭手、巴勒里克投掷手和努米底亚轻骑兵。这些特种兵通常被编在辅助部队中，不同的兵种往往独立组成一个大队。有些辅助部队就是为了获得这些特种兵而建立的。

骑兵是罗马军队最弱的一环，在特里比亚战役和坎尼战役中，正是在汉尼拔手下的西班牙骑兵、克尔特骑兵和努米底亚骑兵的猛烈冲击下，罗马和意大利的骑兵才被挤出了阵地，致使步兵的两翼暴露给敌军，导致惨败。尽管西庇阿在扎玛战役中借助努米底亚骑兵打败了汉尼拔，但是在以后的战争中，罗马骑兵始终是个薄弱的环节。公元前2世纪后期，罗马做出了重大决定，取消罗马军团里的骑兵，改用外国骑兵，像汉尼拔那样，在作战地区征集骑兵，由他们自己的头领或者罗马将领指挥。到公元前1世纪，这种做法已经非常普遍，例如在罗马内战期间，恺撒就用高卢和日耳曼的骑兵来对抗庞培的军队，并建立了一支专业的轻骑兵为其战斗。帝国早期，罗马加强了对骑兵的建设，从各行省招募的骑兵成为辅助部队重要的一部分。骑兵以团为单位，每团大约为500人，分为16个骑兵分队；到1世纪末期，配合重装步兵的作战，又出现了1000人的骑兵团，分为24个骑兵分队，每个分队由一个十夫长率领。

辅助部队包括骑兵、特种兵和所有类型的步兵。帝国时期，轻装步兵与骑兵在战斗中相互配合，往往能发挥很大的战斗力。辅助部队中的6—10个步兵百人队，加上120名骑兵或240名骑兵常常

泰特斯·卡利迪乌斯·西弗勒斯(Titus Calidius Severus)的墓碑。泰特斯是一名辅助部队骑兵，服役于阿尔卑斯山西部的骑兵团，并在第 15 阿波罗军团的骑兵部队中成为百夫长。服役 25 年后获得罗马公民身份，享年 58 岁。墓碑下方刻着他曾使用过的装备

一支罗马辅助部队的步兵队伍从浮桥上过河。他们的身份可以通过随身装备的椭圆形盾牌来识别，军团战士装备的是长方形盾牌（图拉真纪功柱，113）

组成一支独立的作战部队，可用于战斗，也可用于边防巡逻，罗马军队里有大量这样的组合。

出于作战目的，辅助部队一般都与罗马军团配合行动，听从军团长的命令。比如，辅助部队的第 8 巴塔维大队作为罗马第 14 哥米纳军团的辅助部队达 26 年之久，从 43 年入侵不列颠一直到 69 年内战。但这只是一个特例，一般情况下，罗马军团没有固定的和长久的辅助部队，一个罗马军团与哪支辅助部队相配合，主要取决于总督或者是罗马皇帝的命令。实际上，辅助部队并非不能独立作战，恰恰相反，由于缺少骑兵和弓箭手，罗马军团是不能独立作战的，只能在辅助部队的配合下才能完成作战任务。在图拉真纪功柱上，差不多描绘了 20 场战斗，辅助部队参加了 19 次，其中的 12 次是他们在独立战斗，并没有配合罗马军团。

罗马辅助部队士兵的墓碑，描绘了他在退役后的生活

罗马大部队在行军时前锋通常由辅助部队和骑兵充任，承担着侦察地形、开辟道路的任务，他们行动迅速，如遇敌情可以迅速撤退。出于同样的

浮雕的左侧展示了一支罗马军团辅助部队正在建造一个堡垒（图拉真纪功柱，113）

原因，辅助部队也要作为后卫掩护行军的大部队。军队的辎重通常夹在中间，因为这是队伍行进中最薄弱的环节，同时也是最重要的环节，如果军队的辎重损失了，军队就注定要失败了。

除了作战外，辅助部队还承担很多其他职责，比如承担护送总督、税吏和其他高级官员的任务，在罗马大道上巡逻，保证道路的安全和畅通。另外，他们也会修路架桥，承担要塞、堡垒和大型农业设施建设的任务。比如，在英格兰东部的沼泽地区，罗马辅助部队就进行了大规模的排涝工程建设，使这里在日后发展成为一个大型的皇家庄园。

在罗马帝国早期，各辅助部队分别由所招募地区的头领指挥，统一服从罗马军队的调遣。但情况后来慢慢发生了变化，其组织形式与公民军团日渐相似。在图拉真纪功柱上，辅助部队重装步兵的作战方式已与罗马军团相同，装备也统一起来，并改由罗马的骑士军官指挥。辅助部队日常最重要的内容也是操练，但训练的强度似乎不如罗马军团那么大，有的士兵为了逃避罗马军团的严格训练而选择到辅助部队里来服役。

战友情和军旅生活

公元 66 年，为了镇压起义的犹太人，罗马军团围攻耶路撒冷已有 8 天，但城内的犹太人抵抗得依然特别顽强。在战斗异常惨烈地进行时，犹太人放火焚烧了一座门廊，切断了一大批罗马士兵的退路，多数罗马士兵都被烧死了，剩下的也都被犹太人截断了退路，只有一个叫隆古斯的罗马人逃了出来。但是，看到那么多战友就要战死在这里，他没有独自偷生，而是在敌我双方士兵的面前，把利剑刺向了自己。

实际上，这种在战场上自杀的现象在罗马军队中并不少见。公元 28 年，400 名辅助部队的重装步兵被敌人围困于一个山谷中，为了避免被活捉，他们也选择了集体自杀。之所以如此，是因为士兵们认为这样可以嘲弄敌人，保住整个军团的荣誉。如果再追本溯源，我们会发现，罗马士兵心中的战友情才是他们选择同生共死的最根本的原因。

在罗马军团里有 10 个大队，每个大队里有 60 个百人队，而每个百人队里还有一个个小单位，大致相当于今天军队里的基层单位——班。百人队的基层单位是由 8 个士兵组成的，这 8 个人是使用同一顶帐篷的士兵，他们从入伍时起就被编在一组，每天同吃同住，生活在一起。不难想象，这种从训练到日常生活、从堡垒到野

战友情深（图拉真纪功柱，113）

战营房、从闲暇娱乐到餐桌上的相随相伴，很容易在这 8 个士兵中建立起一种十分密切的战友情和伙伴关系，使得他们在战场上更加紧密地团结在一起。对罗马军团的士兵而言，在战场上，首先是为自己的战友而战，为自己的百人队而战，为自己的军团而战。

伙伴关系把整个军队凝聚为一个整体，无论何种阶级的士兵都对其同伴负责。在许多士兵的墓碑上都留有“兄弟”的字样，而从立碑者和死者的姓名可以看出，他们中的绝大多数根本就来自于不同的家庭，也没有明显的继承关系。“兄弟”一词清楚地表明，军团士兵间的感情往往亲如兄弟，很多士兵宁愿与自己的战友一同去

罗马军团使用的盾牌皮套、皮革帐篷、木栅栏、水桶和锁链等物

死，也不愿意被敌人俘虏。所以，当面临失败、被俘等情况时，他们宁为玉碎，不为瓦全，选择自杀。

罗马军团中的战友情和伙伴关系是非常重要的，它关系到战场上士兵能否合作、能否勇猛杀敌，是战斗取得胜利的根本保证。因此，这种士兵间的伙伴关系被广泛接受，不仅士兵们，连军团指挥官们，甚至皇帝，都非常重视这种关系。有的皇帝比如哈德良、图密善、卡拉卡拉等，都力求在军营里与普通士兵一样，吃同样的饭，用同样的物品，目的就是要与普通士兵建立一种伙伴关系，以赢得士兵对自己的忠诚和爱戴。而更重要的是，在日常的军旅生活中，罗马军团也有意识地从基层出发，从细节着手，以人的情感需求为基础，让士兵们在平淡的日常生活中，渐渐培养起浓厚的战友情，进而形成罗马军团的精神、集体荣誉感和归属感。

罗马士兵猎杀野猪

帝国时期，军团士兵的军旅生活基本上是这样安排的。首先，新征入伍的士兵要接受训练。他们要学会队列行走，接受各种复杂的体能训练。在他们服役期间，每个月都要进行 3 次长达 30 公里的长途行军。他们要学会建造宿营地，要在专业教练的指导下进行日常操练，练习刺杀和格斗，学习投掷投枪、使用投石器和击剑。这些活动有时是在室外举行，有时是在体育馆进行，有时还在专为训练建设的场地举行。复杂的战术是由训练有素的士兵实施的，罗马军团能不断取得胜利的关键就在于对士兵的严格训练。

罗马军团士兵每人每月的口粮为 36 公升未脱壳的谷物（通常是小麦），其他的食品还包括咸肉、奶酪、蔬菜、扁豆和葡萄酒，肉比较少。遇到宗教节日，军队举行祭祀活动之后，用做祭品的动物是军团士兵很好的肉食补充，有时士兵也通过打猎获得肉食。士兵的

行军中的罗马军团（图拉真纪功柱，113）

罗马军团搭建营垒（图拉真纪功柱，113）

伙食费直接从军饷中扣除，口粮下发到个人，然后以班为单位做饭。士兵的晚餐是正餐，只有在晚上，忙碌了一天的普通士兵才有空享受一顿正餐。

我们不知道军团士兵在训练之余有多少闲暇时间。同任何其他军队一样，罗马军团也愿意让自己的士兵忙碌着，但是也同任何其他军队一样，在和平时代，士兵自然会变得懒散起来。和平时期的罗马士兵有时间和居住在营地之外的妻子、家庭团聚，甚至生育子女。在很多军团的营垒外，渐渐兴起了一些城镇，士兵们有时间到这些城镇去购买物品或闲逛。军团没有周末休息日，但是在宗教节日里，士兵们一定能找到一些闲暇时间。罗马军团纪律很严，士兵临时离开营地一定要提交申请，得到批准后方可离开。在不列颠北

英国巴斯教堂的罗马圆形浴池

部的温多兰达古罗马要塞里发现的上千万份写在木板上的书信里，就有很多这样的请假条。有时候，军团的百夫长在发给士兵离队许可时，还会索要贿赂。

对军人们来说，闲暇时间里浴池是最方便聚会的场所。从 1 世纪中叶开始，每个军团的要塞里都建有浴池，后来辅助部队里也建有浴池。浴池分为蒸汽浴和干热浴。今天的土耳其浴就是由罗马军团在君士坦丁堡（现在的伊斯坦布尔）的蒸汽浴直接传承下来的。对士兵来说，浴池不仅是清洁场所，也是休闲场所。洗完澡的士兵可以在游乐室聊天和锻炼。在要塞城墙的外面，还设有竞技场，但考古学家们目前还不清楚，这些竞技场是士兵操练的场所还是角斗比赛的场地。

按照军团的纪律，罗马军团的士兵不允许结婚，应征入伍也意味着某种形式的离婚。但实际上，尽管士兵们注册结婚名义上是非法的，事实上却能被接受，形成事实婚姻。士兵们可以把财产留给自己的妻子，立口头遗嘱即可，其子女的身份问题也能得到解决。有很多军团士兵娶的是没有罗马公民权的女子，这意味着他的孩子没有罗马公民权，但是军团很愿意接受军团士兵的孩子，通过征兵把这些没有公民权的孩子变成罗马公民。

等级森严的军官体系

公元 14 年，在日耳曼边境线上，潘诺尼亚军团发生叛乱，一些士兵企图杀掉自己的长官。奥古斯都派出了一个高级官员前去调查这场前所未有的骚乱。当调查官到达军营时，老兵们抓住他的手，让他触摸他们没牙的牙床和瘦骨嶙峋的身体。他们脱下衣衫，露出背上血淋淋的伤痕，这些伤痕并不是敌人造成的，而是他们的长官用鞭子和藤条留下的。*

这次叛乱是因百夫长们和高级军官们的残暴和贪污而起的。叛乱的士兵抗议自己被军官们百般盘剥和凌辱，他们的薪水除了用来支付服装、武器和帐篷的费用外，还遭到百夫长的盘剥。士兵通常将自己的一部分军饷储存到军团的金库，服役期满后取出存款，但是存在军团金库的钱有时成为军团长官贪污和觊觎的对象，有时也成为他们谋反的资金。** 尽管叛乱的发生事出有因，但叛乱的领头人

* 尼克·麦克卡提：《罗马传奇》，肖展译，杭州：浙江教育出版社，2006，第 88 页。

** 苏维托尼乌斯：《罗马十二帝王传》，第 330 页。

罗马军团的百夫长

罗马军团的军官，可能是军团长

仍然都以煽动叛乱的罪名被处死。这一事件的处理也使罗马军团的士兵认识到长官的命令是不得违抗的。

罗马军团中有各级军官，他们之间是等级森严、不容僭越的。罗马军团能够有效运作主要取决于这些不同级别的军官。军官一般从士兵中提拔，表现好的军团士兵日后能成为低级军官、骑兵十夫长和步兵百夫长。但有些人可以被直接指派到某个职位，而不用从低级向高级一路走来，这些人往往是罗马显贵的子孙，有时候，一些骑士也有这样的机遇。所以，从某种层面看，罗马军队中军官的选任也是基于出身而不是基于士兵的特长和品质。罗马帝国的贵族——元老和骑士——有更多的机会成为军官，或者说他们在军队

罗马军团一位年轻指挥官的青铜胸像（赫库兰尼姆古城出土，前 1 世纪—1 世纪）

里享有升职的特权，尽管这一现象不断遭到诟病，但是这样的升迁体系却在实践中运行良好。这是因为这些贵族出身的士兵受过良好的家庭教育，他们在成长过程中通过家庭教育掌握了一些军事理论，接受了一定的军事训练或体育锻炼，所以一进入军队就在素质上明显高于平民出身的士兵。

百夫长是军团的中坚力量。他们是职业军人，作为百夫长，他们要服役 25 年。近卫军士兵在服役 16 年以后，就可以当上百夫长，很多出身骑士阶层的贵族都申请得到这一职务。在帝国时期，百夫长是由行省总督任命的，但是军团长也可以推荐。百夫长可能会一直待在一个军团里，只是在个别情况下才能换到另一个军团，而且往往是为了补充受损严重的部队进行整体的调换。比如，公元 61 年

罗马卡匹托尼亚博物馆的中楣浮雕上所展现的军官装备。左边的是一个百夫长的全套盔甲，右边两个分别是将军的胸甲和头盔

布迪卡起义之后，为了使遭受严重损失的第 9 军团恢复士气和力量，有 2000 人被派到了这支部队里。

每一个军团第一大队里有 5 个百夫长，他们的地位要高于其他大队里的百夫长。其中地位最高的是首席百夫长，他们由服役期满的百夫长担任，年龄至少在 50 岁以上。首席百夫长退役后会得到丰厚的退役遣散费和荣誉称号，有些人可以成为军事指挥官，还有一些成为行政官员，有的还能成为近卫军长官。在管理和训练士兵上，帝国时期的百夫长同共和国时期的百夫长一样，有着生杀予夺的权力，对手下的士兵极为严厉。

百夫长之上是一群半职业化的军官。首先是骑士军官，每个军团有 6 位，他们出身于贵族阶层，职位最高的叫副军团长，这是专

一位古罗马将军或者皇帝的雕像残段，身穿有塞勒涅女神（古希腊月亮女神）头像的胸甲（约 100—130，雅典国家考古博物馆藏）

为元老院元老设立的职位，担任这一职位者年龄在 25 岁以下，无需军事经验，人选由皇帝或者元老院指定。虽然副军团长一般都比骑士军官年轻且缺乏经验，但是他们在军团中却是地位仅次于军团长的军官。他们在军队待上一两年后就可以直接进元老院，10 年之后，有可能重返军队，领导某一个军团。而其他的 5 名骑士军官则有不同的职业生涯。在任骑士军官之前，他们曾作为行政长官在辅助部队的步兵支队服役，负责管理一些重要的军团行政事务，遇到战事时也会执行军团战术指挥任务。

骑士军官之上是军团长。军团长是整个军团的指挥官，一般由皇帝任命。军团长通常是从前的保民官，年纪一般在 30 多岁。所以，在罗马帝国时期，一个人在很年轻时就可以获得高位。军团长任期为3—4年，有的军团长任职时间会更长一些。在只有一个军团驻扎的行省中，军团长同时也是行省总督；在有多个军团驻扎的行省中，各个军团长由行省总督管理。

军团长比较依赖于首席百夫长，尤其依赖于奥古斯都设置的新职位——宿营长。一般这个职位由一名从百夫长提升上来的老兵担任。他在军团中处于第三把手的位置，是军团里的高级职业军官。宿营长很像军队中的军需官，他要掌管军团的装备和运输，由于已经在军团服役了40多年，所以宿营长基本在50—60岁。

值得注意的一个情况是，高级军官还有文职人员为其服务。这些文职人员处理大量的与罗马军团有关的文件。在中东地区，考古学家就发现了很多这类写在纸莎草上的文件，其中包括新兵的体检记录、指派新兵到军营的通知单、士兵的花名册、步哨的口令，另外还有关于营地的守卫、拔营和军团兵力情况的记载。最有意思的是，有些文件是士兵的全套档案，里面记录了一个士兵的薪酬、存款和派遣他离开宿营地执行任务的情况。从这些文件的内容来看，罗马军团里的文职人员可能还有秘书和档案保管员之分。*

罗马军官熟悉战略战术的运用，这一方面得自从小家庭环境的熏陶，同时也得益于日常的军事演练。罗马军团的作战基础是重装步兵方阵，但作战的军事理论却是灵活的和不断发展的，这种灵活性主要表现在每一次战斗失利后，罗马的指挥官都会进行反思，从中汲取经验和教训，为下次战役做准备。

---

* Peter Connolly, *Greece and Rome at War*, London: Macdonald Phoebus Ltd, 1981, p.223.

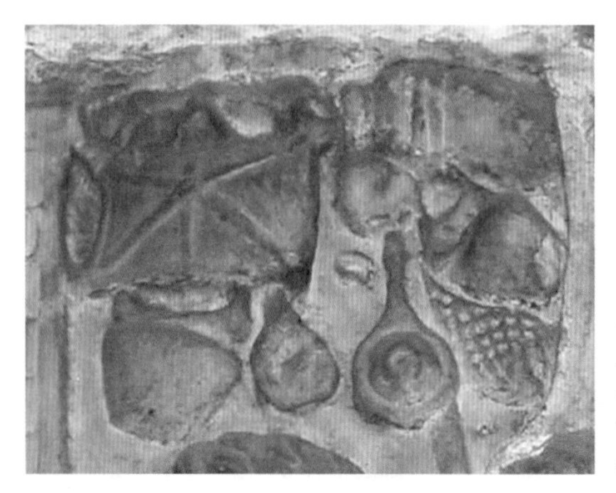

两名罗马士兵的行军包，容纳了斗篷袋、馅饼、烹饪用的锅和某种“网状物体”（图拉真纪功柱，113）

罗马军团的武器装备

历史学家波利比阿、阿庇安和约瑟夫斯都描述过罗马军团的作战装备。在他们的笔下，罗马步兵戴着头盔，穿着胸甲，身体两侧挂着长剑（左侧）和短剑（右侧），手拿投枪和圆盾。同时还带着一把锯、一只篮子、一把铲子、一把斧头，以及三天的口粮。阿庇安写道，公元前134年小西庇阿在进攻纽曼细阿时，曾严明军纪，要求“除他本人所允许保留者外，一切车辆和车辆中多余的货物都应卖掉，所有的驮运牲畜也都卖掉。至于伙食用具，每人只许有一个烤肉铁叉，一把铜壶和一个杯子。他们不许用床，西庇阿自己首先睡在草上”*。

即使这样精简，一个军团士兵的负重也几乎和一头骡子的负重

* 阿庇安：《罗马史》上卷，第133页。

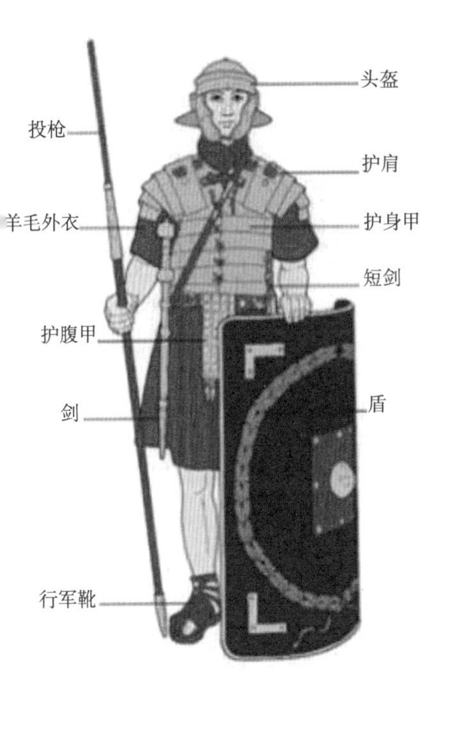

罗马士兵的装备

一样了。在攻城时，罗马军团还有攻城器械，他们有撞城机可以猛力撞击城墙，也有铁钩能撕掉墙上的皮革和其他遮盖物。攻城时他们还可以建设大堡塔，在堡塔上用腕尺长的投射器和大石头对敌人进行攻击。*

甚至到3世纪末，有些历史学家仍然认为罗马军队的无敌主要是因为他们的武器装备。实际上，罗马军团所使用的武器装备没有一种是罗马人自己发明的。从共和国时期开始，罗马士兵就从战败的敌人那里获得了有用的武器，所以，我们看到，罗马军团的士兵戴着高卢风格的头盔，穿着希腊的胸甲，悬挂着西班牙的利剑。总之，只要是具有实战价值的武器、能在战场上迅速置敌人于死地的武器，罗马军团就会毫不犹豫地借用过来。共和国时期，军团士兵自备武器，士兵的武器可能会有所不同。马略改

---

* 阿庇安:《罗马史》上卷，第203页。

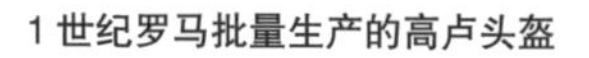

1 世纪罗马批量生产的高卢头盔

罗马辅助部队骑兵所戴的护颈头盔（1 世纪，大英博物馆藏）

革后，所有的罗马公民不论贫富，都能成为军团士兵，军队有责任为新征入伍的士兵特别是为重装步兵提供统一的武器和装备。所以，军队需要批量生产武器和装备。到奥古斯都统治时期，生产盔甲的专业工场已遍布帝国各地，考古学家在莱茵河地区就发现了属于这一时期的大量头盔，是高卢风格的。1 世纪中叶以后，青铜头盔逐渐减少，甚至消失，莱茵河地区军团士兵的头盔变成了铁制的。奥勒留时期，一种仿造弗里吉亚帽子的头盔变得很流行，这种头盔没有顶饰和羽毛。在这一时期，军团士兵普遍使用一种金属片的胸甲，也有士兵穿锁子甲。士兵使用的盾牌也有不同的标准和样式，在图拉真纪功柱上，有椭圆形的、六边形的盾牌，还有骑兵使用的圆盾。

除了在开阔场地排成方阵进行战斗外，罗马军团还经常攻打敌人的城池。罗马军团常用的攻城器械在当时也是较为先进的，包括攻城塔楼、撞城器械和各种各样的投射器。撞城器械主要是攻城槌，它由一根树干做成，悬吊在一个大型的支架上，使用时将攻城槌放

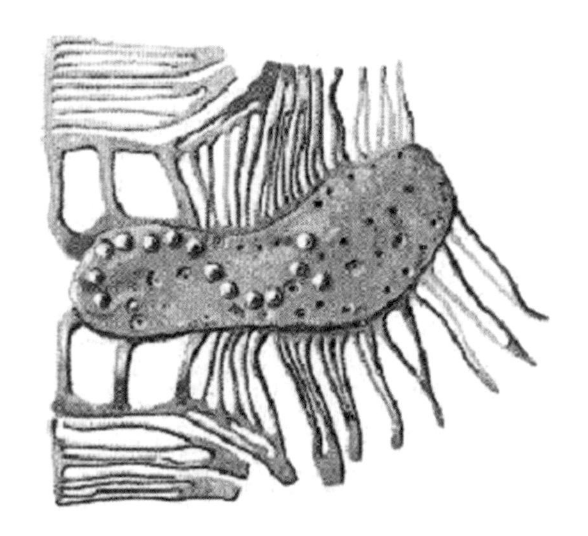

用皮革制成的军靴。带子绑在脚和脚踝上，鞋底是用几层皮革制成的，还钉有铁钉

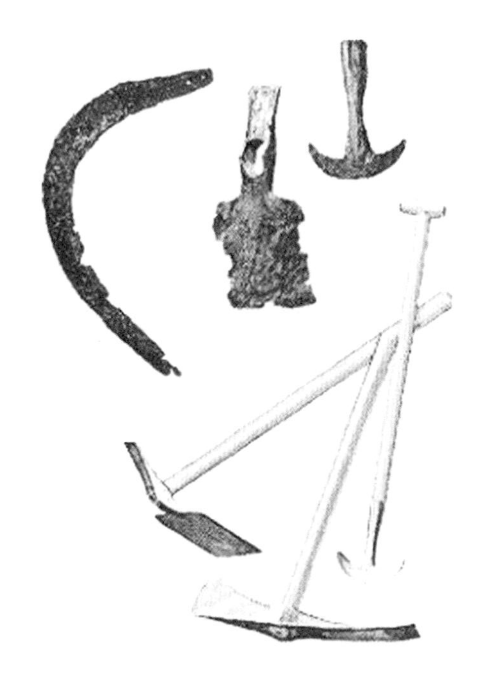

军团士兵使用的工具

一名身穿罗马环片甲的士兵奋力推车（图拉真纪功柱，113）

在城墙或城门边上，数百人先将树干向后拉到一定距离，然后再一齐向前推进，这样就能产生巨大的冲击力，再加上攻城槌的顶部装有金属头，很容易将城墙或城门击破。在接近敌人城墙或防御工事时，“龟盾战法”是罗马军团常用的作战队形。所谓“龟盾战法”，就是全体士兵排列成一个密集的方阵，前面的士兵将盾全部平举，连成一堵没有缝隙的坚固“城墙”。后面和中间的士兵则将盾高举过头，以防从空中落下来的矢石和标枪。在被敌人分割包围或遭到敌人标枪的密集投射时，上述的“龟盾战法”还可变成无数小的圆阵，即以中队或大队为单位组成一个个小型“龟阵”。这样，已被击破的罗马军阵就不会混乱和溃散了。

配合军团的作战，随军的医疗人员对伤员的救治也是必不可少的。无论是军团、城市驻军还是辅助部队都有医疗人员跟随。医

罗马战士使用“龟盾战法”攻城（图拉真纪功柱，113）

疗人员中有很杰出的药剂师，他们使用的草药里至少有 5 种我们今天仍在使用，如能够促使伤口愈合的矢车菊、麦芽汁，止痛的天仙子等。

为了使受伤的或生病的士兵得到良好的治疗，罗马军团里还建立了医院，目前我们了解最多的是尼禄统治时期在威特拉要塞建立的医院。这个医院为两个军团服务。医院有巨大的柱廊，这也是医院的储藏室，医生们可以就近到这里拿取他们需要的仪器或药品，同时这个作为储藏室的柱廊还隔开了繁忙、喧闹的街道，保证了医院的安静。医院里有病房、手术室、消毒室，消毒室里有火盆为手术仪器和衣服灭菌，尽可能地减少感染。医院还有更衣室、盥洗室、浴室，能够洗冷水澡、热水澡和温水澡。

罗马军队的医院所拥有的手术设备之多样，质量之高，令人惊

为受伤的罗马将领治伤

叹。医务人员也有着高超的医疗技术，他们能恰当地处理伤口，不会让士兵因伤口发炎而丧命。如果伤口不能缝合，他们会使用血管夹止血，这种血管夹和我们今天使用的止血钳有同样的功能。他们甚至能为受伤的士兵做截肢手术。所以，与罗马帝国的普通居民相比，罗马军团士兵享有较好的医疗待遇。

很多医生是希腊人，他们服役期比较短，享有骑士军官的地位和薪酬。在军队里，他们有一定的特权，也能按资历得到晋升。但是，有关这些医生的人数、组成和他们的地位，我们知道的很少，因为古代的历史学家没有留下这方面的记载，而铭文给我们提供的仅仅是一些医生职位的名称，并没有更深入的解释。

罗马军团士兵搭建营垒
（图拉真纪功柱，113）

作为建筑师的罗马军团

罗马军团开进敌人的国土，遇到的地形多种多样，有的地区难以行走，给部队前进造成障碍。为了运动得更快一些，他们必须为自己筑路架桥。但是筑路需要大量的时间和精力，因此在行军打仗时，他们很少筑路，他们更多的是在穿过森林时，砍倒树木；在穿越峡谷时，清除砾石，在沿途设置标记以便认清道路。而在过河时，他们更多的是采取以下方法：一是求助于水上战舰，载运士兵们过河；二是把船摆放在一起，当桥使用；第三才是建立一个永久性石桥或木桥。

卡塞尔·罗通多（Casal Rotondo）附近的阿庇安古道

但是，一旦占领了某个地区，罗马人就会在那里建设道路。从共和国早期开始，罗马统治者就非常重视修路，因为公路是确保罗马军团机动性的首要条件，它使罗马军团能迅速赶往出事地点，镇压那里的反叛或骚乱。可以说，罗马的战争打到哪里，道路就修到哪里。罗马兴起前，意大利半岛上的道路很少。公元前 4 世纪，随着罗马对意大利半岛北部和中部地区的控制，为保障军队和军需物品的及时运输，他们大量地修建道路。公元前 312 年，罗马开始修建著名的阿庇安大道，连接罗马和卡普亚两座意大利名城。其后，随着罗马的扩张，阿庇安大道也不断延伸。公元前 264 年，阿庇安大道抵达意大利南端的布隆蒂西姆。除了阿庇安大道以外，公元前 220 年修建的连接罗马和北方重镇里米尼的弗拉米尼亚大道的战略价值也非常突出。布匿战争之前，罗马已建成三条主要干道，贯穿

古罗马公路，从耶路撒冷通往拜特·古布林（Beit Gubrin），毗邻以色列 375 号区域公路

意大利半岛。公元前 147 年罗马又修建了第一条东方大道——埃格纳提亚大道，该公路沿亚得里亚海海岸修建，穿越马其顿行省直达爱琴海北部。即使是在今天，这条大道也是当地最重要的交通要道。公元前 13 年，奥古斯都下令修建了意大利与拉埃提亚之间的大道，将此路命名为“奥古斯都大道”。据历史学家狄奥·卡西乌斯记载，这条大道加速了罗马对沿途地区的军事征服，公元前 6 年至公元 7 年，此路沿途的 46 个部落都被罗马帝国征服。

到罗马帝国时期，罗马已成为当时西方世界道路网最发达的国家，其境内的公路总长度达 85000 万公里，即使在偏远的不列颠，也有长达 5000 公里的道路系统。罗马道路的修建一般由军团的辅助部队来完成，紧急情况下全体士兵都要参加筑路。罗马道路的修筑基本上是就地取材，对一些重要道路则尽量使用石板铺成。即使在

罗马军队修建公路（图拉真纪功柱，113）

石料取材非常困难的地段，也要修成砂石路面。他们修建的公路有很深的路基，路旁有围护，有排水渠。罗马的主路宽 6—8 米，可供车辆双向同时行驶，甚至那些蜿蜒的山路也有 2—3 米宽。

罗马人在修建的道路上还设置了里程碑。里程碑通常是圆柱形的石头，上面刻着道路的名称、道路归属、与罗马城的距离以及当时罗马皇帝的名字和在位时间。公路上建有驿站，帝国境内的信使往来异常快捷，甚至一天之内就能行 290 公里。因此，从古代开始，罗马人就有“杰出的筑路师”的美誉。

令人叹为观止的还有罗马军团修建的高架引水渠。今天法国南部的加尔桥曾经是向尼姆城供水的高架引水渠的一部分。它是一道

加尔河谷的古罗马高架引水渠

凌空而起的拱架，把水引渡过加尔河谷，其最高处离地面大概有 49 米，最大的拱洞跨度达 24.5 米。整座桥有三层连续的拱洞，远远眺望，恰似一首旋律优美的歌。更为神奇的是，整座桥全部采用大块的花岗石，竟没有使用水泥和石灰。

西班牙首都马德里以北约 70 公里处的塞哥维亚古城也有一座高架引水桥，是图拉真统治时期建造的。塞哥维亚位于瓜达拉马山脚下，坐落在埃里斯马河和克拉莫尔河交汇处一个陡峭的岬角上。为了把河水从 18 公里以外引到城内，罗马人巧夺天工，采用大块的砖石修建了由 128 根柱子支撑着的双层拱洞构成的引水桥，成功地跨越了克拉莫尔河。引水桥顶端是水渠，直到 1950 年，城内的居民还在使用引水桥运来的清水。

这种高架引水桥在其他地区还有多座，如毛里塔尼亚布吉亚城的高架引水桥、横贯西班牙退约河的阿里康泰桥等，都是罗马军团

打上第 1 意大利军团编号的砖

修建的。修路架桥等活动使军队驻地的老百姓受益良多，因为这些道路和桥梁一旦修好，主要还是民用。

除了修路架桥，军团士兵还有其他方面的技能。公元 1—2 世纪，罗马军队从大约 30 万人增加到 40 万人，分布在广阔帝国的各个角落，如何为庞大的军队提供充足的供应成为一大难题。在和平时期，军队所需物资大多由所在的行省供应，部分物资就近购买。而驻扎在偏远和荒凉地区的罗马军队要更多地依靠自给自足，自己生产所需要的物品，因此他们往往有自己的手工作坊和农牧场。例如，考古学家在罗马军团的宿营地里发现了很多铁匠铺的遗址，比较著名的有卡布里泽工场，可能建于 2 世纪晚期，大约有 560 平方米，能容纳 100—150 人在其中作业，他们生产的武器和铁制工具可能大大地超过了营地的需要。所以，有些军队工场生产的产品会在军队之外进行销售，考古学家发现有些民房也使用了带有军团编号的砖，说明这些砖已经成为一种商品，被军团士兵们用来交换当地老百姓的物品或服务。

帝国军团的荣誉

一场战役胜利后，指挥战役的将领都能获得荣誉和大量的战利品。他们经常在一个显要的位置竖立胜利纪念碑，展示所缴获的盾牌、武器和甲胄。将领们也会炫耀他们从被征服城市和部落里掠夺的战利品，其中包括可能被卖做奴隶的战俘，而那些地位显要的俘虏，则被带到罗马，作为凯旋式上的重要展品。

每个将领都希望获得凯旋式，这是罗马军人至高的荣誉。以凯旋式来庆祝胜利是罗马的特色，可能也受到了埃特鲁里亚文化的影响。根据传说，罗慕洛斯在一次战斗中杀死了塞尼农西斯的国王阿克隆，他剥下了死去国王的盔甲，把它挂在橡树枝上做成了一个战利品。然后，他自己戴上了月桂树枝编成的花环，扛着战利品，带领着他的士兵，唱着胜利的歌曲进行了游行。这就是凯旋式的起源。后来，埃特鲁里亚人把战车引进了凯旋式，并且设计了凯旋者的基本服装。

随着帝国的日益扩展，罗马的凯旋式更加复杂和辉煌。尽管不同将领的凯旋仪式在细节上有所不同，但是凯旋仪式的基本程序是相同的。游行队伍的前列，是执政官和元老，接着是缴获的战利品、描绘战斗场面和战败城市的画像。然后是祭祀用的白色公牛，公牛的后面是俘虏，有时是士兵们用肩膀扛着一个平台，上面放着缴获的盔甲等战利品。再后面是凯旋的将领，他站在四匹马拉的镀金的战车上，穿着与国王一样的服装，脸被涂成红色；他的手里拿着一

出土于坎帕尼亚的一只银杯，保存于巴黎罗浮宫博物馆。上面刻画了凯旋仪式。最左边的凯旋者——可能是提比略——站在战车上，他的左手拿着权杖，上面有一只鹰，他的右手拿着橄榄枝。在他的后面有一个奴隶，为他托着头上的王冠。在他的前面，祭司牵着一头即将献祭的白色公牛

在卡匹托山上的朱庇特神庙前进行的献祭仪式。凯旋者（他的头部缺失了）站在三脚架前，周围是近卫军、执法吏和祭司们

只权杖和一条橄榄枝。为了提醒他不能骄傲自满、忘乎所以，凯旋将军的身后，会有一名奴隶，不停地低声提醒他说："记住你只是个凡人！"战车的后面紧跟着戴橄榄枝花环的士兵，他们高声呼喊着："看哪，胜利了！"

游行队伍沿着罗马的街道蜿蜒前行，穿过两个竞技场，然后绕过帕拉丁山，沿圣路来到罗马广场。在这里，敌军的首领将被处死。与此同时，游行队伍将爬上卡匹托山，在这里等待俘虏被处死的消

展现马克·奥勒留凯旋式的嵌板，一个有翅膀的天使盘旋在他头顶

蜜饼模具，上面刻画着奥勒留的凯旋仪式（意大利亚昆库姆博物馆藏）

息。最后，将领在朱庇特神庙外宰杀白色公牛献祭。

凯旋式的庆祝仅限于那些在对外战争中取得重大胜利的将领。在帝国时期，只有皇帝和皇室成员才能有这样的荣誉。但是，还有一种规模比较小的凯旋仪式，将领在阿尔班山（在罗马城南几英里处）上进行献祭，然后在第二天早晨或者骑马或者步行进入罗马城。他们戴的花环不是橄榄枝的，而是爱神木的枝条编成的。*

凯旋式非常重要，凯旋式的场面常常出现在钱币或其他纪念物上，比如奥古斯都时期的钱币上有凯旋式的场面，在奥勒留时期，甚至蜜饼的模子上也刻着奥勒留的凯旋式。

凯旋式是军团将领和皇帝的荣誉，普通士兵也有自己的荣誉，具体的是晋升、加薪、荣获勋章和桂冠等，但就整个军团来说，军旗和皇帝才是他们的荣誉所在，是他们奋斗的动力。

---

* Peter Connolly, *Greece and Rome at War*, p.247—248.

马军团里的旗手是重要
危险的岗位

军旗是军队的灵魂和营地的标志。士兵们要向旗帜宣誓，把旗帜放在任何神灵之上。大约从马略改革之后，鹰帜代表了每个军团的延续性和认同性，是军团精神的象征。鹰帜通常是用黄金做成的（有时也用白银制成），平时被供奉在特别的小圣殿里。在冬季宿营地里，鹰帜从不被拿出来，除非在整个军队开拔时，才会把它请出。在行军和打仗时，鹰帜通常放置在部队的最前列，一名战士用一根长长的木杆举着它，木杆越往下越细，像是一支标枪，可以插在地上。鹰帜由第一大队守护，这也是首席百夫长的特殊职责所在。每个百人队、每个大队也都有自己的旗帜。

在战斗中，丢失军旗被看做是奇耻大辱，也被看成是军团将不复存在的先兆。正因如此，公元前 53 年卡莱战役中，军团鹰帜落入帕提亚人手中成为罗马民众极大的耻辱，也正因如此，奥古斯都在公元前 20 年从帕提亚人手中讨回了这面失落的军旗，被认为是罗马人外交上的一次重大胜利。

在战斗中，旗手引领所在单位进行作战，旗手的头上要戴上用皮革制作的动物头，以便辨认，在图拉真纪功柱上，很容易找到戴着动物头套的旗手。但是，这种装束也使旗手常常成为敌人重点攻击的目标，所以旗手在战斗中处于极度危险的境地，其伤亡率一般很大。而一次战役胜利后，不仅要核查有多少敌人伤亡，还要看缴获了多少军旗和

奥古斯都时代墓碑上的鹰和剑（马德里普拉多博物馆藏）

君士坦丁拱门上的几名旗手形象

罗马第 9 军团旗手卢修斯 · 杜修斯 · 鲁菲纳斯的墓碑（1 世纪，英国约克郡博物馆藏）

部队的标志。战斗往往因此而演变成争夺军旗的肉搏战。

帝国时期，皇帝也成为军团的荣誉所系，成为士兵们崇拜的偶像。奥古斯都为了加强自身的统治，在强调传统节日的同时，也神化了皇室家族。皇帝作为军队的最高统帅，在军队中像神一样被尊崇，皇帝的雕像或画像也会摆放在放置鹰帜的小圣殿里。雕像象征着皇帝本人，是军队忠诚的标志，如果皇帝的雕像被打破了，那就意味着军队要造反了。每逢皇帝的生日、皇帝即位的日子或者是皇帝取得胜利的日子，军团都要举行特殊的仪式进行纪念。这些仪式的目的就是要让士兵尊崇罗马的神，体会军旗的庄严和神圣，使他们深刻认识到罗马是他们的城市，皇帝就是他们心中的神。

ROMAN LEGIONS

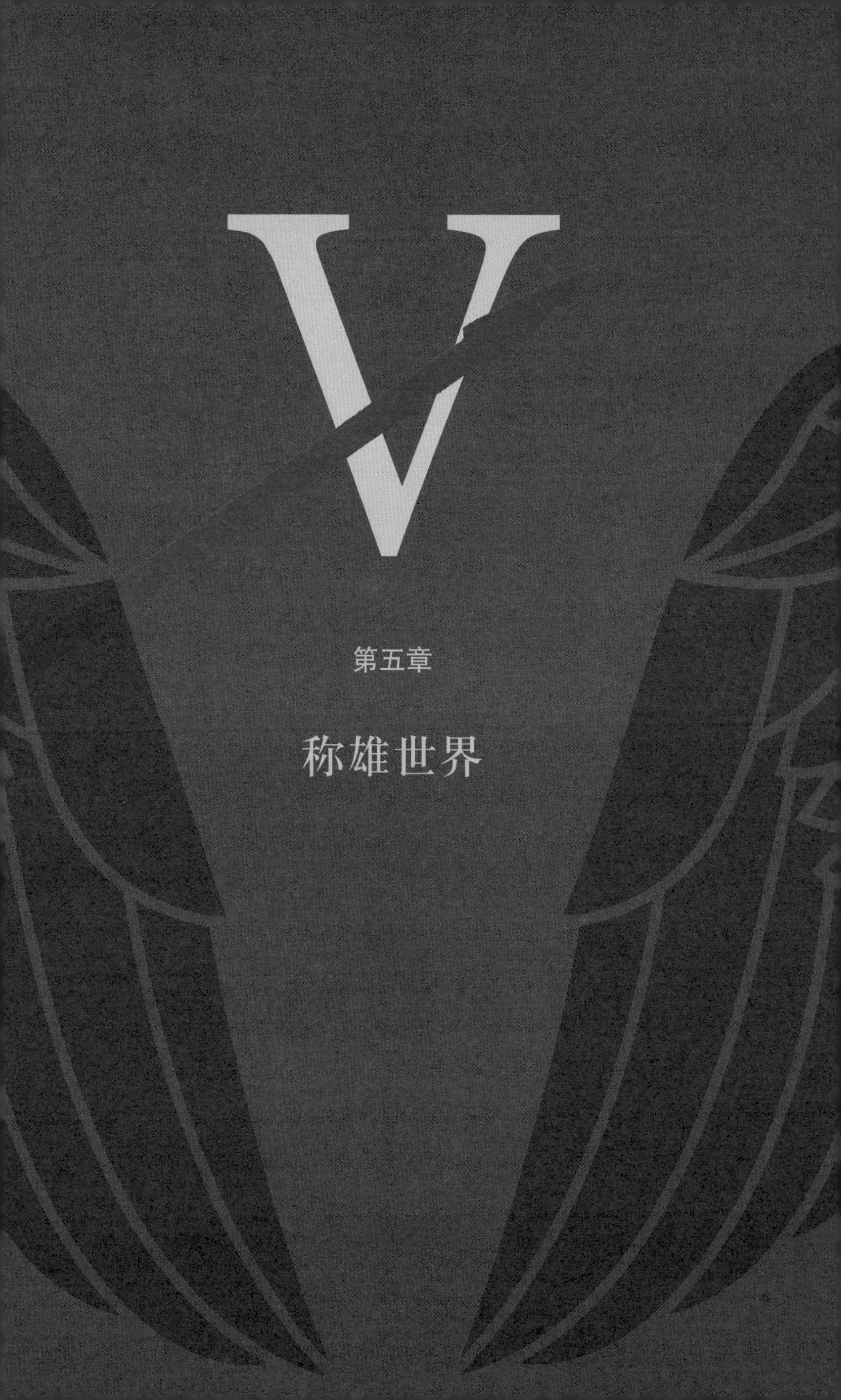

V

第五章

称雄世界

罗马军团给世界带来的不仅仅是刀剑和杀戮，还有文明和繁荣。四面征战的罗马军团不自觉地充当了罗马文化的传播者，把罗马人的语言、文化和城市化的生活方式带到了被征服地区。

内战结束、帝国建立，但是罗马军团征服的脚步并没有停止，相反，他们迈上了更为遥远和辽阔的土地。从奥古斯都到图拉真，从奥勒留到塞维鲁，几乎每个皇帝在统治期间都有对内镇压和对外征服活动。到图拉真皇帝统治时期，罗马帝国的疆域扩大到有史以来最大的规模：东到波斯湾，西至大西洋彼岸，北部边境从莱茵河和多瑙河向东延伸到达西亚，南部是整个北非地区，罗马成为横跨欧、亚、非三洲的世界性大帝国。

作为罗马帝国征服和扩张的工具，罗马军团不仅表现了穷兵黩武的一面，也不自觉地充当了罗马文化的传播者，把罗马人的语言、文化和城市化的生活方式带到了被征服地区，给这些地区带来了深刻的影响。日后欧洲社会经济的快速发展、城市的兴起，莫不与此相关。即使在西罗马帝国消失之后的漫长岁月里，罗马军团曾经带来的影响依然不时地显现出来。

消失了的军团

“奥古斯都”屋大维继承了一个庞大的帝国。这个帝国东起幼发拉底河，西至葡萄牙，北至比利时，南达非洲，地中海沿岸的所有地区都被纳入其中，地中海变成了罗马帝国的内湖。而要统治这样一个庞大的国家，把复杂多样的民族融合成一个单纯的罗马帝国，

位于意大利里米尼的奥古斯都拱门，是现存最古老的罗马凯旋门（前27）

首先要实现内部的稳定和疆界的安全。奥古斯都在位51年，所做最多的就是这两项工作。

维持内部的稳定，就是要消除那些威胁稳定的隐患。西班牙首当其冲，被列为第一需要平定的目标。自公元前3世纪起，西班牙就是罗马征服的重点，在第二次布匿战争期间，罗马和迦太基曾争夺过对西班牙的控制权，布匿战争之后，罗马控制了西班牙的大部分地区，但伊比利亚半岛的西北部地区一直独立于罗马的统治之外，始终是罗马安全的威胁。因此，从公元前29年至前19年，罗马派

努比亚卡拉布沙神庙的奥古斯都侧立浮雕

出 7 个军团奋战了 10 年，平定了伊比利亚西北部地区。

在东方，奥古斯都努力提升罗马帝国的权威。公元前 25 年，格拉提亚成为罗马的行省，公元前 1 年到公元 4 年，屋大维的孙子盖乌斯征服了亚美尼亚，原本由犹太人自己统治的犹地亚王国亦成为罗马的行省。亚克兴海战后，富饶的埃及不仅成为罗马帝国重要的粮仓，也成为帝国向东方派遣军队的基地，其战略地位越来越重要。奥古斯都对埃及非常重视，规定埃及作为皇家产业可以世袭，把埃及变成了奥古斯都个人的私产。他派重兵把守埃及的重要地区和边

图碧城内的阿尔卑斯胜利纪念碑

界，建立防御工事来提高埃及的防御能力。奥古斯都在埃及南部和西北边界各建了一条要塞防线，非常成功地抵御了外敌的侵扰，直到公元 3 世纪中叶，埃及都没有发生过外敌入侵和兵变。

但是，北方疆界的安全却令奥古斯都十分头疼。罗马的北方边界从西至东可分为三个部分，阿尔卑斯山是西部一道天然的屏障，莱茵河和多瑙河构成了中部和东部两大天然防线。如果完全控制了阿尔卑斯山区，就可以确保帝国西部的高卢与意大利之间的交通安全。公元前 25 年，阿尔卑斯山地区的萨拉西人投降，公元前 7 年，该地区其他主要河谷地带的部落也全部投降，罗马完成了控制阿尔卑斯山地区的战略目标。为了庆祝这一胜利，罗马人在图碧城里树立了一座阿尔卑斯胜利纪念碑，此碑至今犹在。

北方疆界的问题主要出在中部和东部。多年来，罗马一直把莱茵河和多瑙河作为帝国北部的防线。但是，在公元前 23 年、前 17

德鲁苏斯的军队到达易北河

年和前16年，日耳曼人三次渡过莱茵河，大规模入侵罗马，一度威胁到对帝国经济至关重要的高卢中心地区，虽然日耳曼人最终被帝国军队打败，却使奥古斯都认识到，以莱茵河为帝国边境线还无法保障高卢地区的安全，必须把边界推进到易北河上，才能做到高枕无忧。

公元前12年，屋大维的继子德鲁苏斯率领大军越过莱茵河，开始向易北河方向征讨和推进。恶劣的自然环境成为德鲁苏斯最大的敌人，大片的沼泽、湍急的河流，令德鲁苏斯的军队举步维艰，一路上减员不断，就连德鲁苏斯本人的船都被暗礁撞翻，险些丧命。尽管环境恶劣，德鲁苏斯还是没有辜负奥古斯都的期望，打了几次胜仗，到公元前9年，罗马的边界已经成功地接近了易北河，莱茵河、易北河和多瑙河所包围的绝大部分地区已经被罗马征服了。

与此同时，奥古斯都的另一名继子提比略也一直战斗在多瑙河地区。公元前19年，他的军队到达了潘诺尼亚；公元前15年，罗马军队又征服了雷蒂安和维德利西亚；公元前13年，征服了美西亚（相当于今天的保加利亚），建立了美西亚行省。这些征服活动稳定了多瑙河地区的和平，意味着罗马已经成功地从多瑙河推进到易北河了。由于色雷斯、克里米亚和本都等国均已成为罗马的保护国，这一地区的安全也得到了保证。公元前9年，德鲁苏斯病死，提比略接手了指挥权。

公元6年，在波希米亚，由于不满罗马人动用军队迫使日耳曼人进行贸易和交税，马可曼尼部落的国王马波德起兵反抗提比略。面对这一威胁，奥古斯都抢先下手，出动部队从莱茵河和多瑙河双管齐下，打击马可曼尼人。很快，提比略率领12个军团打到了维也纳一带，以钳形阵势把马可曼尼人夹在了罗马军队和河流之间。但这次战争发生的不是时候，因为就在这一年，北方的潘诺尼亚和达尔马提亚也发生了暴动。这些暴动来得异常凶猛和残酷，提比略在日后回忆起这场暴动时也无奈地说："这是自布匿战争后我国历史上最严重的对外战争了。"所以，在与马可曼尼人作战的关键时刻，主帅提比略被调离去镇压更为严重的暴动，罗马军队在日耳曼尼亚的指挥权交到了瓦卢斯手中。

瓦卢斯与奥古斯都的孙女结了婚，凭借这一裙带关系，他荣升为叙利亚的总督。在叙利亚，他大肆搜刮民脂民膏，迅速致富。当奥古斯都要实现把边界推到易北河的计划时，任命瓦卢斯为日耳曼尼亚这一刚刚被征服的行省的总督。

瓦卢斯带了三个军团的兵力来到日耳曼尼亚行省，在这三个军团的震慑下，日耳曼人假装与之合作，并向罗马交税。瓦卢斯来到日耳曼人的内地，感觉日耳曼人与叙利亚人一样友好和安全，可以

瓦卢斯接见日耳曼人的首领（插画，1714，海牙和平宫图书馆藏）

任其搜刮财富。于是，他放松了警惕，在日耳曼人的要求下，把军队分散在各处，军队中有许多妇女和孩子。

日耳曼人的领袖阿米尼乌斯是克鲁斯科部落的年轻贵族，曾经做过罗马军队里日耳曼辅助部队的指挥官，通晓拉丁语和罗马人的习俗，因此得到了瓦卢斯的信任，成为瓦卢斯在日耳曼行省的随从。公元 9 年，瓦卢斯接到北方发生叛乱的消息，领兵前去镇压。这时，阿米尼乌斯提出召集人马来帮助他，借机离开了瓦卢斯。事实上，他的确是去召集人马了，但并非要帮助瓦卢斯，而是在瓦卢斯将要经过的条托堡森林里设好了埋伏。瓦卢斯率领三个军团及大量的辎重和家眷进入了条托堡森林，进入了日耳曼人的埋伏圈。

当时，天降暴雨，地面又湿又滑，罗马军团几乎无法前进。而

条托堡森林之战（Peter Janssen, 1873）

日耳曼人却是轻装，他们从隐蔽处向毫无准备又毫无秩序的罗马人不断地投掷着标枪。疾风骤雨中，罗马军团根本无法看到自己的敌人，只能任其宰割。最后，瓦卢斯和军团的高级军官全部自杀。在森林沼泽之中，罗马三个军团的士兵全部被敌人杀死，未留一人。几年后，当日耳曼尼库斯去凭吊这个战场时，发现这里白骨成堆，到处都是投枪的碎片和马的残肢。

条托堡森林战是罗马帝国军事史上最惨痛的一次失败。战败的后果在于它沉重打击了罗马军团的军威和帝国的国威，它使很多被征服民族认识到：罗马军团不是不可战胜的，阿米尼乌斯能做到的，别的民族也能够做到。这一认识也极大地激发了日后的不列颠布迪卡女王和犹太人的斗志，反抗罗马的起义和斗争在帝国历史上从未停息过。奥古斯都也认识到了这一点，对这次战败他痛心疾首，据说他几个月都不肯修饰自己的头发和胡须，常常把头往门上撞，愤怒地喊："瓦卢斯！瓦卢斯！还我的军团来！"*

条托堡惨败使罗马彻底地放弃了要全面征服日耳曼尼亚的想法，易北河作为罗马边界的计划也由此废止了。奥古斯都死后，新即位的提比略改变了对付日耳曼人的办法，他招回了在日耳曼尼亚平定叛乱的日耳曼尼库斯，采用外交和行贿的手段来控制和分裂日耳曼人。这个办法非常有效，不久阿米尼乌斯就在一场阴谋中被自己的手下杀死。从此，莱茵河防线在相当长的一段时间内没有发生严重的外族入侵，但罗马也永远失去了对日耳曼尼亚中部和北部的控制。

---

* F. Hooper, *Roman realities,* Detroit: Wayne State University Press, p.339.

克劳狄头像（那不勒斯国家考古博物馆藏）

征服不列颠

公元 43 年，克劳狄即位后，急需一场战争来证明自己的能力，彰显罗马帝国的武功，于是决定征服不列颠。这一决定无论是对罗马帝国还是对不列颠的历史都是极为重要的。

罗马共和国末期，恺撒曾两次入侵不列颠。第一次入侵不列颠受阻于英吉利海峡的狂风大浪，许多船只受损严重，出征仅仅 18 天后就被迫返回高卢。第二次进攻不列颠，他带领 5 个军团和 2000 名骑兵成功登陆，并征服了不列颠南部最强大的部落卡图维劳尼。但因为高卢发生了叛乱，恺撒还没来得及品尝这一胜利果实，就被迫带领全军撤出不列颠岛。

奥古斯都在位时期，曾三次准备征服不列颠，都因国内事务的

罗马军团登陆不列颠

阻碍而未能成行。公元 1 世纪 40 年代，不列颠的政治形势发生了变化，卡图维劳尼部落再次兴起，成为不列颠南部最强大的国家，威胁到了不列颠的其他部落。于是，当时的罗马皇帝卡里古拉制订了征服不列颠的计划，并为此做了大量的准备。但未及出师，卡里古拉就被近卫军推翻，于是他为征服不列颠所做的准备大大方便了下一任皇帝克劳狄。

公元 43 年，皇帝克劳狄派波拉蒂乌斯率领大军侵入了不列颠。这支征服大军包括 4 个军团和相等人数的辅助部队，共计 40000 人。罗马大军顺利地在不列颠东南角的雷茨布劳登陆，然后向不列颠重要城市科尔切斯特进发，两天后，罗马军队与卡图维劳尼的军队在麦德威河进行了激战。不列颠人打得非常勇敢，罗马军团节节败退，军团长官也险些被俘，但在最关键时刻，罗马军团决定性地扭转了战局，打胜了登陆不列颠之后的第一场战斗。

罗马军队乘胜追杀，将不列颠人的军队挤压到泰晤士河畔。由于不熟悉当地的地形，在埃克塞特沼泽地，很多士兵陷于泥沼中失去了生命。但是，那些成功渡过泰晤士河的军团战士最终迫使卡图维劳尼的军队投降了。罗马军团的全面胜利对其他不列颠部落产生了极大的震慑作用，不列颠东南部 11 个部落的国王悉数签署了投降书，克劳狄兵不血刃地成为不列颠的统治者。罗马城内的克劳狄拱门上铭记了这次历史性的征服。

接着，罗马军团继续向北部和西部挺进。韦伯芗率领第 2 军团向不列颠西南部推进，同时，第 14 军团向西北方向进攻，第 9 军团向北方进攻。经过 4 年血战之后，罗马军团暂时停下了进攻的脚步。此时，从亨伯河到塞弗恩河口一线以南的地区都在罗马的掌控之下了，为了配合军队的进攻，罗马军团修建了福斯大道。

公元 54 年，尼禄继承帝位，他对不列颠也非常感兴趣，任命魏拉尼乌斯为总督，继续扩大在不列颠的战果。魏拉尼乌斯曾在小亚细亚战场作战，善于处理与山地部落之间的关系。公元 60 年，魏拉尼乌斯和他的继任者苏韦托尼乌斯在威尔士连连获胜。但就在此时，不列颠爆发了布迪卡女王领导的起义。

布迪卡是英吉利东部爱西尼部落的女王。公元 43 年，克劳狄入侵不列颠时，布迪卡的丈夫爱西尼部落的国王最先与罗马皇帝达成协议，作为交换条件，他仍然是国王，可以全权处理自己部落内部的事务。因此，他在死前曾留下遗嘱，让他的妻子、女儿与罗马的皇帝共同继承他的财产，共同统治爱西尼部落。但是，在他死后，罗马人并没有遵守他的遗嘱，而是兼并了爱西尼部落，没收了他所有的土地和财产，把爱西尼部落的王室贵族卖为奴隶。据塔西佗记

载，王后布迪卡被抽了鞭子，她的女儿被罗马人强奸。而贪婪的罗马财政官又选择在这一时间来征税，因此，激起了布迪卡的强烈反抗。

自从罗马在不列颠建立统治之后，不列颠的经济就被迫像齿轮一样转动起来，不列颠的各部落要进行谷物和食品的生产，以满足驻扎在他们土地上的庞大的罗马军团的需要，同时还要负担繁重的劳役和赋税，残酷的压榨引起了各部落的强烈不满。趁不列颠总督苏韦托尼乌斯领兵在威尔士北部征战之际，不列颠各部落推举布迪卡为领袖，举行了起义。起义者决心以阿米尼乌斯为榜样，把罗马人赶出去。

起义者的第一目标是科尔切斯特城。这里驻扎着残酷剥削当地土著的罗马老兵，城内克劳狄皇帝的神庙也作为征服者的标志受到起义者的仇视。布迪卡率领的起义者很快捣毁了这座没有多少人把守的城市，将最后一批罗马士兵尽数杀死在克劳狄的神庙里；而匆匆赶来援救的罗马第 9 军团也全部被歼，只有指挥官和一些骑兵得以逃走。不列颠行省陷入混乱。

苏韦托尼乌斯接到消息后，沿着瓦特林大道迅速赶往伦敦尼亚姆（即今天的伦敦）。伦敦尼亚姆是个新城，是 43 年罗马征服不列颠之后建立起来的。尽管是个新城，但是它发展很快，有很多旅行者、商人和罗马官员居住在城里。苏韦托尼乌斯还没来得及把罗马公民从伦敦尼亚姆撤离出去，不列颠起义者就放火烧掉了这座城市，屠杀了城内居民。考古发掘显示，在厚厚的红色烧土下，有一些钱币和陶器，它们都是公元 60 年以前的物品。数日后，布迪卡又带领起义军毁掉了维鲁拉米亚姆城。这个城曾经是卡图维劳尼的首府，当时已是罗马在不列颠设置的一个自治城市，所以这个城内的不列

布迪卡指挥起义军作战

颠居民也被看成是罗马人的合作者，遭到了起义军的屠杀。起义军连续摧毁三座主要城市，杀死了七八万名罗马人和被视做罗马人盟友的不列颠人。塔西佗说，起义军对抓俘虏和卖俘虏不感兴趣，对待敌人，他们常常是绞死、烧死和钉死在十字架上。

布迪卡起义给罗马造成了巨大的恐慌，据说，尼禄颇为震惊，并曾因此想放弃不列颠。

在这种情况下，苏韦托尼乌斯重组了第 14 军团，也得到了一些辅助部队，大约聚集了一支 10000 人的队伍，同布迪卡的起义军进行了一次决战。决战地点大约在瓦特林大道，罗马军团占据了一条狭路，他们的后面是一片树林。布迪卡率领的起义军队伍在人数上远远超出了罗马军队，达到 23 万之众。历史学家狄奥・卡西乌斯描绘说，即使罗马人只站成一排，也无法达到布迪卡起义军队伍的长度。

布迪卡站在战车上指挥她的队伍，她的女儿们站在她的身旁。狄奥・卡西乌斯这样描述这位英武的女王，她“身材高大，外貌可怖，并且有着一副粗嘎刺耳的嗓音。茂密的鲜红色头发直披到膝部：

布迪卡身先士卒，英勇作战

她戴着一副粗大的编织的黄金项链，穿着件颜色繁多的束腰外衣，在束腰外衣上罩着一顶厚斗篷，用一枚领针扣紧”。她和她的女儿们失去了自己的财产，她们为失去的自由而战，为失去的贞洁而战，为她们遍体的伤痕而战，因为她们坚信自己的事业是正义的，所以对打败罗马人充满了信心。

但是，起义军没有经过正规的训练，布迪卡也没有能力指挥这样一支规模如此庞大、成分如此驳杂的队伍。相比而言，罗马军团是职业军队，他们有先进的武器装备、严格的纪律，他们熟悉战地厮杀，同时也占据着有利的地形。罗马军团在狭路上摆开阵形，迫使布迪卡只能投入与之相同的兵力才能展开战斗。

…装的阿古利可拉雕像，1894 年竖…在英国巴斯的罗马浴场前

最初，罗马军团占据有利地形向不列颠人投掷重投枪，杀死了数千名冲向罗马战阵的不列颠人。当罗马军团排成楔子阵形向起义军冲过去时，起义军开始四散逃开，很多人掉过头来逃向了自己的部队，却立刻受到自己部队的挤压，互相碰撞中，很多人惨死。据塔西佗记载，大约 80000 不列颠人被杀，而罗马军团仅仅损失了 400 人。布迪卡最后服毒自杀，不列颠暂时恢复了平静。

弗拉维王朝以后，罗马在不列颠继续向北征服。约公元 70 年，罗马军团从林肯赶到粤客，在斯坦威克附近击败了不列颠的一些部落，把布里甘特部落和巴利西部落并进了帝国。公元 74 年，弗龙蒂乌斯成为不列颠的新总督。他征服了志留人和威尔士地区一些敌对的部落，为第 2 军团在卡尔隆建立了一个新的基地。在他统治期间，为了开采多莱克西的黄金，他可能还在威尔士西部建立了一个要塞。

公元 78 年，阿古利可拉被提图斯皇帝任命为不列颠总督。这个人的出现改变了不列颠的历史进程。阿古利可拉一到不列颠就开始率军清剿威尔士山中那些对抗罗马的部落，然后在叛乱地区建造了许多大型堡垒。在武力镇压的同时，阿古利可拉还非常注重对不列颠人的同化。他在不列颠兴办教育，把不列颠富人的孩子送进学校念书，让他们接受罗马的文化；他广修神庙和干净整齐的村寨，让不列颠人搬进去，享受和罗马人一样的生活。通过一系列军事及文化手段，阿古利可拉稳定了不列颠的局势，加强了不列颠与罗马的联系，使不列颠人对罗马国家产生了归属感。

但是罗马帝国并不满足于只控制不列颠的中部和南部，公元 79 年，阿古利可拉开始为进攻苏格兰做准备，想要实现征服全部不列颠的目标。这一年，他派遣两路大军越过英格兰北部的奔宁山脉，到达泰恩河—索尔威湾一线，以威慑不太安分的布里甘特部落，并建立了新的基地。

第二年，阿古利可拉集结大军开始向苏格兰中部的弗斯河推进，一路上不断修建永久性堡垒。很快，他就在苏格兰西南部从克莱德到弗斯河之间建立了一条新防线，并在英赫图梯修建了一座堡垒。这座堡垒预计容纳 12 个罗马军团，如果能完成的话，将是整个罗马帝国最大的一座堡垒了。他还与喀里多尼亚联军打过一仗，也取得了胜利。此后，他命令自己的舰队绕苏格兰北部航行，希望能征服苏格兰。正当他试图大展宏图之时，却被罗马皇帝召回，其后的几位新总督都没有能力或者不愿意继续向北推进，在英赫图梯的堡垒还没有完成就被废弃了。

罗马军团于是重新撤回到泰恩河—索尔威湾一线，从此这条防线作为帝国在不列颠的最终边境固定了下来。公元 122 年，罗马沿这一防线修建了哈德良长城，长 130 公里，穿越整个行省。今天，哈德良长城的一部分依然屹立。

实际上，苏格兰地区始终吸引着罗马帝国，哈德良皇帝之后，罗马至少有 4 次想要兼并这一地区。最著名的一次是在公元 209 年，

哈德良长城遗址，从豪斯戴德罗马堡一直向东延伸

皇帝塞维鲁被好战的玛依塔伊部落激怒，曾对苏格兰用兵。他动用了在不列颠驻扎的 3 个军团、9000 名帝国卫队的骑兵，以及大量的由不列颠舰队、莱茵舰队和多瑙河舰队运送来的辅助部队。据历史学家狄奥·卡西乌斯记载，塞维鲁对土著居民进行了灭绝种族的屠杀，但是罗马军团在退回到哈德良长城之前，也遭到了当地人的游击袭击，损失了 50000 人。塞维鲁后来死在粤客，本来他还计划发动新的战争，但这一计划被其子卡拉卡拉废止。

此后，罗马人与苏格兰的联系仅仅局限于在缓冲地带进行探险、贸易或传播基督教等活动。哈德良长城后面的罗马军团再未涉足过防线以北的土地，直至帝国军队在几百年后完全撤出不列颠。

与帕提亚的战争

帕提亚是东方的一个强国，其位置大体相当于今天伊朗的呼罗珊地区，是横贯亚洲大陆的丝绸之路的必经之地，因此非常富庶。帕提亚于公元前 247 年建国，中国史书以其开国君主阿萨息斯的汉语音译为其国名，称之为“安息”，“帕提亚”是西方史学家对它的称呼。

帕提亚的骑兵和弓箭手非常勇猛，在世界古代军事史上威名赫赫。帕提亚建国后不断扩张，先是进攻中亚的巴克特里亚王国，巩固了东部边境，接着向西扩张，占领米底和伊朗西北部各省，于公元前 141 年打到了底格里斯河畔。

公元前 1 世纪中期，罗马的疆域也扩张到两河流域，罗马与帕提亚开始对峙，两国之间战争频发。处于两国之间缓冲地带的亚美尼亚一直是罗马和帕提亚争夺的焦点。公元前 53 年，罗马的克拉苏领兵强渡幼发拉底河，被帕提亚的骑兵诱进广袤沙漠的深处，结果在卡尔莱附近遭到重创，克拉苏及其子被杀，罗马丧失了一支 40000 人的军队。在这次战役中，可能也有几千名罗马士兵侥幸逃脱，据说他们后来辗转来到了中国西北部地区。英国学者德效骞曾写过一本书《中国境内有一个罗马城》，认为《汉书·地理志》中提到过的骊靬城是为安置这些罗马士兵而建立的。这一观点在我国学界也引起过关注。杨共乐在《中国境内哪有罗马城——西汉骊靬

帕提亚的骑兵（都灵夫人宫藏）

帕提亚弓箭手，依据图拉真纪功柱上的帕提亚弓箭手形象复制

罗马军队中的弓箭手（图拉真纪功柱，113）

甘肃折来寨的村民，因其特殊的长相一直被某些学者认为是罗马军团的后裔。最近，科学家对这个村的村民进行了 DNA 检测，确认他们具有中亚和西亚血统

城与罗马战俘无关》一文中通过考证否定了这一说法。* 公元前 34 年，安东尼进军亚美尼亚，与帕提亚军队交手，结果也惨遭失败，罗马军队至少战死 32000 人。在帕提亚的问题上，奥古斯都展现了他的远见卓识。奥古斯都认为幼发拉底河及其南面的叙利亚沙漠是地中海中部的一道天然防线，因此，决定放弃对亚美尼亚的一切领土要求。尽管有了这样的打算，屋大维在对帕提亚的态度上却仍然是非常强硬的。他命令提比略率领罗马大军进驻亚美尼亚，对帕提亚产生了强大的震慑力。公元 20 年，帕提亚国王迫于压力，归还了克拉苏和安东尼曾经丧失的军旗和一些尚未死亡的俘虏，此一事件是罗马帝国在外交上的一次重大胜利。提比略还在亚美尼亚扶植了一个亲罗马的国王，亚美尼亚成为罗马的保护国。

保护国是一个什么样的概念呢？原来，这是罗马在新征服的亚洲和非洲行省采用的一种特殊的统治政策，即在行省内根据不同情况建立委托国王制，由当地的国王或贵族担任罗马国家的“委托国王”，代表罗马的国家利益对其臣民进行统治。这些委托国王要把

* 杨共乐：《早期丝绸之路探微》，北京：北京师范大学出版集团，2011，第 114—120 页。

位于今亚美尼亚首都叶里温以东 28 公里处的加尼神庙，始建于 1 世纪，是古代亚美尼亚王国唯一留存的希腊罗马式柱廊建筑

自己的儿孙送到罗马做人质，要执行罗马的政令，定期向罗马缴纳税金，奉献礼品，保证所在地区的稳定。在这些国家的一些军事要地和税收重地一般都有罗马的驻军和行省官员进行监督。*

亚美尼亚作为罗马的保护国，一直持续到公元 37 年。这一年，由帕提亚支持的奥罗德斯登上了亚美尼亚的王位。

公元 51 年，罗马试图把亲罗马的拉达米图斯扶上亚美尼亚的王

---

* 宫秀华：《罗马：从共和国到帝制》，第 179—180 页。

位，但是帕提亚的国王沃洛格西斯一世牢牢地控制着亚美尼亚，以武力支持自己的弟弟提里达特斯坐上了亚美尼亚国王的宝座，拉达米图斯被迫逃亡。帕提亚还趁尼禄刚即位之机，侵入了罗马的势力范围。尼禄对帕提亚此举反应激烈，任命名将科尔布罗为亚细亚行省的总督，全权领导在东方的战争。

纪念币上的帕提亚国王沃洛格西斯一世头像（57）

最初，罗马人希望通过外交手段解决争端。科尔布罗向帕提亚的国王沃洛格西斯一世派出使者，提出按照议和的传统方式，提交人质，以确保双方履行承诺。此时，帕提亚国内发生叛乱，被迫从亚美尼亚撤走了军队。所以，在这一阶段，战争没有实质性的进展，亚美尼亚仍是双方之间的缓冲地带。

亚美尼亚国王提里达特斯立像

趁谈判的间隙，科尔布罗整顿军纪，为战争做准备。据塔西佗记载，为了提高军团的战斗力，科尔布罗解散了那些老弱病残者，严厉制裁那些试图逃跑的士兵，亲自带兵在安纳托利亚高原的营地上进行训练，让士兵适应这里寒冷的冬天。

不久，亚美尼亚国王提里达特斯得到了其兄帕提亚国王的武力支持，处决了那些亲罗马的亚美尼亚人。此举进一步激发了罗马与帕提亚两国之间的矛盾，公元 58 年冬天，罗马与帕提亚进行了实质性的较量。

沃兰登堡（Volandum，古代亚美尼亚王国的一个军事堡垒）被罗马军队攻陷

科尔布罗在亚美尼亚边境线上安置了大量的辅助部队，由奥菲图斯领导。但奥菲图斯非常鲁莽，在没有接到科尔布罗命令的情况下，就派出新征集的辅助部队中的骑兵发出了进攻，结果遭到了失败。首战即败，罗马军团中弥漫着惊慌失措的悲观情绪。科尔布罗狠狠地惩罚了奥菲图斯和其他幸存者，同时鼓舞士气，严明军纪。此时，科尔布罗已为战争精心准备了两年。他的军队包括来自叙利亚的第 3 军团、第 6 军团和第 4 军团以及大量的辅助部队和来自小亚细亚的其他盟军。

一开始，亚美尼亚国王提里达特斯派军袭击罗马的供应线，但未获成功，因为罗马人修建的一系列堡垒保证了山区道路的安全。而罗马方面，科尔布罗决定直接攻打提里达特斯的大本营，并以迅雷不及掩耳之势在一天之内打下了 3 个要塞，杀死了驻军，附近的几个城镇和村庄纷纷投降，于是罗马人继续向亚美尼亚的首都阿尔塔克撒塔进军。

罗马人和帕西亚人的战争

情急之中，提里达特斯派出了最精锐的骑兵去阻挡罗马人。罗马军团在严格的命令下始终保持着整齐的队形，抵挡住了亚美尼亚骑兵的冲击。到了晚上，提里达特斯撤走军队，弃城而逃，阿尔塔克撒塔城内的居民很快投降。当时罗马没有足够的兵力驻守，所以，在让那些投降的居民平安地离开后，罗马军队烧毁了这座城市。

公元59年，罗马军团向亚美尼亚的第二大城市泰格拉诺斯塔进军。一路上，他们残酷地对待抵抗者，而对那些投降的人却格外宽大。行军路上，罗马军队面临着缺粮缺水的窘境，尤其是在美索不达米亚北部的干燥地区，水是极端缺乏的，直到行军至泰格拉诺斯塔附近的富庶地区，这种情况才得以缓解。这时，一场企图暗杀科尔布罗的阴谋也败露了，几个参加罗马军队的亚美尼亚贵族被揭发出来。根据历史学家弗隆提努斯的记述，罗马军队一到泰格拉诺斯塔城，就把这几个阴谋叛乱者的头颅扔进了城中，恰好落在了城内正在召开的议事会的现场，于是，议事会立刻决定全城投降。

至此，除了小股的抵抗之外，罗马已经控制了全部的亚美尼亚。科尔布罗在亚美尼亚扶植了一个新国王提格兰尼斯六世，留下1000名军团士兵、3个辅助部队的大队和2个骑兵分队供这个新君主调配，自己则带着军队回到了叙利亚。

但罗马的这次胜利并没有持续太久，等帕提亚国王沃洛格西斯一世平定了国内叛乱后，又腾出手来干涉亚美尼亚的事务，再次把提里达特斯扶上了亚美尼亚国王的宝座。公元62年春天，罗马与帕提亚之间的战争再次打响。这次，罗马把军队分成了两个部分，一部分由军团长帕厄图斯率领进入亚美尼亚，另一部分由科尔布罗率领驻守叙利亚。

由于叙利亚防守甚严，帕提亚只能在亚美尼亚寻找突破口。帕厄图斯与帕提亚军队几次交手，很快就陷于绝境。科尔布罗接到消息后前去营救。但在他赶到之前，帕厄图斯已经投降，还接受了非常屈辱的条件：罗马人不仅要离开亚美尼亚，交出他们所有的要塞和城堡，还要在阿剎尼亚斯河上建一座桥，让帕提亚国王坐在大象上凯旋而过。据塔西佗记载，罗马人甚至又遭受了一次轭门之辱。

而此时，罗马城对亚美尼亚的战况毫不知情。颇为讽刺的是，根据元老院的命令，在卡匹托山上，为帕提亚战争所准备的胜利纪念碑和拱门已经搭建起来，直到公元63年春天帕提亚使团来到罗马，罗马军团胜利的神话才被打破。罗马元老院拒绝耻辱的和平，决定把这场危险的战争继续下去。于是，帕厄图斯被召回，由科尔布罗全权领导对亚美尼亚的战争，他的地位高于罗马其他行省的总督，也高于东方保护国的君主。

立于荷兰沃尔堡的科尔布罗雕像

科尔布罗重整人马，带领4个军团和大量的辅助部队以及来自保护国的军队渡过了幼发拉底河。慑于科尔布罗的威名和罗马军队强大的阵容，帕提亚派使团前来议和。科尔布罗重申了罗马的立场，同意由提里达特斯和他的后代来统治亚美尼亚，条件是他们要从罗马皇帝那里得到任命。

公元66年，提里达特斯来到罗马，受到了盛大款待，接受了罗马皇帝尼禄赐予的王冠。在此次帕提亚战争中，罗马并没有征服新的土地，他们所得到的和平是一种妥协，而不是一种胜利。因为此后，亚美尼亚地区尽管还是帕提亚和罗马之间不断争夺的焦点，但其发展更多的是在帕提亚王国的影响之下。科尔布罗则得到了荣誉，受到了尼禄的嘉奖，却也因其功高盖主，遭到尼禄的猜忌。67 年，尼禄下令将他处决，听到这个消息，科尔布罗悲愤欲绝，自己结束了自己的生命。

镇压犹太人

公元 66 年，犹地亚行省的犹太人揭竿而起，反抗罗马帝国的统治。起义的导火索是犹地亚总督弗罗鲁斯贪婪地从犹太人的神殿里偷盗了大量白银。此举严重亵渎了犹太人的宗教信仰，起义者在没有任何事先组织和领导的情况下，自发地行动起来，很快就控制了耶路撒冷。耶路撒冷驻扎着罗马军团的一个 500 人的步兵大队，他们在放下武器后被全部杀死。

罗马的叙利亚总督加卢斯接到消息后，立刻带领第 12 罗马军团及大量辅助部队约 30000 名援军前来镇压。加卢斯大军直驱耶路撒冷城下，攻城 8 天，起义军伤亡很大，但就在即将攻破城墙之时，加卢斯突然下令撤退。原因可能是加卢斯的军队缺少攻城器械，也可能是因为军队发生了内讧，于是罗马军团退到伯特和仑山谷，在这里，他们遭到了已恢复过来的犹太起义军的伏击。罗马军团是纵队行军，士兵在峡谷地形中无法组成方阵进行有效抵抗，因此伤亡惨重，近 6000 人战死。这次胜利给了起义者无穷的信心，不少先前还犹豫不决的犹太贵族也因此投身到起义者的队伍中，起义队伍迅速扩大。

加卢斯战败的消息传到罗马，皇帝尼禄派 57 岁的老将韦伯芗率领 3 个军团和辅助部队共计 60000 人前去镇压。罗马军队首先在起义最激进的加利利地区取得了胜利，大约 10 万犹太人或者被杀，或

犹太起义军领导人向罗马人投降

者被卖做奴隶。韦伯芗采取分化瓦解的政策，花了近 3 年的时间才完成了对犹地亚行省的征服，到 68 年年末，只剩下耶路撒冷这一个孤立的城市还在起义者手中。公元 69 年，尼禄倒台，韦伯芗众望所归，被东方行省的罗马军团拥立为皇帝，因此，他匆匆离开犹地亚赶往罗马，留下他的儿子提图斯领导镇压犹太人的军事行动。

罗马帝国内部的政权更替给了犹太起义者一个喘息的机会。但在这短暂的间歇中，他们没有利用宝贵的时间加强城防，建立统一战线，而是陷入不断的内讧之中。公元 70 年，提图斯开始了对耶路撒冷的围困。于是就出现了这样的一幕：城外，罗马军队挖壕筑墙准备围城；城内，起义者各派之间却大打出手。正是这种内耗加速了耶路撒冷的沦陷。本来为了准备和罗马人打持久战，犹太人在耶路撒冷城内储存了大量粮食，足够全城坚持战斗几年之久。但起义者中的激进派为了迫使全城人破釜沉舟、死战到底，纵火烧毁了所有的粮食，最终，大多数犹太人不是死在罗马士兵的剑下，而是死于饥饿。

公元 70 年 9 月，在被围困整整 7 个月之后，耶路撒冷陷落。希律王的神庙和城市遭遇浩劫，成批的俘虏被装上船卖到角斗场或是罗马的矿山。起义领袖被押送到罗马，成为韦伯芗凯旋仪式上的展览品。

大规模的起义结束了，但仍有一些起义者退守犹地亚南部的几个要塞，一直坚持到公元 74 年美萨达城堡陷落。美萨达是一个石头城堡，建在一个 92 米高的平顶山上，四面都是悬崖，只有一条被称为蛇径的小路蜿蜒通向山顶。大约有 960 个起义者在此据守。从公元 72 年始，罗马军队驱赶数千犹太奴隶在美萨达城堡旁边的山坡上搭起了数十米高的攻城台，用火箭和巨大的破城槌向美萨达发动猛

罗马人从耶路撒冷圣殿里掠走犹太人的圣物——七枝烛台（提图斯拱门，1世纪）

烈进攻。在城堡即将被攻陷之时，城内的犹太领袖发表了惊天地泣鬼神的最后讲演：

> 很久以前，我仁慈的朋友们决定不再做罗马人或除上帝外其他任何人的仆人。我们是第一个起来反抗他们的人，我们是最后一个同他们战斗的人。我不能不把它视为上帝对我们的袒护，使我们有力量以自由之身，以光荣的方式，和我们最亲爱的朋友一起，勇敢地走向死亡。让我们的妻子不受蹂躏而死吧！让我们的孩子不受奴役而死吧！*

---

* 西蒙·蒙蒂菲奥里：《耶路撒冷三千年》，张倩红、马丹彭译，北京：民主与建设出版社，2015，第156页。

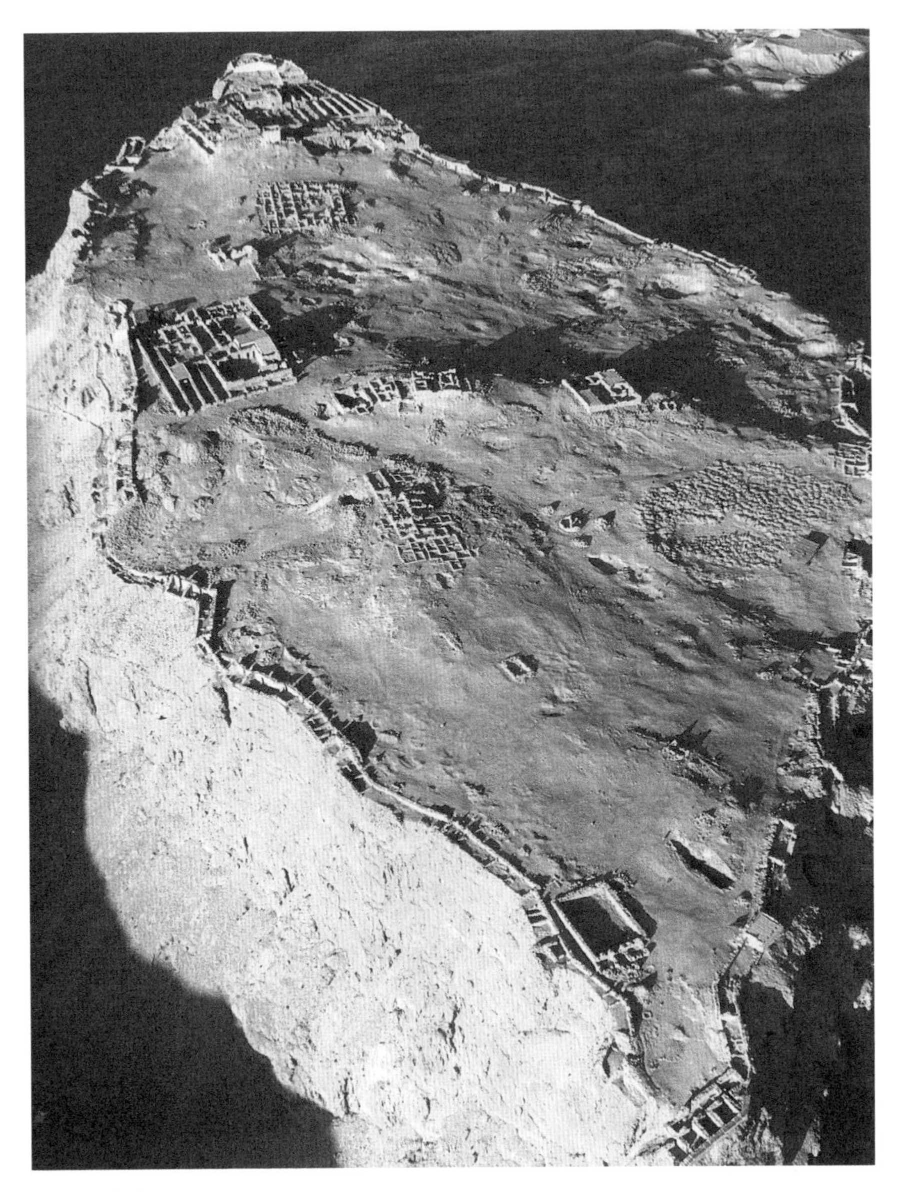

美萨达堡鸟瞰

为了避免落入罗马人手中，城堡内的犹太人集体自杀，为这次大起义画上了一个悲壮的句点。次日凌晨，当罗马官兵进入美萨达城堡时，看到的只是一座遍布死尸的空城。

1965年，美萨达遗址经过两年的挖掘后重见天日。以色列军队以及来自28个国家的数千名志愿者一道参与了发掘和重建工作。今天，美萨达堡已经成为人类捍卫自由精神的象征。以色列国防军装甲部队每年都会在此举行仪式，他们的誓词是："美萨达永不沦陷！"

公元132—135年，犹太人再次起义。此次起义是针对哈德良皇帝出台的政策而爆发的。公元130年，哈德良在犹地亚行省视察时，下达了几道命令：禁止犹太教的割礼；为庞培建造墓地（庞培在公元前63年玷污了耶路撒冷的耶和华神庙，是犹太人心中的敌人）；仿造罗马城重建耶路撒冷；在希律王神庙的原址上建立罗马的朱庇特神庙。这些带有挑衅性的命令遭到了犹太人的强烈反抗。犹太人迅速集中起来，起义队伍一时超过20万人，他们在"星辰之子"西门的领导下占领了罗马的殖民地，杀死罗马殖民者。起义坚持了3年半，极大地打击了罗马人的统治。最终，西门被罗马人围困在耶路撒冷附近的一个城堡里。据犹太人的历史记载，在这次起义被镇压的过程中，有50个城堡、985个村庄被毁，大约58万名犹太人被杀，而罗马仅仅损失了一个军团。犹太起义被镇压后，哈德良下令禁止犹太人踏入耶路撒冷，同时把这个城市建设成罗马的殖民地。

罗马对犹太人的两次镇压，造成了数百万犹太人的死亡。在第二次世界大战的大屠杀之前，这是犹太历史上两次最大的人口损失。而除人口上的损失外，犹太人还完全丧失了政治地位，被迫开始了近2000年的流亡史。

起义失败后，犹太人被罗马帝国当局驱逐，开始流散到世界各地 (1670)

图拉真及其后皇帝的征战

图拉真皇帝在位时期，彻底改变了奥古斯都的边疆防御政策。针对各种边疆问题以及国内的不安定因素，图拉真的政策是主动出击。在他统治时期，罗马帝国再次开疆拓土，征服了大片地区，到公元 117 年图拉真病逝时，罗马帝国的版图扩张到了极致，帝国疆土自东向西跨越 4000 公里，从狂风呼啸的不列颠北部到烈日炎炎的中东沙漠，都是罗马帝国的领土。

图拉真出生于西班牙的伊塔利亚，是罗马历史上第一位在行省出生的皇帝，也是从军队中一步步登上帝国最高权力宝座的将军，因此非常清楚军队的力量和作用。图拉真在位期间，扩充了罗马军团，使帝国的军团数量扩编到30个，而且每个军团第一大队的人数扩充了一倍，罗马军队的人数达到了40万人。

图拉真头像

图拉真统治时期，征服达西亚是其最伟大的战绩。这一征服过程刻在了图拉真纪功柱上，一直保留到今天。达西亚是位于喀尔巴阡山与多瑙河之间的古代王国，大致相当于今天的罗马尼亚，是个富庶的山区国家。从恺撒时期开始，达西亚就与罗马之间进行了断断续续的战争，公元85年，德凯鲁斯成为达西亚的国王，他致力于军事改革，加固城堡，使达西亚的国势日益强大，先后几次击败图密善派来的罗马军队。图拉真即位后，决定一劳永逸地解决与达西亚之间已经延续了上百年的边境问题。公元101年，图拉真集中了12个军团外加辅助部队共计13万人的庞大部队，在多瑙河低地一带渡河，御驾亲征达西亚。

达西亚人奋起反抗。101年冬季，达西亚人袭击了驻扎在多布罗加的罗马驻军，但并未给罗马军队造成什么损失。102年春天，在图拉真的亲自带领下，罗马军团攻占了达西亚的首都萨尔米泽盖图萨，德凯鲁斯被迫求和，双方签订了和约，规定：达西亚的部分堡垒由罗马军团驻守，其余城堡拆除，放弃外交自主权。但德凯鲁斯并不甘心达西亚沦为罗马的保

罗马军团与达西亚人战斗的场景（图拉真纪功柱，113）

图拉真巡视军事要塞（图拉真纪功柱，113）

1896 年拍摄的图拉真纪功柱（113 年完成，位于意大利罗马奎利那尔山边的图拉真广场，为罗马帝国“最佳元首”图拉真所立，以纪念其征服达西亚的功绩）

护国，和约签订不久，他就违约重建堡垒，制造武器，接纳罗马的逃亡者，积极寻找盟友，并攻击罗马的驻军。105 年，图拉真再次调集 12 万人进军达西亚，双方在萨尔米泽盖图萨展开激战，达西亚军队战败，德凯鲁斯自杀身亡，他的头颅连同城内所有的黄金都被送到罗马，图拉真纪功柱就是以这些黄金为资金建造的。

达西亚从此成为罗马帝国的一个行省，这个新的省份使帝国的边境线向东延长了 560 公里，从此，帝国的统治延伸到了欧亚大草原的边缘。但达西亚也成为帝国版图上一块较为突出的部分，极易遭受攻击，为了有效地防守这个新的省份，图拉真皇帝沿着喀尔巴阡山脉修建了一条由堡垒、要塞、烽火台组成的大型防线，大量的辅助部队驻扎在这些要塞和堡垒里，如果再加上机动防御的罗马第 13 军团，仅防守该行省的总兵力就达到了 40000 人。征服达西亚后，图拉真还轻易地征服了居住在维斯杜拉河和伏尔加河之间的萨尔马提亚人。

在图拉真的心中，东方强国帕提亚始终是罗马帝国的一个劲敌，如果能征服帕提亚，罗马帝国能在三个方面大大获益：在经济上，帕提亚控制着陆上丝绸之路，罗马希望能够取而代之，更大规模地控制与印度之间的贸易；在政治上，征服帕提亚可以为图拉真带来更大的战功和荣誉；而从战略上看，由于罗马不可能消灭所有的敌人，所以建立一条覆盖亚美尼亚和整个美索不达米亚北部的新防线是非常有必要的。*

因此，达西亚战事还未彻底结束时图拉真就派军队开往东方。

---

* Yann Le Bohec, *The Imperial Roman Army*, tr. By Raphael Bate, London and New York: Routledge, 1994. p. 188.

萨尔马提亚重装骑兵（图拉真纪功柱，113）

公元 106 年，图拉真入侵阿拉伯，建立了阿拉伯行省。这一行动的战略意义就是为罗马人征服美索不达米亚做准备。为了加快部队的运动速度，罗马军团开始修建通向沙漠的道路。114 年，图拉真吞并了亚美尼亚，杀死了帕提亚人扶植的国王，不再把亚美尼亚设为罗马的保护国，而是划进罗马的版图，直接变成罗马的一个行省。115 年，图拉真征服了美索不达米亚北部地区，将其并入罗马。接着攻下了帕提亚的首都泰西封，一直打到了波斯湾。在与帕提亚的战争中，图拉真至少动用了 10 个罗马军团及他们的辅助部队。

图拉真为纪念帕提亚战争胜利发行的金币（115–117）

117年，巴勒斯坦、叙利亚和美索不达米亚北部发生了叛乱，极大地牵扯了罗马军队的精力。镇压叛乱后，图拉真本来还想重整军队巩固罗马对帕提亚各行省的统治，但未及出师就病逝了。

主动出击的政策在图拉真的继任者哈德良统治时期被废止了。哈德良认为罗马的利益在于重新把幼发拉底河作为直接统治的界限，应把亚美尼亚、美索不达米亚和阿迪亚波纳交给先前的统治者或者是保护国的国王。因此，他以和平的方式解决了与帕提亚人之间的冲突。公元123年，他不远万里会见帕提亚国王，与他签订了和平条约，放弃了图拉真已征服的美索不达米亚地区，因为他认为这一地区太难防守了。在此后的50年时间里，罗马没有在幼发拉底河东岸主动进行过战争。所以很多人认为哈德良是古代的和平主义者，也有人认为他在对外政策上表现得过于中庸。* 哈德良在帝国北方疆界修筑了大量的堡垒，修建了上日耳曼—雷蒂安长城。这座长城是仅次于中国长城的世界第二大防御工

* Yann Le Bohec, *The Imperial Roman Army*, p. 189.

修复之后的上日耳曼长城

事。在上日耳曼行省，长城是一道防御土墙，土墙之上是木栅栏，土墙之外是壕沟；在雷蒂安，长城是用石头建造的，城墙上建造了瞭望塔，士兵们在这里守卫，如有敌情，就通过这些瞭望塔把消息传给驻扎在长城后面的军队。

公元 162 年，马可·奥勒留皇帝在位期间，由于帕提亚入侵叙利亚，罗马与帕提亚之间又开始了一场持续 4 年的战争。此次战争，罗马战果显著，罗马军团征服了美索不达米亚地区，在这里建立了新的行省，并彻底击溃了帕提亚帝国，从此帕提亚一蹶不振，再也无力威胁罗马的东部边境。

但多瑙河东岸的战事在奥勒留统治时期就不那么乐观了。多瑙河东岸生活着马克曼尼人、夸地人和其他日耳曼部落，早在 166 年，第一批日耳曼人就经多瑙河中部穿过潘诺尼亚和诺里库姆进入意大利，来到阿奎利亚。直到169年，奥勒留才阻挡住了这些蛮族人的进攻。但紧接着，从171年开始，每年都有蛮族部落大规模地侵入罗马帝国境内：172年，夸地人入侵；173年，萨尔马提亚人入侵；174年，夸地人与萨尔马提亚人联手袭来；175年，萨尔马提亚人再次入侵。从171年到175年，奥勒留一直在多瑙河上与这些蛮族人作战，逐渐感觉到这场战争越打越艰难。为了应对蛮族入侵，奥勒留采用以蛮制蛮的政策，取得了良好效果，在171年到172年间连连获胜。他还想把萨尔马提亚和马可曼尼亚变成行省，但是在他去世后，这一计划就被搁浅了。他的儿子康茂德即位后，与夸地和马可曼尼亚签订了和约。

公元198年，塞维鲁皇帝占领了美索不达米亚北部，并力图在美索不达米亚建立一条稳固的防线，以保护这块来之不易的土地，但历史证明帝国最后的努力仍然是失败的，30年后，取代帕提亚人成为东方霸主的萨珊波斯王朝攻陷了美索不达米亚平原，为罗马帝国长达230多年的向东征服的历史画上了一个句号。

罗马文化的传播者

持久而大规模的征服活动使罗马帝国的边境线变得极为漫长，到公元2世纪，罗马帝国囊括了大不列颠岛、地中海沿岸的土地，领土延伸到包括埃及、美索不达米亚在内的盛产谷物的内陆地区。在这片广袤的被征服地区内，罗马军团给人们带来的不仅仅是刀剑和杀戮，还有文明和繁荣。

公元2世纪中期，毛里塔尼亚布吉亚城的居民希望能修建一座

罗马军队修建的高架引水桥，位于西班牙塞哥维亚地区

高架引水桥，解决城市的饮水问题，于是请求总督为他们派一个建筑师来。总督把这一任务交给了驻扎在这里的罗马第 3 奥古斯都军团。建筑师达图斯在勘察当地的地形后，设计了一个方案，但当地却没有技术人员和足够的人力将这一设计付诸实施，于是建筑师亲自来到该城指导引水桥的修建，后来罗马军团也加入其中，与当地居民一起完成了这座引水桥的修建。这座引水桥长 21 公里，但落差很大，最高处 428 米，最低处只有 86 米，中间还穿过了一个隧道 *，成为当地居民引以为傲的一项大型实用建筑。

除了在布吉亚城，在法国的尼姆、西班牙的塞哥维亚也都有古

* Yann Le Bohec, *The Imperial Roman Army*, p. 209.

代罗马军队留下的高架引水桥。高架引水桥是罗马文化的标志，是丝毫不逊色于埃及金字塔和希腊神殿的实用型建筑。跟随着罗马军团征服的脚步，这一类建筑也出现在被征服的各个地区，大大提高了当地民众的生活质量。布吉亚城的高架引水桥当然只是很小的一个例子，但它反映出伴随着征服而发生的文化的交流和传播。应该说，在罗马文化和被征服地区土著文化相互交流和传播的过程中，罗马军团不自觉地充当了重要的媒介。

在罗马征服的地区中，埃及、叙利亚和美索不达米亚等地区以城市为基础的历史比较悠久，文化内涵也非常丰富。因此，东方文化对在这些地方征战或驻扎的罗马军队产生了较大的影响，最值得一提的就是罗马士兵对密忒拉教的吸收和接受了。密忒拉神是古代波斯人信仰的神，他象征着太阳，被敬拜为太阳神。在美索不达米亚地区服役的罗马士兵首先接受了这一宗教，然后很多士兵开始信仰和崇拜密忒拉神。在罗马军团的驻地或城堡、要塞附近，经常能发现密忒拉神的祭坛。而随着军队的流动，越来越多的罗马人也接受了密忒拉崇拜，成为密忒拉教的信徒。

高卢、日耳曼、不列颠和西班牙等地，地广人稀，经济和文化都比较落后，罗马文化在这里无疑成为学习和模仿的榜样，对周边的文化产生了潜移默化的影响。大批的官员、商人紧随罗马军团来到被征服地区，通过各种方式获得矿产资源，同时也鼓励当地居民种植小麦、橄榄和葡萄。这些地区的贵族统治者与罗马代理人勾连在一起，建立起大规模的经济和商业网络。随着经济活动的开展，城市出现了，欧洲社会的发展步伐明显加快：巴黎、里昂、科隆、美因兹、伦敦和托莱多等城市的起源都可以追溯到罗马时代。

罗马军团在各行省的驻扎刺激着市场的出现，因为士兵们需要

密忒拉神的浮雕（2—3 世纪，巴黎罗浮宫博物馆藏）。上图是密忒拉神宰杀公牛的场景，月神和太阳注视着他；下图是密忒拉神邀请太阳神宴饮的场面

巴黎遗存的古罗马浴池，现已成为克鲁尼博物馆的一部分

谷物、肉、酒、铁、木材、建筑材料、马匹、皮革和衣服等物品，而军队自身做不到完全的自给自足。据估计，30万士兵每年需要10万吨谷物，而随着士兵人数的增加，到2世纪末，罗马军队每年需要15万吨谷物。为了满足军队的需要，各地都大力进行谷物等农业作物的生产。

军队也吸引了大量人员为其服务，手工业者、杂货店的老板等经商者纷纷聚集在罗马军团的营垒附近。暂时居住的营地发展成永久性的或半永久性的堡垒。当地的女人有不少也与士兵结成了固定的关系，并为士兵生下了孩子。每一座罗马军团的城堡附近都有很多被称为“维希”的小村庄。士兵的家人就生活在这里，另外还有一些手工业者和商人，为军队和军人的家眷提供生活所需。这些村庄即使在边境迁移或者军队开拔后仍然保留着，有些村庄渐渐发展

位于法国沃吕克兹省奥朗日的罗马剧场遗址

成为城市，如德国的罗特韦尔和罗腾堡等大城市都是从这些小村庄发展而来的。当然，在兴起的城市中，也有很多不是出于经济原因而是作为政治和军事中心修建的。

军团士兵在堡垒和营地内休闲、娱乐和社交，把罗马人的城市生活方式也带到了当地，吸引了众多当地居民争相模仿，促进了当地城市生活的发展。至今，人们在高卢、西班牙、不列颠，还能发现罗马士兵曾经使用过的浴池、剧场和角斗场的遗址。

罗马军队还是制造罗马公民的机器。在罗马，罗马军团从罗马公民中征召士兵，而没有罗马公民权的人参加辅助部队，在部队服役 25 年后就可以得到罗马公民权，他的儿子也可以获得罗马公民权

从奥地利卡农图姆地区发掘出的一份颁发给士兵的罗马公民权特许证残片，用拉丁文写成

进入军队。在帝国早期，通过参军获得罗马公民权是最好、最简捷的一种途径，因为在卡里古拉即位前，皇帝及元老院对于通过其他方式授予公民权的限制几乎到了严苛的地步，所以罗马公民资格在行省居民眼中自然成为一种很高的特权。

成为士兵的行省青年在军团里受到罗马军队文化的深刻影响。很多人都掌握了拉丁语。拉丁语属于印欧语系，最早是拉丁姆地区的方言。在罗马军队里，士兵无论来自哪里，都由罗马的指挥官指挥，他们的号令都是用拉丁语发布的，所以，每一个参加罗马军队的士兵都要了解和学习简单的拉丁语。很多蛮族人，如发动条托堡之战的日耳曼人阿米尼乌斯，都受过罗马文化的熏陶，通晓罗马人

被猜测一直通向罗马的希斯特里亚古道遗址（位于罗马尼亚东部黑海海滨康斯坦察以北约 50 公里处）

的语言和习俗。20 世纪 70 年代在英格兰北部温多兰达发现了很多罗马士兵的书信，这些书信基本是用拉丁语写成的，但写信的士兵却是来自非意大利的其他行省。

随着罗马帝国的征服和罗马军团在帝国各行省的广泛驻扎，罗马帝国逐渐在政治、经济和文化上融合成为一个整体。

首先，公路连接了罗马帝国的各个部分。在北方，有一条公路全长 2500 公里，沿帝国东北部边境从黑海一直通向北海，与多瑙河和莱茵河平行；在非洲，一条长 4800 公里的公路与北非海岸线平行，许多支线一直延伸到南方，直接深入到撒哈拉沙漠，还有一条公路从红海沿岸的本多尼兹港延伸到亚历山大里亚；在东部地中海地区，罗马人也新建了一些道路，从地中海东部的城镇和港口一直通到帕尔米拉——这是亚洲中心通往西方的主要商道。这些公路构成了密集的道路网络，不仅方便了罗马军团在帝国境内的运动，更重要的是促进了帝国内部的政治、经济一体化。

其次，完善的法律体系适用于罗马疆域内所有的公民。罗马人大约在公元前450年开始了成文法的传统，十二铜表法是共和国早期公民的基本法律。随着罗马军团的征服，罗马帝国疆域日益庞大，罗马的司法者们创建了一套适用于罗马疆域内所有公民的法律体系，并逐渐将其运用到整个罗马帝国境内。有一个例子可以说明罗马法适用的范围。公元1世纪，塔尔苏斯的保罗在耶路撒冷传播基督教时，受到犹太人的迫害，与犹太人起了冲突，当地的罗马军队介入，逮捕了保罗。如果按习惯法处理的话，保罗应该由当地的犹太教公会进行定罪和惩处，但是保罗以其享有罗马公民权为由，要求到罗马接受审判。所以，罗马军团的士兵经过漫漫海路把他押解到了罗马。保罗出生于安纳托利亚，他从没到过罗马，但是由于其父亲的原因获得了罗马公民权，那么就可以依照罗马法论罪。尽管保罗最后仍被处死，但这件事却让我们看到，罗马帝国境内的所有公民适用同一套司法体系。

宏伟而整齐的城市建设、圆形竞技场、公共浴池和完善的法律制度，这些都是罗马文明所独有的。随着罗马军团征服的脚步，这些罗马文明的元素在各地纷纷出现。在城市建设上，行省的各城市都在效法罗马城，在财力允许的范围内，力求以广场为中心，修建两条垂直的交通大道。每个城市都有凯旋门，公共浴池多得不可胜数，剧场也保持着罗马的风格。正如法国历史学家古朗日所说：“并不是罗马的征服，而是罗马文化本身使高卢人心甘情愿地成为罗马人，他们不是简单地服从他们的罗马主人，而是成为与他们一样的

维纳斯雕像（2 世纪，塞哥维亚考古博物馆藏）

贵族，学习他们的艺术、知识和技术，是罗马人将高卢带入了文明社会。”

随着罗马军团的扩张，到公元2世纪，罗马帝国已达到最鼎盛时期。爱德华·吉本在《罗马帝国衰亡史》中对这一时期进行了如下描述：“罗马帝国据有地球上最富饶美好的区域，掌握人类最进步发达的文明。自古以来声名不坠而且纪律严明的勇士，守卫着辽阔的边界。法律和习俗能发挥温和而巨大的影响力，逐渐将各行省融合成一体。其享受太平岁月的居民，尽情挥霍着先人遗留的财富和荣光。”

ROMAN LEGIONS

VI

第六章

军队干政和帝位的承继

罗马帝国是依靠军队建立起来的。皇帝与军队之间存在着一种极其微妙和紧张的关系：当皇帝能够控制军队、对军队恩威并施时，国家就能稳定；反之，无法控制的军队就会干预政治，决定继承帝位的人选，甚至决定皇帝的生死。

奥古斯都取得政权后并未直接称帝，而称“第一公民”。他表面上仍然尊重“共和”体制，因此就不便像东方君主那样明确帝位继承原则，明定自己的子孙就是帝国的继承人。而这一点恰恰为帝位的稳定带来了隐患。帝国初期，奥古斯都之后的几位皇帝在才能和军队的忠诚度上远远逊色于奥古斯都本人，使得近卫军和手握兵权的行省总督渐渐成为可以对帝位的承继施加影响的重要因素，军队干政也由此在罗马的政治舞台上频繁上演。

从理论上来说，皇帝是军队的最高统帅，军队是效忠于皇帝的。但在罗马帝国的现实社会里，军队却是一支能够左右皇帝的力量。皇帝与军队之间存在着一种极其微妙和紧张的关系：当皇帝能够控制军队、对军队恩威并施时，国家就能稳定；反之，无法控制的军队就会干预政治，决定继承帝位的人选，甚至决定皇帝的生死。整个罗马帝国时期，军队与皇帝的关系决定了罗马帝国的政局，也决定了罗马帝国的走向。

“猎手和狼”

奥古斯都依靠军队的支持获得了最高权力，也依靠军队维持了罗马的和平与稳定。对军队的重要性，他自然有着深刻的理解和独特的认识。他对军队慷慨解囊，满足他们对金钱的需求，但是，他并没有忘记以严格的纪律约束军队。据苏维托尼乌斯记载，奥古斯都曾因第 10 军团不服从指挥而遣散了这支部队。对于那些临阵脱逃的步兵，他实行十一抽杀法，对未被处死的士兵只供给大麦为食。在与士兵的关系上，奥古斯都一直维持着高高在上的帝王的尊严。内战结束后，奥古斯都每次对军队发表讲话时，都不再用“战友们”这样的称呼，而是用“士兵们”。因为他认为“战友们”这样的称呼太过亲密，与军队的纪律、他个人及其家族的尊严不太相称。*

这种恩威并施的方法，并没有被奥古斯都之后的皇帝所继承。实际上，在奥古斯都统治末期，潘诺尼亚地区的叛乱和条托堡森林战的惨败都给帝国统治带来了极大的压力，也耗费了大量的人力和财力。奥古斯都去世前，罗马军团已显露出疲态和焦躁不安的情绪。在这种背景下登上帝位的提比略真切感受到了来自军队的种种压力，意识到“帝权像怪物一样可怕”，因此在即位时曾犹豫不决。他常说自己是“牵着狼耳朵**”，自己的危险来自于军团，军团就是狼，如果他放开狼，就会被狼咬伤，而如果抓住狼，就需要勇气和技巧。

公元 14 年，提比略即位之初，伊利里库姆和日耳曼的军队一下子发生两起叛乱，两支军队都要求得到种种特权，要求与近卫军享有同样的薪金，要求按期退役。他们也不愿意承认提比略这个不是由自己拥立的皇帝，全力吁请他们的统帅日耳曼尼库斯继承帝位。日耳曼尼库斯是奥古斯都的孙子、提比略的侄子，当时统领帝国在日耳曼地区的军团。为了平息叛乱，提比略把自己的儿子杜鲁苏斯派到伊利里库姆。刚到那里，杜鲁苏斯险些被群情激愤的士兵杀死。

---

* Brian Campbell, *The Roman Army,31 BC-AD 337: A Sourcebook*, London and New York: Routledge, 1994. p.69.

** 苏维托尼乌斯：《罗马十二帝王传》，第 127 页。

提笔略头像

后来，由于发生月食，部队出现了恐慌，他才得以借机联合各营区的百夫长，诛杀了一些活跃分子和鼓噪的士兵，迅速地平息了这场骚动。日耳曼地区的叛乱由日耳曼尼库斯处理。由于下日耳曼军团不愿意服从皇帝的命令，日耳曼尼库斯便率领效忠于他的上日耳曼军团偷袭下日耳曼的营区，镇压了日耳曼军团中的叛乱分子。但是，平叛之后，提比略也不得不对军团做出让步：提高军团士兵的薪金，让超期服役的士兵离开军队。

为了整顿军纪，提比略在平叛之后，接连对莱茵河右岸进行了几次军事打击，试图打败盘踞在那里的日耳曼部落，担任作战指挥的是日耳曼尼库斯。但是在战争中，罗马并没有取得预期的胜利，部队的损失极大。因此，提比略召回了日耳曼尼库斯，给他以凯旋式的奖励，而后就把他派到了东方行省。召回日耳曼尼库斯其实还有一个更为重要的原因，那就是提比略对日耳曼尼库斯在日耳曼军团中的声望颇为忌惮。尽管在公元14年日耳曼军团叛乱时，日耳

日耳曼尼库斯头像（约 14—23）

曼尼库斯坚定地拒绝了军团要他继承帝位的请求，并亲手平定了军团的叛乱，但在提比略的心中，备受军团爱戴的日耳曼尼库斯始终是帝位的最大威胁。据苏维托尼乌斯记载，提比略曾在元老院表达过他对日耳曼尼库斯的深深不满，也曾多次贬低日耳曼尼库斯，把他最杰出的业绩说成是无益的，把他最辉煌的胜利说成是有害于国家的。

日耳曼尼库斯在东方待了两年，公元 19 年，他突然死在叙利亚的安提奥启亚附近。据说，他是被叙利亚的副统帅披索给毒死的，但很多罗马人认为他的死是提比略借披索的手造成的。传言越来越盛，许多地方甚至出现了“还我日耳曼尼库斯”的标语。尽管提比略亲自下令惩办披索，把披索交给法庭并判他死刑，仍无法消除自己才是害死日耳曼尼库斯的真凶的传闻。

提比略对日耳曼尼库斯的态度实际上反映了提比略对行省军团的畏惧。提比略早年也曾带兵打仗，在罗马帝国拓展北部疆域的战

《日耳曼尼库斯之死》(Nicholas Poussin, 1628, 美国明尼阿波利斯艺术学院藏)

场上战功赫赫，赢得了士兵的热爱。公元4年，提比略返回自己在日耳曼领导过的军团时，受到士兵们的热烈欢迎。历史学家韦利奥斯对这一场景进行了描述：

> 士兵们一看到提比略，就流下了欢喜的泪水，他们向他奔跑过去，热烈地欢迎他。有的士兵热切地拉着他的手，不停地向他询问："真的是您吗？将军？您真的平安回来了吗？"真是无法用语言来描述这一场景，这简直不可置信。*

* Brian Campbell, *The Roman Army,31 BC-AD 337: A Sourcebook*, p.69—70.

韦利奥斯是皇亲的朋友，他的描述可能有夸张的成分，但提比略在领导这支军队时与士兵建立了亲密关系这一点应该是可信的。提比略继承帝位后，逐渐拉远了与行省军团的距离。据苏维托尼乌斯记载，他在即位之后的整整两年内，没有出过罗马；两年后也只到过邻近的几个城市，最远到过安提乌姆。即使这样的外出也只有很少的几次，每次也只是去几天。在对军团的奖赏上，他也显得颇为吝啬。他在把奥古斯都遗嘱中规定赠给士兵的钱加倍分发后，再未对士兵有过慷慨的施予。他很少允许老兵退伍，而是让他们老死在营中以便节省一笔退伍金。正因为提比略的吝啬，日耳曼尼库斯才在军队中备受拥戴，他在罗马人中间与日俱增的声望让提比略感到害怕。罗马有 500 多年的共和传统，慑于这种传统，屋大维也小心翼翼地保留了共和制的外衣，官员形式上的权力仍然来自罗马人民或公民群体，帝国元首没能建立真正的世袭继承制。* 如此一来，统治阶级内部那些有可能成为元首的人就会为争夺帝位相互猜忌、大打出手。提比略是否害死了日耳曼尼库斯是历史上的一宗悬案，却是在当时的历史背景下很有可能发生的事情。

深刻了解军团性质的提比略这时也知道自己无法轻松驾驭“狼耳”了。面对驻扎在边境的罗马军团的隐隐骚动，提比略试图增加自己私人卫队的力量，对近卫军的建设表现出极大的兴趣。他为近卫军建立了专门的营区，向元老院展示近卫军的操练情况，以武力来威慑元老院为自己的政治统治服务。但是，这种做法也为近卫军在日后成为罗马城的实际主人奠定了基础。据塔西佗记载，提比略曾过分依靠近卫军长官塞加努斯，近卫军之所以要集中在罗马城，

---

* Chester G. Starr , *The Roman Empire 27BC - AD476*. Oxford: Oxford University Press, 1982. p.5.

提比略在卡普里埃岛上

就是因为要让塞加努斯在关键时刻成为这座城市的主人。公元26年，提比略自我放逐，在坎帕尼亚的卡普里埃岛上过起了隐居生活，罗马的权力就由塞加努斯掌控。

塞加努斯是近卫军长官的后代，他表面谦恭，实际上却有着极大的权力野心。有一次，提比略身处的一间房屋突然倒塌，塞加努斯奋勇冲上前去，用自己的身体保护了他，从而赢得了提比略的信任和欣赏。也就是在提比略的赏识和提携下，塞加努斯的权力和地位不断扩大和提高，野心也迅速膨胀起来，竟梦想成为提比略的继承人。为了达到这一目的，他设计杀死了提比略的儿子杜鲁苏斯，势力大增。公元31年，他的权力达到顶点，打算与莉维拉（杜鲁苏斯的遗孀、提比略的儿媳）结婚，获取皇位继承人的资格。

远在卡普里埃岛上的提比略终于知道了塞加努斯的阴谋。考

塞加努斯被逮捕

虑到塞加努斯的巨大影响力，提比略未敢贸然行动。他借助于忠于自己的一名近卫军军官马克罗，组织了一场反阴谋行动。首先他用慷慨赏赐的办法让塞加努斯离开了近卫军，接着，在元老院的一次会议上，马克罗公开宣读了提比略的一封信，揭露了塞加努斯的阴谋夺权计划。塞加努斯被当场逮捕，他的许多朋友和党羽也都被处死了。

塞加努斯的阴谋叛乱使提比略不敢相信任何人，自身的性格变得更为阴郁。为了确保自身的安全，提比略更加依赖于身边这支保镖——近卫军——对自己的忠诚，而他采取的办法是给近卫军更多的赏赐。他曾经批准了一项1000狄纳里的特别赏赐，仅此一笔收入，就超过了一个近卫军士兵一年的军饷。提比略为皇帝和近卫军的关系开创了一个极为有害的先例，在他之后，每一个皇帝在新即位后，为确保近卫军的忠诚，都要给近卫军数目不菲的赏赐。原本不能以金钱来衡量的军队的忠诚，逐步变成金钱能够交换的等价商品。

近卫军废立皇帝

公元 37 年，提比略养痈成患，最终死于非命。我们不知道是谁杀死了他，但起码他所依靠的近卫军没有尽到保卫皇帝的职责。由于提比略在儿子死后没有明确指定继承人，又给近卫军选择皇帝提供了机会。在这种情况下，近卫军长官帮助提比略的养孙卡里古拉登上了王位。

卡里古拉是第一个被近卫军拥上皇位的皇帝，也是第一个被近卫军杀死的皇帝。卡里古拉被称为疯帝，他的身上体现了昏君的残忍、荒淫和奢靡，历史学家苏维托尼乌斯在卡里古拉的传记里历数他的残暴和无耻：气死（或毒死）自己的祖母、杀死自己的弟弟、逼死自己的岳父、与自己的姐妹乱伦、残暴地对待各个阶层的人、任意杀人。有一次，卡里古拉要处死一批人，在行刑时，他强迫这些人的父亲赴刑场观看自己儿子被处死的场面，当其中一位父亲以身体不好为由推托不去时，卡里古拉就派人用一乘肩舆把他抬去；而另一位父亲刚刚看了自己儿子被处死的场景，卡里古拉就立即邀请他赴宴，并以各种殷勤的招待迫使他说笑行乐。*

很多人想要卡里古拉的命，虽然他也赠予近卫军大量的金钱，却无法取悦近卫军，相反，他对随身侍从的暴虐使近卫军对他产生

---

* 苏维托尼乌斯：《罗马十二帝王传》，第 171 页。

卡里古拉头像

了极大的怨恨。公元41年，这位年仅29岁的皇帝被他委任的近卫军长官杀死，他的妻子和女儿也同时被杀。他死后，近卫军强迫元老院推举克劳狄继承了王位。

克劳狄是日耳曼尼库斯的弟弟，当时已经50多岁了。他自小残疾，在外形上有明显的缺陷，经常被人嘲笑和揶揄。他还非常健忘和马虎，讨厌劳动，奥古斯都和提比略都认为他完全不适于从事实际的政治活动而让他远离政坛。克劳狄成为皇帝的确有点意外。在近卫军刺杀卡里古拉时，克劳狄吓得躲到了窗帘后面，结果被一个普通士兵强行拖出来。这个士兵认出了他，而“日耳曼尼库斯的弟弟”这一身份足以让士兵对他另眼相看。当克劳狄恐惧万分地跪在士兵的脚下时，这个士兵却高呼他为新皇帝，并将他带到军营里加

卡里古拉被近卫军刺杀（Raffaele Persichini,1830—1840, 大英博物馆藏）

以保护。元老院认可了这一既定的事实，把元首的一切权限和头衔都交给了克劳狄。

由于卡里古拉的许多倒行逆施之举，造成各阶层人民对于皇帝的敌视。克劳狄上台之后，立刻表示出对元老院的特殊尊崇，把许多行政事务交由元老院做最后决定，也尊重公民大会发出的声音。他个性谦逊温和，拒绝使用“皇帝”作为头衔。为了提高自己在军队中的声望，他亲自带兵到不列颠镇压当地的叛乱。这些都使他在短期内赢得了人民的爱戴。

即位后的克劳狄着手加强与近卫军的亲密关系。两枚银币上的浮雕很能说明他们之间的关系，其中一枚银币的正面是克劳狄戴着桂冠的头像，背面是近卫军营地；另一枚银币的背面刻着这位皇帝

《公元 41 年的一位罗马国王》(局部)。图中，躺在地上的是已被近卫军杀死的卡里古拉，一名近卫军掀开窗帘，惊慌失措的克劳狄正躲在帘子后面(Lawrence Alma-Tadema，1871，巴尔的摩沃尔特斯艺术博物馆藏)

克劳狄被近卫军拥立为皇帝(Lawrence Alma Tadema，1867)

左图：近卫军的前身，罗马早期的执法吏，扛着传统的棒束和斧头；右图：手执圆盾和长矛的罗马近卫军士兵

与近卫军握手的场面。* 为了酬谢近卫军使其称帝的功劳，克劳狄命令发给近卫军官兵每人一份 5 年的军饷，同时，他也没忘记其他军队，答应给予其他部队同等数量的金钱。

但是，克劳狄花在军队上的钱并没有让他获得安全感。他一生经历了多次陷害，有谋杀，也有内乱。他在位的时候，恐惧、焦虑一直折磨着他，他曾向元老院哀叹自己竟没有一块安全之地，继而很少在公众场合露面了。他出去参加宴会时，总是由手持长矛的士兵护卫着，由士兵伺候而不用仆人伺候。看望病人时，也要事先搜

* Brian Campbell, *The Roman Army, 31 BC-AD 337*, A Sourcebook, p.184.

克劳狄在位时期发行的银币，背面是近卫军的营地。这些银币被用于向近卫军支付酬劳，以回报他们将其推上王位（41—42）

查病房，对床单、枕头等物品总是抖了又抖、搜了又搜。到后来，甚至连早晨来向他请安的人也一个不漏地被仔细搜身。*

由于即位时年纪偏大，克劳狄没有精力处理政务，因此让家人和释奴担任自己的秘书，参与国家事务的处理。久而久之，这些人的权力欲和野心都膨胀起来。尤其是他和自己的侄女、尼禄的母亲阿格里皮娜结婚后，竟受到妻子的操纵，以至于在公元 54 年被阿格里皮娜毒死。

在阿格里皮娜的贿赂下，近卫军并没有追查凶手，为了获得尼禄慷慨的赏赐，他们把尼禄推上了皇帝的宝座。尼禄登基后，不仅兑现了自己的许诺，而且给近卫军的赏赐远比克劳狄的多。历代皇帝即位时，对近卫军都有所赏赐，唯独尼禄的赏赐特别丰厚，因此全体近卫军将士莫不欣喜若狂。

尼禄是罗马历史上最荒淫无耻的暴君，即位时只有 17 岁。在他

---

* 苏维托尼乌斯：《罗马十二帝王传》，第 214 页。

阿格里皮娜头像（1 世纪，华沙国家博物馆藏）

阿格里皮娜和克劳狄夫妇的浮雕（土耳其阿弗罗狄西亚古城博物馆藏）

的身边出现了两个宫廷集团——塞内卡与布鲁斯派和阿格里皮娜派。塞内卡是尼禄的老师，著名的哲学家和作家，布鲁斯是近卫军长官；而阿格里皮娜是尼禄的母亲。两派都极力争取年轻的尼禄。在争权夺利的过程中，塞内卡和布鲁斯可能在尼禄的命令下，下毒杀死了尼禄同母异父的兄弟布里塔尼库斯，目的就是要使阿格里皮娜断掉把政权从尼禄手中夺走的念头。但是从此以后，尼禄和母亲阿格里皮娜之间的关系大为恶化，公元 59 年，尼禄派士兵结束了自己母亲的生命。

公元 62 年，近卫军长官布鲁斯去世。这是一个对尼禄很忠心的人，曾几次协助尼禄镇压叛乱，多次帮他渡过危机，尼禄的统治能持续十几年之久主要得益于此人的辅佐。在塔西佗的笔下，布鲁斯是一个比较正直的人，对尼禄的一些行为有所约束。布鲁斯死后，尼禄任命提该里努斯接替他的位置，这个人对尼禄产生了极坏的影响，他极度纵容尼禄，任其沉湎于看戏、浪费和放

阿格里皮娜为尼禄加冕（约 54—59，土耳其阿弗罗狄西亚古城博物馆藏）

尼禄头像

荡之中。没有了任何约束的尼禄更加无所顾忌、为所欲为，利用手中的权力，不经任何法律程序，杀死那些对他提出批评的人，或送去口信让他们自杀。尤其是，他无端杀死了多位著名将领，比如曾在帕提亚作战的名将科尔布罗就是被逼自杀的。

尼禄的滥杀无辜和荒淫无度很快使他众叛亲离。公元 68 年，高卢、西班牙和北非等地先后发生叛乱，尼禄束手无策。近卫军首先动摇了，新上任的近卫军长官萨比努斯乘机为起义的西班牙总督伽尔巴进行宣传，他代表伽尔巴允诺给近卫军慷慨的赏赐，使所有的近卫军都站到了伽尔巴这一边。此时首都罗马谣言四起，当人们听说从亚历山大里亚运来的不是谷物，而是角斗士表演用的沙子时，群起暴动。尼禄仓皇地离开罗马宫廷，打算逃往东方。元老院得知尼禄逃离后，立刻推举西班牙总督伽尔巴为皇帝，宣布尼禄为国家头号公敌——任何人都可以追捕或诛杀尼禄。尼禄躲在一个获释奴隶的别庄里，他原本计划的逃亡路线已被封锁。公元 68 年 6 月，

《尼禄的火炬》(Henryk Siemiradzki，1876)。据传，公元 64 年，尼禄在罗马放火，致使数千万人流离失所。他却在灰烬中的罗马中心为自己建造宫殿，寻欢作乐，同时残酷迫害基督徒

穷途末路之际，尼禄将匕首刺进了自己的喉咙，结束了他 31 岁的生命。

从提比略到尼禄，朱利亚—克劳狄王朝的几位皇帝都与近卫军形成了颇为复杂而密切的关系。从提比略时期开始，近卫军一直是最贴近皇帝的势力，最先感受到皇帝的暴虐，最先产生对皇帝的不满，也最容易被有野心的人利用。他们废黜皇帝的手段基本是暗杀，拥立的皇帝也都是上一任皇帝的亲属，当然，在形式上，他们也尽力寻求元老院的帮助。在缺乏有效的帝位继承制度的情况下，近卫

尼禄墓（插画，1815）

军作为保卫帝国的人在挑选统治者方面是有发言权的。

王位的暂时空缺也为行省军团将领觊觎皇帝之位提供了机会。因为“既然谁也不可能靠出身来获得登上皇位的权利，那便人人都可以自认为有此德能。人类中最卑下的成员也可以通过一次犯罪行为，便能从他的无能的、不受人民欢迎的主子的手中夺过治理整个世界的权力”*。尼禄死后的“四帝之争”就是这种心理的现实体现，

* 爱德华·吉本：《罗马帝国衰亡史》上册，黄宜思、黄雨石译，北京：商务印书馆，1997，第 135 页。

近卫军拥立皇帝

“帝国的秘密”因此公开于天下，即“在外地可以同在罗马一样地拥立皇帝”。

“四帝之争”

尼禄生前杀尽了奥古斯都的男性子孙，他自己也没有继承人或后嗣。他死后，帝国的王位只能供人争抢了。在罗马帝国的政治舞台上，能影响帝位承继的力量主要是元老院、近卫军和驻扎在行省的罗马军团。但在军队面前，元老院只能起到橡皮图章的作用。近卫军由于和皇帝的亲近关系，在尼禄之前的政治舞台上发挥了作用。尼禄之后，在罗马帝国的政治舞台上，驻扎在行省的罗马军团凭借强大的军事实力，成为决定谁是皇帝的最主要的力量。

公元68年至69年，罗马国家群龙无首，各行省的总督纷纷召集人马，为争夺帝位互相残杀。莱茵河、多瑙河和东方前线的军队纷纷撤离自己的驻地，向罗马聚集。这时的军队已经完全没有了保家卫国的概念，他们效忠的是自己的将领，眼中盯着的是从将领那里得到的丰厚赏赐。

第一个抢到王位的是西班牙总督伽尔巴。他得到了各方部队的支持，近卫军也在萨比努斯的鼓动下对他鼎力相助。但是伽尔巴即位不久，就面临了来自各方面的反对。其中最主要的原因就是他没有处理好同军队之间的关系，既没有同近卫军搞好关系，又未能满足各行省军团对财富的渴望。

实际上，从马略改革以后，罗马的军队就在某种程度上变成了追随统帅个人的职业军队。经过罗马共和国末期的常年内战，军队与统帅之间的关系变得更加私人化，即统帅逐渐成为士兵军饷的发放者、忠实的朋友和恩主，以此来赢得士兵们的效忠。比如，在军饷的发放上，整个帝国时期，士兵的军饷一直呈上升势头。奥古斯都时期军团士兵的军饷为225狄纳里，1世纪末图密善统治时期上涨到300狄纳里，2—3世纪之交塞维鲁统治时期增加到500狄纳里，塞维鲁的儿子卡拉卡拉在位时期（211—217）又增加了50%。军饷的不断增加就是皇帝取悦军队的结果。

除了增加薪饷，皇帝还经常对军队进行额外的赏赐。共和国时代末期，军队打完胜仗后，统帅要对官兵进行犒赏。但这种犒赏和奖励（即皇帝赠予的财物）到了帝国时代就发生了深刻的变化，本来属于偶然的赏赐逐步成为士兵收入的一部分，变成了士兵发财致富的主要手段。皇帝用这些钱财来换取军人对自己的忠诚，军队也就自然把为皇帝服务看成是财富的来源，皇帝成为士兵的恩主。当然，这种关系也会走向反面，一旦军队觉得皇帝不能给自己带来财富，那么，就会采取废黜皇帝的极端措施。

伽尔巴头像（斯德哥尔摩王宫古董博物馆藏）

伽尔巴的错误就在于他对军队过于吝啬。历史学家狄奥·卡西乌斯说，伽尔巴非常吝啬，对金钱贪得无厌，聚敛的多，花的却很少。近卫军长官萨比努斯曾以他的名义答应大力赏赐近卫军，但他即位后迟迟不肯兑现当初的承诺；对同样等待他赏赐的日耳曼军团，他也采取了类似的做法。除此之外，伽尔巴还想对军队纪律进行改革，改变内乱的局面，因此，他强调纪律，强调士兵应恪尽职守，而不该一味地索要额外报酬。总之一句话，就是让士兵们断掉索要钱财的念头。与此前诸位皇帝的慷慨大度相比，伽尔巴显得太过吝啬了，对此，他手下的军队表现了极大的愤怒。行省军队“立即派使者带着如下嘱托到近卫军那里去：在西班牙拥立的这位皇帝不符合他们的口味，近卫军最好自己

伽尔巴被近卫军杀害（1888）

推举一名全军都拥护的人"*。此时，奥托正在阴谋取代伽尔巴，他满足了近卫军提出的要求，首先赢得了近卫军的支持。

公元 69 年 1 月，日耳曼军团拒绝宣誓效忠伽尔巴后，伽尔巴在宫廷里惨遭杀害。从伽尔巴短命的统治过程，我们清楚地看到，罗马军团就是一把双刃剑：既能把一个将领拥上王位，也能轻而易举地废黜他。皇帝和军队之间，原来是一种主仆关系，现在被完全颠倒过来，皇帝处于一种无奈和被动的局面。正如塔西佗评价的那样：从此以后，士兵的意志便是至高无上的了。

奥托是第二个抢到帝位的人。他比伽尔巴更明白军队和自己的关系实质，对待军队十分慷慨，却走上了另一个极端。尽管当时罗

* 苏维托尼乌斯：《罗马十二帝王传》，第 275 页。

奥托像（Robert Van Voerst，17 世纪）

马帝国财政空虚，民穷财尽，但他汲取了伽尔巴的教训，绝不在军队身上节省开支。早在他登位之前，奥托就时刻不忘贿赂、讨好和收买士兵。历史学家苏维托尼乌斯说他不放弃向任何人讨好和献殷勤的机会，每当宴请时，他都要给卫队的每个士兵发一块金币，此外，他还经常以这样那样的方式笼络其他士兵。他甚至公开宣称，“我本人只要士兵留给我的”。这种对军队卑躬屈膝、唯唯诺诺的态度，鼓励和纵容了军队的任意胡为，士兵要怎样干就怎样干。奥托称帝不久，驻扎在奥斯提亚的军队发生暴乱，冲进罗马，闯进他的宫殿，而奥托能做的只是犒赏叛军。

奥托能在罗马加冕，主要是靠驻扎在非洲和东方行省的军团的支持，而在莱茵河地区也有一个有实力称帝的人——维特里乌斯。维特里乌斯拥有 7 个精锐军团，同时得到了高卢、不列颠和西班牙

维特里乌斯头像（16世纪上半叶）

行省的支持。由于双方都有强大的军队做后盾，所以帝位的争夺必须用武力来解决。公元69年4月，双方在克列莫纳进行了一场决战。维特里乌斯的军队训练有素，再加上指挥作战的统帅经验丰富、善于决断，很快取得了胜利。奥托战败自杀，维特里乌斯得到元老院和行省长官的承认。

维特里乌斯成为第三个抢到帝位的人。他出身卑微，可是由于机缘巧合，曾经深受卡里古拉、克劳狄和尼禄三位皇帝的宠爱，因此在政治上平步青云，当过罗马的最高祭司。他赢得军队支持的方法很简单："不拒绝任何人的请求。他还主动地使犯错误者免于羞辱，使被告人免于起诉，使判刑者免于惩罚。"* 打败奥托之后，东方

* 苏维托尼乌斯：《罗马十二帝王传》，第292—295页。

行省的军团最初还是支持他的。但随即，由于维特里乌斯对曾支持奥托的军团进行反攻倒算，引起了这些军团的强烈不满。即位后，维特里乌斯本人奢侈和残忍的本性也不断地表现出来，引起了罗马人对他的愤恨。维特里乌斯非常贪婪，苏维托尼乌斯说他贪吃不知节制，既不分时间，也不顾体面。他经常一天分 3 次宴饮，有时 4 次。由于服了催吐剂，所以每次宴饮他都吃得进去。他不分青红皂白地滥杀和体罚无辜之人，通过各种欺骗方法把显赫人物、同窗好友诱入宫中，用各种卑鄙的手段将他们处死。人们甚至怀疑他的母亲也是被他害死的。他花天酒地，对宫中或军中的纪律不闻不问，把所有自己的随行人员的抢劫和放荡行为统统视为儿戏，不加约束。由于他没有足够的金钱赏赐给自己的军队，就任由士兵们抢劫意大利的居民。在他统治时期，军队纪律完全败坏了。

在人人自危的社会背景下，东方行省纷纷起兵反叛。公元 69 年 7 月 1 日，驻扎在埃及的军队向韦伯芗宣誓效忠，过了几天，驻守在犹地亚的军团以及其他东方各行省和保护国的军团也纷纷效仿，拥立韦伯芗为帝。

韦伯芗是叙利亚总督，握有重兵，曾经镇压过犹太人起义，在罗马军团中有一定的威望。据狄奥·卡西乌斯记载，当时，“士兵们包围了他住的帐篷，拥立他为皇帝”，与宋太祖赵匡胤的陈桥兵变颇有相似之处。驻扎在多瑙河一带的各军团陆续获悉韦伯芗称帝的消息，转而支持韦伯芗，公元 69 年深秋，他们在军团统帅普里姆斯的率领下，开始迅速地向意大利推进。在克列莫纳，也就是维特里乌斯曾击败过奥托的地方，普里姆斯打败了维特里乌斯派来的军队。此后，面对来自北部和东部的战争压力，维特里乌斯在罗马征兵，向志愿者许诺，不仅准许他们胜利后解甲归田，而且还给他们

韦伯芗胸像（莫斯科普希金博物馆藏）

发放退役金、授予特权。但是，一切都晚了，在与韦伯芗的较量中，他处处失利，不是被击败就是被部下出卖。最终，韦伯芗的先头部队闯进宫中，抓住了维特里乌斯。在遭受长时间的折磨之后他才被杀掉，尸体被扔进了台伯河。

从伽尔巴、奥托、维特里乌斯到韦伯芗，这四个人都是在罗马军团的支持下登上皇帝宝座的。在皇帝的拥立与废黜这一重要的问题上，罗马军队再次显示了左右皇帝命运的力量，但这次发挥作用的不是近卫军，而是驻扎在各行省边境的罗马军团。各军团为了自己的利益，各拥其主，上演了激烈的内战，在一年半的时间里，让帝位在四个人中间轮番嬗递，军队对帝位承继的巨大影响，由此可见一斑。

韦伯芗登基后结束了动乱和内战，帝国进入了相对平稳的弗拉

维特里乌斯被罗马民众拖行过街道（Georges Rochegrosse，1883）

罗马圆形大剧场，始建于公元80年韦伯芗统治时期，到提图斯时期才完成，历时5年，至今，仍保持着当初的气势

维王朝。韦伯芗为人有一些优点，苏维托尼乌斯评价他说，从初当皇帝之日起直至逝世，他在很多事情上表现出了平易近人和谦逊的作风。他不隐瞒自己的卑微出身，不愿意露脸出风头，对别人的侮辱和敌视从不耿耿于怀，也不存心报复。

但韦伯芗接手的帝国形势不容乐观。前几任皇帝奢侈腐化，帝国财政空虚，韦伯芗需要400亿塞斯退斯才能填补财政的亏空。所以，对韦伯芗来说，首要的任务是敛财。他即位之后，增加了名目繁多的新的税赋，他的儿子提图斯责备他征收厕所税，他便把首次征得的税款拿到儿子的鼻前让他嗅嗅，问这钱有无臭气，提图斯回

罗马士兵掠走耶路撒冷圣殿的宝藏，包括犹太人的圣物七枝烛台。提图斯在公元 70 年围困这座城市并将之摧毁（提图斯拱门）

答说：“不臭”，于是他告诉提图斯说：“要知道这是来自粪便的钱啊！”为了赚钱，他甚至卖官鬻爵，对在押候审的犯人，不管无罪还是有罪，只要他们肯出钱，便一律开释。*

韦伯芗是一位有能力的皇帝。他吸取了前面几位皇帝的经验教训，对军队恩威并施。在他抵达罗马后，便给士兵和平民分发礼物，借以收买和笼络民心。韦伯芗对一些军队进行了改编，原属于维特里乌斯的军队或遭到惩罚，或被解散。他对近卫军的管理也更加严格，首先把维特里乌斯统治时扩编的 16 个步兵大队缩减到最初的 9 个步兵大队。同时任命自己的长子提图斯为近卫军长官，保证了近

* 苏维托尼乌斯：《罗马十二帝王传》，第 315 页。

图密善胸像（巴黎罗浮宫藏）

图密善的皇后多米提亚头像，发型是典型的弗拉维时代的风格（巴黎罗浮宫藏）

卫军对新王朝的忠诚。对近卫军实施垂直控制和管理，足以说明韦伯芗作为皇帝对自己私人卫队的戒备之心。

韦伯芗死前把帝位传给了他的儿子提图斯。提图斯在位时间只有两年，帝国没有发生大的动荡和变故，他自己也得到了善终。提图斯死后，由其弟图密善继位。

图密善是弗拉维王朝的最后一个皇帝，在他统治时期，各行省的秩序是比较好的，他基本上奉行了其父韦伯芗的各项政策，尤其是在对外政策上，他让阿古利可拉在不列颠继续实施入侵苏格兰的计划，保证了罗马对不列颠的征服成果。他自己也曾亲临达西亚战场，并把近卫军带到了战场。近卫军训练严格，在战斗中表现勇敢，公元 87 年，一位近卫军长官还战死沙场。派近卫军赴前线，在帝国

图密善被仆人残忍地杀害（Lazzaro Baldi，17世纪）

历史上还是第一次，算是图密善的一个创举，因为他至少解决了两个问题：增加了军队的作战实力，同时把皇帝身边不稳定的因素转移到了外面。

和历史上其他皇帝一样，图密善在关注近卫军的同时，也没有忘记其他军队。他经常许诺给予士兵金钱和荣誉。他连续三次增加士兵的薪饷，把军团士兵的年军饷由225狄纳里提高到300狄纳里。但是对军队的奖赏并没有保证他的统治稳定，图密善在位期间，反对他的兵变多次发生，他也因此开始实行恐怖统治。据狄奥·卡西乌斯记载，图密善经常因一点小事就处死身边的人。许多人被他没收了财产，包括他自己的亲属也都成了牺牲品。公元96年，图密善在自己的寝室中被宫中的仆人刺死，参与这起阴谋的还有皇后多米提亚，因为她担心自己有一天也会死在暴虐无常的图密善手中。

涅尔瓦立像（梵蒂冈基亚拉蒙蒂博物馆藏）

五贤帝治军

图密善在近卫军中还是有威信的，近卫军并没有参与谋杀他的阴谋。但是近卫军长官塞昆都斯对图密善不满，参与了这场阴谋，而且还在一定时期内掌控了近卫军，使元老院毫无阻碍地从自己人中选举新的皇帝。这是元老院第一次在帝位承继的问题上发挥作用。在元老院的推举下，年事已高的涅尔瓦成为皇帝。

涅尔瓦不是军人，不熟悉军务，与军队之间没有什么联系，因此在罗马军队中没有任何威信。他即位之初就遇到了近卫军的起义。领导起义的是近卫军第二长官埃里亚努斯，他们要为图密善报仇，要求涅尔瓦交出塞昆都斯和其他参与杀害图密善的凶手。最初，涅尔瓦拒绝了这一要求，并打算说服近卫军，结果近卫军根本不把涅尔瓦放在眼里，凶手被追杀致死，涅尔瓦也被迫在公开场合向近卫军致以谢意。

近卫军的态度让涅尔瓦深刻地认识到：没有军队做靠山，就无法应付近卫军日益增长的怨恨和不满。他不得不调整和处理与军队的关系，开始寻求手握兵权的

涅尔瓦在近卫军的陪同下到卡匹托山祭神

将领作为自己的盟友，希望在这些将领的庇护下稳坐江山。

涅尔瓦没有子嗣，而这一点却成为他与军队的将领建立联系的有利条件。他没有在自己的亲属中选择王位继承人，而是把握有军权的图拉真收为养子。图拉真控制着日耳曼军团，能够对近卫军任何加害于涅尔瓦的行为进行报复，对近卫军以及其他试图要谋反的军队有着强大的震慑作用。所以，尽管图拉真直到登上帝位也未曾见过他的养父，但这并不重要，重要的是涅尔瓦找到了对付近卫军和其他军团的有效办法。涅尔瓦对图拉真的收养与奥古斯都对提比略的收养不同，他更多的是要借助于图拉真的力量来保全自身的统治，在与军队特别是与近卫军的抗衡中，图拉真实际上是涅尔瓦的共治者和保护者。历史上很多人高度评价涅尔瓦的“禅让之举”，实际上，对涅尔瓦来说，此举实属无奈。

公元 98 年，涅尔瓦去世，远在外地行省的图拉真继承了帝位。据狄奥·卡西乌斯记载，图拉真对军务非常熟悉，甚至能够指出密探带来的信息中的错误之处。图拉真天性纯朴、直率，对人态度亲

图拉真与他的战士们情谊深厚（图拉真纪功柱，113）

图拉真向部队致辞（图拉真纪功柱，113）

图拉真奖励辅助部队战士（图拉真纪功柱，113）

切，在图拉真纪功柱上，他被刻画成身先士卒、冲锋在前的形象。这样的才干和秉性，使他在军队和居民中享有很高的声望，成为罗马帝国时期最出色的皇帝。

图拉真在位期间采取了非常有效的治兵方略。他改变了奥古斯都时期定下来的对外政策，进行了大规模的对外征服活动，可以说，对外征服是他统治时期的重要内容。由于对外战争的需要，罗马军团的数量增加到了 30 个。同时，对外用兵使军队大部分时间都在前线度过，远离了权力纷争的政治漩涡，又履行了自己的职责，士兵有事做，有功劳，由此，开创了帝国历史上的稳定时期。

对经常干政的近卫军，图拉真采取了极为严厉的制裁措施。尽管近卫军长官与涅尔瓦之死没有什么干系，但仍被图拉真治罪。不仅如此，图拉真还对近卫军进行了改革，组建了一支新的保卫皇室的精锐部队。这支部队是他从辅助部队的骑兵中精选出来的，是一支骑兵近卫军。骑兵近卫军最初为 500 人，后来增加到 1000 人，不仅担负着保卫皇帝和皇室安全的重任，还在对外侵略战争中扮演了前所未有的重要角色。骑兵近卫军从前线最精锐的骑兵中选拔，因此有着很强的战斗力。图拉真在外作战时，多次带领这支军队奔赴前线。比如，在达西亚战争中，近卫军就有上佳的表现，受到了图拉真的嘉奖。在公元 2 世纪的大部分时间里，近卫军经常在外作战，几乎成了帝国的野战军，他们作战勇敢，曾有两位近卫军长官战死在疆场。在对外作战的过程中，近卫军增加了对国家、对皇帝的忠诚，同时也远离了罗马内部的纷争。

图拉真对军队的控制非常得当，效果也很显著，他的征伐策略和行动使军队失去了制造内乱的机会，因此，在他当政期间，没有发生军队反叛危及皇权的事件。

手持带有近卫军标志旗帜的旗手（图拉真纪功柱，113）

哈德良头像（威尼斯国家考古博物馆藏）

117年，图拉真去世，哈德良成为他的继承人。哈德良与图拉真之间也有收养关系，但耐人寻味的是，哈德良是在图拉真死后才被“收养”的。据狄奥·卡西乌斯记载，人们暂时封锁了图拉真死亡的消息，以便表明过继在前、图拉真去世在后。哈德良被拥立为帝时不在罗马，而是在他领兵驻扎的叙利亚。

哈德良也是一位非常有能力的皇帝，他即位后，并没有承袭图拉真的对外扩张政策，而是主动放弃了幼发拉底河以东地区，据说，他还准备放弃图拉真征服的达西亚，只是由于那里蕴藏着丰富的黄金，再加上那里的殖民化进程比较顺利，最终才未放手。总体而言，哈德良回归了奥古斯都时期的政策，在军事战略上采取守势，使军队的主要职责又恢复到了守土和执行防御政策等方面，这样做可能更加有利于加强对国内已有地区的控制。

英格兰北部的哈德良长城遗址

德国威尔茨海姆长城附近的罗马近卫军塔楼

哈德良对帝国边境的防御非常重视。他经常出巡，从一个行省到另一个行省，游历了很多地区和城市，视察了很多要塞和堡垒。在他统治的21年时间里，有一半以上的时间都是在意大利以外度过的。他在行省进行了许多建设工作，慷慨地资助行省的城市建设。在哈德良的防御政策下，帝国边境建起了强大的防御体系，其中，最有名的就是由他主持建筑的哈德良长城，要塞、哨卡、塔楼、士兵构成了边境上的一道坚实屏障。而在这道屏障的后面，罗马人建造了在紧急时刻能够使要塞迅速得到补给的公路系统。罗马军团变成了守卫各边疆行省的卫戍部队。

对军队，哈德良恩威并施。即位之初，他即给予士兵双倍的赏赐，并试图与士兵打成一片。哈德良自己过着简朴的生活，与士兵一样骑马或者是步行，而不是坐在四轮马车上。无论是在日耳曼的雪地上，还是在埃及炎热的沙漠里，他都光着头，以此来鼓动士兵的作战积极性，也因此得到了士兵们的极大尊重。而另一方面，哈德良对军队的纪律和训练提出了严格的要求，据狄奥·卡西乌斯记载，尽管没有什么对外战事，他仍然对整个帝国的军队进行非常严格的训练，他使用的方法成为士兵们训练的标准。

哈德良之后即位的是安敦尼。安敦尼对军队的纪律不加干涉，对军事行动也不感兴趣，但他并不敢忘记给军队以大量的赏赐。在边防建设上，他长期奉行哈德良的政策。为了加强对不列颠的控制，在他的主持下，哈德良边墙以北又新建了一道“安敦尼长城”。

安敦尼在位时，把奥勒留收为养子，还把自己的女儿嫁给了他。奥勒留是一位哲学家，为后人留下了一部哲学著作《沉思录》。但这样一个善于思考的人却不得不把大量的时间花在军事上。公元174年到175年，埃及发生了大规模的起义，起义者击溃罗马军队，

安敦尼长城最东段残留的警示碑。古罗马人曾用红、黄、白三色颜料在安敦尼长城上绘出警告性图案和文字，以震慑不列颠各部族

几乎占领了亚历山大里亚。高卢、西班牙和东方的美索不达米亚地区也相继发生了叛乱或外族入侵事件，其中最可怕的危险是日耳曼人对多瑙河边境的侵袭。为了支援多瑙河前线的战争，奥勒留新建了两个军团，并常年领兵在边境地区征讨，对各种战争危机进行了果敢和理智的应对，重新恢复了边境的稳定。历史学家吉本对他给予了较高的评价，说他“无所畏惧地接连八个冬天在冰封的多瑙河岸边亲冒矢石进行战斗，一直到在那严酷的气候中他的虚弱的身体终于不支而倒下”。

战争耗费了大量资财，以至于奥勒留拿不出钱来犒赏手下的士兵，即便是经过艰苦努力取得了重大胜利后，他仍然拒绝士兵们对

赏赐的要求。在日耳曼战争期间，意大利爆发了持续 15 年之久的瘟疫，罗马人死亡甚众，损失了四分之一人口，造成了兵源和财源的严重不足，为了应战时之需，奥勒留贡献出了自己个人的财富，还把奴隶和角斗士充实到军队中。日耳曼战争结束后，奥勒留把一部分日耳曼俘虏作为军事移民迁移到罗马的土地上垦荒，也让他们在罗马的军队中服役。这种做法充实了军队，提高了帝国国防的能力，但另一方面，罗马军队也因此接收和吸纳了一些日耳曼人，大大加快了蛮族化进程。

从涅尔瓦、图拉真、哈德良、安敦尼到奥勒留，罗马帝国进入了一个稳定发展时期。在 80 多年的时间里，军队稳定，很少有犯

罗马军队与日耳曼部族作战（博塔纳西奥 [Portonaccio] 石棺，190—200）

奥勒留胸像（法国图卢兹圣雷蒙德博物馆藏）

上作乱的干政事件发生，帝位以收养和过继的方式得以在有能力的皇帝中和平传递。这五位皇帝也因此被称为“五贤帝”。而之所以能够出现这样的稳定局面，究其原因，就在于这五位皇帝要么本人是强悍的军人，要么有强大的军队作为自己的靠山。在公元 2 世纪，皇帝与军队之间仍然是“猎手和狼”的关系，只不过在这一时期，五位皇帝善于治军，有效地控制了军队。

拍卖帝位

公元 180 年，随着奥勒留的去世，罗马帝国历史上一个稳定统一的时代也宣告结束。奥勒留的儿子康茂德开启了一个混乱的时代。

18 岁即位的康茂德没有其父的才干，在军队的治理上尤其失

《马库斯·奥勒留的临终遗言》(Eugène Delacroix, 1844)

败。康茂德即位不久，“开小差的风气在一些军队中流行开来，但那些逃兵并不是就此迅速逃跑或找个安全地点躲藏起来，却是全跑到大街上去拦路抢劫。一个胆识远在自己地位之上的名叫梅特纳斯的士兵把这一帮土匪集中起来，形成了一支小小的队伍，打开牢房，帮助奴隶们自行解放，竟能横行无忌地在高卢和西班牙许多富足、无人驻防的城市中公开抢劫”*。军队再次堕落成制造内乱的害群之马。

康茂德皇帝本人是一个彻头彻尾的堕落的暴君。他沉湎于各种享乐，尤其喜欢竞技和角斗比赛。他经常身披狮子皮，手执棍棒，在竞技场内毒打手无寸铁的人们和兽类。最后他竟然把自己变成了

*　爱德华·吉本:《罗马帝国衰亡史》上册，第 87 页。

身为皇帝的康茂德扮成角斗士的样子，领着一群角斗士离开竞技场（Edwin Howland Blashfield，19世纪，圣彼得堡冬宫博物馆藏）

角斗士，公开住进了角斗士营房。这些荒唐的行为令元老院及其身边的近臣忍无可忍。公元192年的最后一天，他被近卫军杀死。

康茂德死后，近卫军长官列图斯等人所做的第一件事就是选择帝位的继承人，他们心中理想的皇帝是：年长、谦逊并能得到大多数人的认可。最后，年过六旬的市政官培尔提纳克斯被推举出来成为皇帝。培尔提纳克斯对康茂德统治时期近卫军的骄横非常不满。登基伊始，他便着手整顿军纪，削减近卫军的特权，限制宫廷毫无节制的奢靡和浪费。他的这些做法很快就引起近卫军和宫廷仆婢的不满，近卫军长官列图斯带头反对他。近卫军当初推举他当皇帝的动机简单而明确，即得到更多的金钱，享受更多的自由。如果培尔

提纳克斯不能满足他们的要求，他们就要另请高明了。公元 193 年 3 月，近卫军士兵强行闯进宫廷，有人劝培尔提纳克斯暂时躲避一下，但他没有接受这一劝告，而是对这些士兵好言相劝，希望他们放下屠刀。但这些士兵要的不是好言，而是金钱。他们残酷地杀死了这个试图改革的“模范皇帝”，把他的人头割下来绑在长矛上，四处炫耀。

培尔提纳克斯死后，罗马城内发生了一桩最卑劣、最不道德的交易，这就是近卫军公开拍卖帝位。竞拍帝位的有两个人：一个是富有的元老朱里亚努斯，另一个是罗马市长苏尔皮西乌斯。两个竞拍人展开了激烈的价格战，看谁给士兵的钱多。谁出的钱多，谁就

朱里亚努斯出“天价”购得罗马皇位

能得到帝位。苏尔皮西乌斯首先答应给每个士兵 20000 塞斯退斯，站在近卫军军营大门外的朱里亚努斯没有再一点点增加，而是直接喊出了 50000 塞斯退斯的价码，令近卫军士兵欣喜若狂，他们把朱里亚努斯迎进军营，宣布他为皇帝。

朱里亚努斯花钱买到了帝位，也就花钱买到了死亡。即位之后，他没有能力支付当初许诺给近卫军的巨额金钱，也就注定了在决定性的时刻，被近卫军所抛弃。

近卫军杀死培尔提纳克斯、拍卖帝位的种种恶行引起了各行省军团的愤怒。当肆无忌惮的近卫军公开拍卖帝位的时候，各行省军队也先后拥立了自己的皇帝。他们是不列颠行省的阿尔努比斯、叙利亚行省的尼格尔和多瑙河流域军团的塞维鲁。这三个人中，塞维鲁是最精明的一个，也是实力最强的一个，他手下集中了 12 个军团的兵力，称帝后，莱茵军团也归顺于他。此外，他还占尽了地利，他所在的地区与罗马城的距离最近，所谓近水楼台先得月，他打着为培尔提纳克斯复仇的旗号迅速地占领了罗马。近卫军几乎未加抵抗就把杀死培尔提纳克斯的凶手交了出来。被吓住了的元老院宣判朱里亚努斯死刑。6 月 1 日，朱里亚努斯被处死，这一天距他登上帝位仅 60 天。

塞维鲁的改革

塞维鲁打进罗马城后，接受了元老院授予的“奥古斯都”的称号。之后，他就领兵去对付另外两个称帝的人了。经过一系列血腥的内战，197 年，塞维鲁获得了对帝国的无可争议的控制权。

塞维鲁是罗马帝国历史上内战和外战都比较成功的皇帝。他在位 18 年，战事连绵，共有 12 年时间忙于战争。他取得的胜利很多，胜利的消息不断传到罗马。他摧毁了拜占庭，入侵帕提亚，扩大了罗马在幼发拉底河以外的领土，加速了帕提亚帝国的灭亡。晚年，他亲率大军出征不列颠，结果死在对不列颠土著部落的战斗之中。这样一个靠军事起家的皇帝，对罗马军队的重要性肯定有着独特的认识。据说，他死前给他的儿子卡拉卡拉的忠告是：“尽量让士兵们发财，其余的人可以不管。”由此可见，在他的心目中，军队才是

塞维鲁胸像（慕尼黑古代雕塑展览馆藏）

塞维鲁时期的钱币，是为了纪念在公元 193 年拥立他为皇帝的军团而铸造的

第一位的，有了军队的忠诚，才有皇帝稳定的统治。

基于这样的认识，塞维鲁把自己全部的精力用来加强和改组军队。近卫军在康茂德时期道德败坏到了极致，他们不但不能成为皇帝的靠山，其特权地位早已引起了行省军团的嫉恨。因此，攻进罗马后，塞维鲁做的第一件事就是解除了近卫军的武装，命令他们放下武器离开罗马城，如果在罗马城周围 160 公里以内出现，将被治罪。* 然后，他从边疆军团中挑选精干的士兵重组近卫军，对近卫军

* Graham Webster, The Roman Imperial Army of the First and Second Centuries. New Jersey: University of Oklahoma Press, 1998. pp.88.

塞维鲁凯旋门（203）。刻画了罗马与帕提亚的战争

进行了“大换血”式的改革与改组。塞维鲁破除了旧有的只有意大利人或罗马公民才能参加近卫军的惯例，前线军团中的士兵，只要作战勇敢、表现突出，就可以进入他们一直向往的近卫军，以此作为对他们的报酬和奖赏。* 如此一来，近卫军就由帝国军队中最勇敢的士兵组成了，他们的装备也是一流的，每个士兵都能够以一当十对抗敌人，战斗力大大提高。

如何控制这支强大的近卫军是一个难题。塞维鲁一开始任命自己的亲戚普劳提亚努斯为近卫军长官，但很快就发现此人的野心不

---

* 张晓校：《罗马军队与帝位嬗递》，北京：中国社会科学出版社，2006，第 161—162 页。

塞维鲁王朝的几位皇帝

断滋长，竟然阴谋杀害塞维鲁父子。处死普劳提亚努斯后，近卫军长官开始由一些著名的法官如帕皮尼安、乌尔比安等出任。塞维鲁对近卫军长官还是非常倚重的，让他们倾听行省总督的要求，授予他们在意大利的司法权，到后来，近卫军长官甚至具有掌管国家所有部门的权力，可以审判各种案件。这个时候，近卫军长官已不仅仅是一种军事官职了。

对其他部队，塞维鲁也进行了大规模的改制。他增加了辅助部队的数量，同时减少行省总督手中的军团数量，一个行省总督最多只能统率两个军团，而塞维鲁本人直接控制的军队有 30000 人之多，其中的近卫军又是整个帝国的精锐之师，所以大大减少了行省与中央抗衡的可能。

塞维鲁深刻了解军队的贪欲，他通过各种方式聚敛钱财，然后，用这些财产来嘉奖、犒赏为他出力的士兵。他大幅度地提高近卫军的军饷，在整个帝国历史上，塞维鲁给予士兵的金钱远远超过

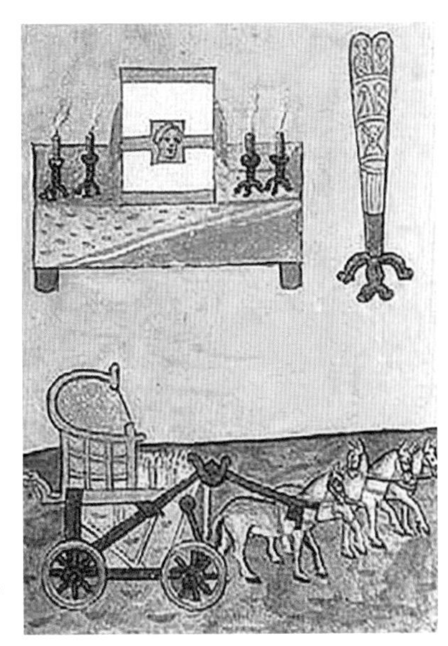

近卫军长官的徽章图案：铺着蓝布的桌子放着象牙墨水瓶、笔盒以及任命书，下方是国家为其配备的马车（*Notitia Dignitatum*，1542）

近卫军长官乘坐的四轮马车（*The Principal People of Antiquity and of the Middle Ages*，1798)

了从前的皇帝。塞维鲁也注意满足士兵们对安逸生活的追求。奥古斯都建立常备军之后，是禁止士兵有合法家庭的，士兵的结婚只被认为是同居。但是，塞维鲁允许一些军团的士兵合法地结婚，也允许士兵的家庭居住在军营附近。这种做法带来了部队的稳定，但也大大放松了对军队纪律的要求。塞维鲁还为士兵的提升创造了空间。以前，一般的士兵最多只能升至第一大队的百夫长，是绝不可能被提升为军团中的高级长官的，这些高级官职只能由骑士等级的人来担任。在塞维鲁统治时期，军队各级官职都面向行省士兵，每一个能干的士兵不仅在军职上，甚至在文职上都有广阔的前途。

塞维鲁的改革使他建立了对军队恩威并施的控制，也使他的统治较为稳定，没有发生军队犯上作乱的事情。但是，他对军队的馈赠、对军队的放纵使他的继承者很难维持同样的水准，也就很难令这支欲壑难填的军队为自己服务。

卡拉卡拉登上王位后，没有忘记父亲的教诲，千方百计地使士兵装满钱包，满足军队的各种利益要求，他的馈赠赢得了士兵们的信任和支持。据狄奥·卡西乌斯记载，卡拉卡拉经常说的一句话是，“除了我之外，谁也不该有钱，而我愿意把钱花到士兵身上”。卡拉卡拉对军队的放纵远胜于塞维鲁，他不仅放松军纪，而且放纵士兵欺凌百姓，甚至曾允许士兵对罗马城内的居民进行毁灭性抢掠。

塞维鲁在位期间，与士兵们同甘共苦，他住在与士兵一样的帐篷里，吃与士兵一样的饭菜，从来不穿帝王奢侈的服饰，所以，赢得了士兵们极大的拥戴。在这方面，卡拉卡拉走得就更远了，他不仅与他的士兵一起行军，一起完成每一项任务，而且与士兵一样不洗澡，不换衣服，领取与士兵一样的口粮。为了表示与士兵的亲密无间，他称呼他的军队为“战友们”，也让他的军队以“战友”来

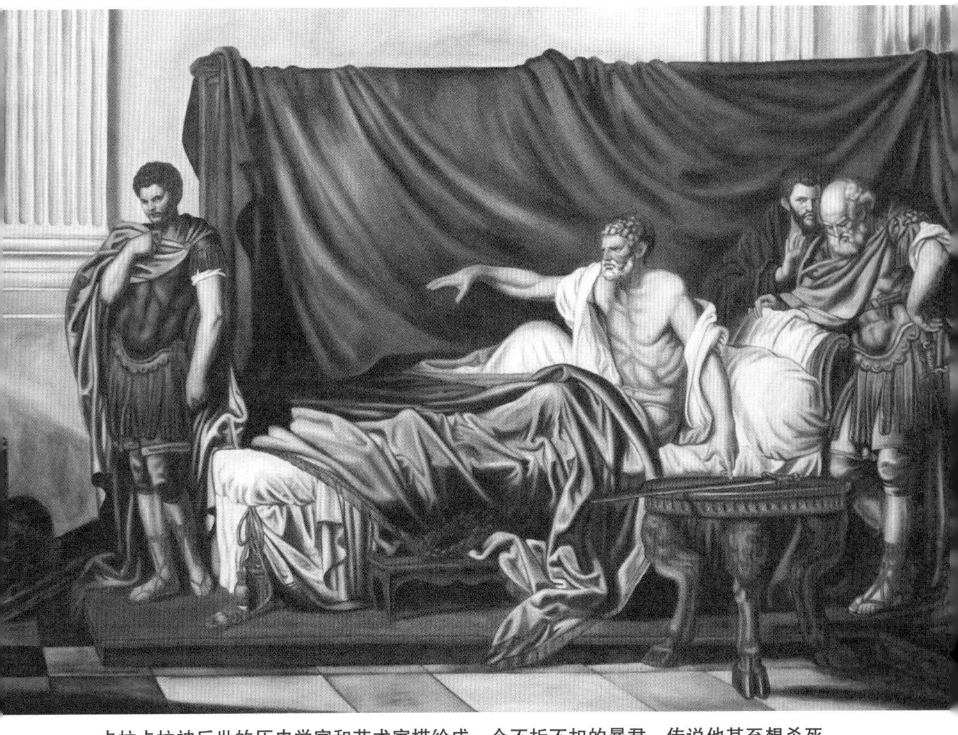

卡拉卡拉被后世的历史学家和艺术家描绘成一个不折不扣的暴君，传说他甚至想杀死自己的父亲塞维鲁皇帝，油画《塞维鲁与卡拉卡拉》（Jean-Baptiste Greuze, 1769，巴黎罗浮宫藏）描绘了临终的塞维鲁指责卡拉卡拉妄图弑父的恶行

称呼他，而不是称呼他为“皇帝”。*

卡拉卡拉用金钱收买军队，不惜屈尊于士兵中间，尽最大的努力赢得士兵的爱戴，但是仍然没有摆脱被近卫军长官谋杀的厄运。217 年，卡拉卡拉被陪同他出征的近卫军长官马克里努斯杀死。

---

* Brian Campbell, *The Roman Army, 31BC-AD337: A Sourcebook,* p.70—71.

皇太后摄政

卡拉卡拉被杀三天后，马克里努斯被近卫军拥立为帝。按照惯例，他理应犒赏近卫军士兵。但由于财政困难，马克里努斯根本拿不出这笔钱来，相反他还削减了军费的开支，直接触犯了军队的利益，导致了不满情绪的蔓延。叙利亚等行省的军队出现骚动，并开始寻找新的皇帝候选人。

218 年，塞维鲁妻子的妹妹朱利娅 · 美萨利用了军队的不满情绪。朱利娅 · 美萨是一个权欲很强的刚毅果断的女人，她有两个女儿：索埃米亚达和玛美雅。长女有一个 14 岁的儿子巴西亚努斯在叙利亚的城市埃美撒做了太阳神埃拉伽巴路斯的祭司。朱利娅 · 美萨试图为自己的外孙谋得皇位，于是借助塞维鲁的声誉在军队中进行宣传和鼓动工作。为了赢得军队，她向军队保证要改变马克里努斯的吝啬政策，给予士兵丰厚的赏赐。

起初，马克里努斯并没有把这个女人及其所代表的势力放在眼里，他甚至认为他手下任何一个官吏都可以平定这次叛乱。但是，前去镇压叛乱的士兵看到了叛乱士兵手里鼓鼓的钱袋后，非但没有镇压叛乱，反而自己开小差逃离了原来的部队。马克里努斯集合部队亲自前来镇压叛乱，结果在交战中被俘，和他的儿子一起被叛军处死。

新上任的皇帝曾做过太阳神埃拉伽巴路斯的祭司，因此被称为埃拉伽巴路斯。他非常年轻，缺乏统治经验，帝国的事务由其外祖母和母亲全权处理。埃拉伽巴路斯也是个荒淫无道的皇帝，他沉湎于享乐，对许多富豪显贵大开杀戒，他的老师仅仅因为劝他行事稳健，就被他处死。他的统治很快招致罗马民众的怨恨，近卫军开

朱利娅·美萨像

马克里努斯像

始后悔对他的拥立。朱利娅·美萨对埃拉伽巴路斯深为失望，同时也担心军队随时会起来反叛，因此极力劝埃拉伽巴路斯把自己的表弟、也就是朱利娅·美萨次女的儿子亚历山大过继为自己的继承人。但是，这一做法并没有缓和埃拉伽巴路斯同军队之间的矛盾。公元222年，近卫军杀死了躲在厕所里的埃拉伽巴路斯，把他的尸体拖到大街上肆意凌辱，最后丢弃在台伯河中。

在近卫军的拥戴下，13岁的亚历山大成为新的皇帝。他比埃拉伽巴路斯还要年轻，因此也由他的外祖母和母亲摄政。226年，他的外祖母朱利娅·美萨去世后，他的母亲玛美雅一直控制着中央政权，成为罗马历史上少见的摄政皇太后。

亚历山大统治时期，国家财政仍然困难，政府不得不削减士兵的饷银，减少高薪百夫长的数量。这些措施引起了早就被惯坏了的军队的极大不满。公元228年，玛美雅的吝啬最终引发了罗马城内近卫军士兵的骚乱，在城市的街道上，居民也和近卫军发生了冲突，人们憎恨近卫军的放荡行为，而近卫军则把怒气撒在了近卫军长官

《埃拉伽巴路斯》（Lawrence Alma-Tadema，1888）。在后世的艺术作品中，埃拉伽巴路斯往往被描绘成一个不谙世事又放荡不羁、荒唐残暴的美少年形象，《罗马帝王纪》记载："一次，他在一个带有可翻转天花板的宴会厅中将宾客掩埋于紫罗兰与其他花束里，以至于有的人因为无法爬出花丛而窒息身亡。"

乌尔皮安的身上，因为他是玛美雅的忠实走卒，一直要削减近卫军的势力和特权。最后，玛美雅无力保护自己的宠臣，亲眼看着他被近卫军杀死。

公元 230 年左右，亚历山大面临了新的边境危机。危机来自于东方：复兴中的萨珊波斯王朝取代了摇摇欲坠的帕提亚王国，侵入了罗马的美索不达米亚地区和叙利亚行省。在这种情况下，玛美雅决定陪同儿子一起到东方作战。罗马统帅部制定了一个复杂的作战计划，将罗马大军分成北、南、中三路分头前进，在底格里斯河右岸会师。

北路和南路进展顺利，亚历山大和玛美雅所在的中路却推进得极为缓慢。这两人的在场给军队带来了诸多麻烦。玛美雅怕得要命，担心自己，又担心儿子在战场上丧命，所以她拖延战机，宁肯让别人来结束战争。后来，亚历山大以生病为借口，终于被安置到后方，而军队得以快速前行了。但是，中路军的延误已经造成了恶果，最先到达底格里斯河右岸的北路军由于得不到其他两路部队的配合，几乎全部被歼。当三路人马在安提奥启亚会师后，全军对这个倒霉的皇帝和他的母亲愤恨不已，皇帝不得不拿出巨额的钱财来平息这些不满情绪。*

与波斯的战争最后因波斯的原因而暂时中止。亚历山大返回罗马，并为“战胜”波斯人举行了凯旋式。此时罗马北方边界又连连告急，日耳曼蛮族突破了多瑙河防线，已经逼近意大利的边境。234年，亚历山大和他的母亲匆忙赶往莱茵河边界，来到美因茨。莱茵河上的军队通过征募新的士兵得到补充，河上修造了舟桥。但是，亚历山大并不打算作战，在他母亲的建议下，他打算向日耳曼人购买和平。这一可耻的消息令以勇敢为荣的军团分外愤怒，他们决定另立新主。

235 年 3 月的一天，管理和训练新兵的长官马可西米努斯刚一出现在新兵训练场上，就被雷鸣般的呼声惊呆了，士兵们给他披上事先准备好的紫袍，拥立他为皇帝。据记载，马可西米努斯事先对

* 科瓦略夫：《古代罗马史》，第 757—758 页。

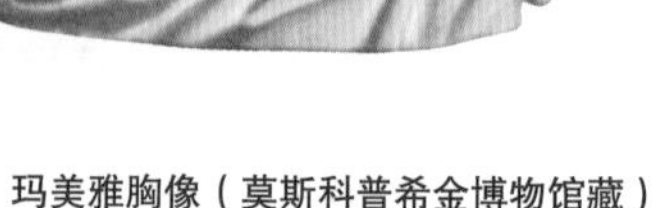

玛美雅胸像（莫斯科普希金博物馆藏）

亚历山大胸像

此事一无所知，开始他还在拒绝，但士兵们威胁说，如果不接受士兵的请求，就杀死他，所以，他就恭敬不如从命了。

亚历山大得知此事后，大为惶恐，以泪洗面，他集合军队，要求官兵为他作战。但是第二天，他发现他的动员根本没起作用，他手下的军队也成为叛军的一部分，很多人公开咒骂玛美雅的吝啬并要求除掉她。被军队抛弃了的亚历山大失魂落魄地走回自己的帐篷，据说，他在玛美雅的怀里哭了起来并怪罪她，说自己就毁灭在她愚昧无知的政策上。马可西米努斯派来的士兵冲进帐篷，看到亚历山大，立刻将

据 3 世纪罗马石棺制作的铜版画，该石棺现藏于罗马卡匹托尼亚博物馆，被认为是玛美雅和亚历山大母子的石棺

其杀死在他母亲的怀中。玛美雅和其他廷臣的命运也都如此。[*]

亚历山大凄惨的死亡终束了塞维鲁王朝，同时也开启了一个更加混乱的新时代。罗马从此进入了一个政治、军事和经济全面危机的特殊时期，帝国的统治因此被极大地削弱了。

---

* 科瓦略夫:《古代罗马史》，第 760 页。

VII

第七章

帝国残阳

到公元4世纪，罗马军团已彻底沦为蛮族士兵养家糊口、发财致富的工具，他们不仅没有对罗马帝国的忠诚感，甚至还对帝国产生对抗心理。这样的一支军团再也无力护卫内忧外患、风雨飘摇的帝国，最终，随着西罗马帝国灭亡，罗马军团消失在了历史的风烟中……

3世纪中叶，罗马北部边境和东部边境接连遭受外敌侵袭，罗马丧失了大片疆土。军事危机继而引发了罗马经济、政治和社会危机的全面爆发，史称“三世纪危机”。

面对危机，罗马的几位皇帝相继在军事上进行了改革，提拔中下层军官，打破元老贵族对军事高级指挥权的垄断；缩小军团的规模，增强军队的机动性。罗马军团渐渐恢复了实力，在一系列战争中取得了胜利，罗马帝国在挣扎中摆脱了危机。

公元4世纪，由于从帝国内部征召公民日益困难，大量的蛮族士兵涌进了罗马军团，加深了军队的雇佣性质，在帝国政权的风雨飘摇中，军团更加难以驾驭。

亚德里亚堡战役罗马惨败。此后，面对着日耳曼蛮族的不断侵扰，罗马内部纷争不断，内战频频发生，极大地损害了罗马的军事基础。公元476年，随着西罗马帝国的灭亡，罗马军团这支曾经叱咤疆场的劲旅也随之成为一段历史的回忆。

一年内死了五位皇帝

公元235年紫袍加身的马可西米努斯出身于色雷斯的农民家庭。他没有高贵的身世，也没有接受过正规的教育，仅凭这一点他就无法让元老院心悦诚服，尽管元老院屈从于武力承认了他，但这并

马可西米努斯胸像（罗马卡匹托尼亚博物馆藏）

不意味着他的统治地位就巩固了。暗杀他的阴谋此起彼伏，让他感到罗马社会的上层对他是何等憎恨！在他看来，巩固自己政权的唯一方法就是把日耳曼战争进行下去，以军事胜利迫使罗马上层向他妥协。

马可西米努斯首先扩充了莱茵地区的军队，接着将士兵的薪饷提高了一倍。此举立刻鼓舞了士兵们的战斗热情，当马可西米努斯率领队伍渡河来到莱茵河右岸的时候，他们毫不费力地瓦解了日耳曼部落的抵抗。日耳曼人被迫向大沼泽后面的森林里迁移。面对难以逾越的沼泽，追击而至的罗马士兵动摇了，马可西米努斯却毫无惧色，他骑着战马踏入深深的泥潭中奋勇前进，以自己的榜样作用带动了全军，在沼泽中歼灭了日耳曼人的军队。随后，马可西米努斯又以几次辉煌的胜利迫使元老院授予他“日耳曼尼库斯”的称号。

但是，战争是要消耗国家资源的。为了填补战争费用这个无底洞，马可西米努斯把税收提高到了百姓难以承受的程度。为讨军队的欢心，他纵容军队肆意抢劫，同时加紧对富人的掠夺。他根据密告没收了很多富人的财产，尤其是那些曾担任过执政官或凯旋者的富人的财产，令很多富人惶惶不可终日。希罗狄安记载说：“每天都可以看到那些昨天最富的人，今天什么都没有了……”

最初，当富人和高官的财产被掠夺的时候，普通百姓还是比较安定的，他们甚至还会因为富豪的遭难而幸灾乐祸、满心欢喜。但是很快，他们发现，神庙里最有价值的金银供器也被全部拿走了，神灵、英雄和帝王们的铜像被融化掉铸成了钱币。这些冒犯神灵的做法引发了社会各阶层的强烈不满，很多地区都出现了人们誓死保卫圣坛的场景。

公元 238 年，在非洲迦太基地区的提斯德路斯城附近，非洲总督在执行马可西米努斯的命令没收几个大贵族财产的过程中，遭到了反抗。他们把自己的奴隶和隶农武装起来杀死了这个总督，然后迅速赶往提斯德路斯。提斯德路斯城内的罗马驻军很少，而且城内的大多数居民都同情这几个贵族的遭遇，于是这几个贵族迅速打下了提斯德路斯，控制了局面。当时，由元老院派到非洲的副总督戈尔迪亚努斯恰好在这个城里，人们于是把他推举为皇帝。

戈尔迪亚努斯出身于罗马贵族家庭，曾长期担任帝国的高级官吏。他当时已有 80 高龄，不愿意做这样的冒险，但是，在众人的逼迫下他最终还是接受了皇帝的称号，成为罗马历史上的戈尔迪亚努

卢多维西战役石棺的浮雕，描绘了罗马人和日耳曼战士之间的战斗（250–260，罗马国家博物馆藏）

戈尔迪亚努斯头像（罗马卡匹托尼亚博物馆藏）

斯一世。他的儿子被同时宣布为共治皇帝，即戈尔迪亚努斯二世。临近的努米底亚行省总督卡佩里亚努斯也支持戈尔迪亚努斯称帝，于是，新的政权很快在非洲稳定下来。戈尔迪亚努斯派特别使团赶往罗马，几乎是立刻得到了元老院的承认。

元老院和罗马城市平民同时还接到了马可西米努斯已经被杀的假消息，他们欣喜若狂，砸倒了马可西米努斯的雕像和画像，杀死了他的党徒和拥护者。但当人们确认马可西米努斯并没有死后，开始担心这个可怕的色雷斯人会随时突入意大利进行报复，于是立刻派出有威信的人到非洲去，委托戈尔迪亚努斯发动反对马可西米努斯的战争。

但此时，非洲却发生了意想不到的情况。戈尔迪亚努斯和卡佩里亚努斯本有宿怨，非洲的局势稳定后，戈尔迪亚努斯觉得自己大权在握，地位巩固，就不再小心翼翼地维持与卡佩里亚努斯的关系了，还试图削弱卡佩里亚努斯的权力，最终双方再次反目成仇。卡佩里亚努斯重新投靠了马可西米努斯，并集合了自己的军队向戈尔迪亚努斯所在的迦太基推进。

迦太基城内仓促武装起来的市民军队怎么可能是罗马正规军团的对手？在卡佩里亚努斯的第一次冲击中，迦太基城便被攻下了。戈尔迪亚努斯二世阵亡，而他的父亲在此之前就自杀了。戈尔迪亚努斯父子的统治仅维持了一个月。

戈尔迪亚努斯父子的死亡令元老院非常惊慌。元老院决定把一切事务掌握在自己手里，他们在卡匹托山上的朱庇特神庙里秘密集会。经过长久的争论之后，元老院选出了两位皇帝：巴尔比努斯和普皮努斯。元老院授予两人同等的权力，令前者管理国内事务，后者统率军队。但是，民众知道了元老院的秘密集会，他们也聚集到卡匹托山上，对两个新当选的皇帝发出了愤怒的吼声。当两个穿着紫袍的皇帝出现在人们面前时，石块便向他们飞了过去。无奈之下，元老院只好按民众的要求，把戈尔迪亚努斯一世的外孙也选为皇帝，这就是戈尔迪亚努斯三世。

元老院的决议传到了马可西米努斯的耳朵里。他立刻预见了此决议对自己的危险后果。他把士兵召集在一起，给他们发了大量赏金，宣布出征意大利。一场新的内战爆发了。

这次战争对马可西米努斯来说并不顺利，尤其在攻打意大利北部的大城市阿奎利亚时更是如此。城内的居民很多，防守坚强并有很多粮食储备。马可西米努斯的军队多次攻城都被击退，出征罗马的计划在这里似乎要被无限期地拖延下来。军队士气低落，马可西

·IVLIVS.ROMANVS·
·INVENTOR·
Ant. Sal. exc.

卡佩里亚努斯的军队攻陷了迦太基城，杀死了戈尔迪亚努斯二世（Georg Pencz，16世纪）

马可西米努斯被刺杀（19 世纪）

米努斯本人也因战事的受挫心情烦闷，迁怒他人。

可怕的情绪最终酝酿了哗变。6 月的一天，天气非常炎热，一部分士兵突然冲进马可西米努斯的帐篷，将他和他的儿子一同杀死。他们的头颅被送到罗马，他们的尸体被百般凌辱后，扔给了野兽。

普皮努斯率军来到了阿奎利亚，赦免和奖赏马可西米努斯从前的士兵。意大利的威胁解除了。马可西米努斯的军队又被派回他们原来驻扎的行省，而普皮努斯则返回罗马。

马可西米努斯被杀了，但内战并没有完结。回到罗马的普皮努斯与元老院选出来的另一个皇帝巴尔比努斯争权夺利，引起了民众和近卫军对他们的强烈不满。7 月底，当罗马人举行卡匹托林赛会时，近卫军冲进了皇宫，捉住了这两个正在吵架的皇帝，剥去他们的衣服，对他们百般毒打和嘲弄，然后将他们的尸体抛到了大街上。

公元238年，在短短的4个月时间里，罗马帝国的帝位上扶起和推倒了5位皇帝。形式上的权力落在了戈尔迪亚努斯三世这个13岁的孩子手里，而他也不过是罗马军队手中的傀儡和玩物罢了。一年之内5个皇帝被杀，充分暴露了军队的骄横跋扈和帝国政权的软弱无力，罗马帝国从此进入了一个全面危机的时代。

危机中的军事变革

> 看，道路被匪徒盘踞了，海上被海盗封锁了，到处是战争、营房、血腥的恐怖。全世界灌注了互相屠杀所留的血；如果只是个人杀人，就被认为是犯罪，然而，如果是公然杀人，则认为是勇敢的行为，有罪可以不受惩罚，这不是由于没有罪恶，而是由于坏事大得骇人听闻……*

这是迦太基主教圣·塞普里安对罗马帝国3世纪危机的真实描写。公元3世纪，罗马帝国的统治疲态毕露，不仅皇帝的废立操控在军队手中，中央政权软弱无力，而且，由于日耳曼人和萨珊波斯等外敌的入侵，罗马的政治危机、经济危机和社会道德危机也一起呈现出来。叛乱和起义接连不断，城市凋敝，工商业萎缩，在乡村的庄园里，奴隶们消极怠工，毁坏工具，农业生产也出现了全面的衰退。很多人把这些灾难的降临归罪于对古老神明的“不虔诚”，归罪于基督教的传播，由此又在社会上引发了大规模的宗教迫害。

* 朱寰主编：《世界上古中古史参考资料》，北京：高等教育出版社，1987，第153页。

瓦勒良被萨珊王朝国王夏普尔一世羞辱（Hans Holbein the Younger, 约 1521，巴塞尔昆斯博物馆藏）

公元 260 年是罗马历史上灾难最为深重的一年。罗马皇帝瓦勒良被波斯人俘虏，死在国外，他的儿子迦里努斯独掌王权。此时他面临的形势比以往任何时候都严峻：蛮族入侵日甚一日，帝国境内的起义此起彼伏，各地军事将领纷纷割据称雄。而按照长久以来形成的惯例，士兵们也在不耐烦地等待着迦里努斯这位新皇帝的赏赐。

迦里努斯头像（罗马帕拉蒂尼古物馆藏）

在这种情况下，能否控制住军队，就成为皇帝保全自己性命，进而维持国家稳定、消除社会危机的关键所在了。

迦里努斯一生的大部分时间都是在多瑙河沿线作战，在这一过程中，他花费了大量精力来改组军队，增强了罗马军队应对边境危机的能力，逐渐恢复了军队的作战实力，对日后罗马军队的发展也产生了重要影响。

在军团将领的选任上，迦里努斯首先改变了奥古斯都以来任用元老为军团长的惯例，任命骑士阶层出身的人担任这一职务，并明令禁止元老服军役。毫无疑问，出身元老贵族的行省总督们的军事权力也渐渐地被骑士阶层的贵族所取代，最终打破了元老贵族对高级军事职务的垄断，为社会与文化身份较低的职业军人提供了上升的空间和职位。在军事战术上，迦里努斯突出了骑兵的作用，加强了对辅助部队中特殊兵种的应用，培养了一支特殊的野战军，这支军队包括骑兵和重装步兵，能够迅速运动前去支援永久驻扎在各行

公元 262 年在罗马修建的迦里努斯拱门（蚀刻画，Firmin Didot Freres,1835—1839）

奥勒里安长城的一部分，位于阿尔代蒂纳港和圣塞巴斯蒂亚诺港之间

省的军队。这支军队一般是由皇帝组建的，也由皇帝自己率领，所以，大大减少了谋叛的概率。这支军队为罗马帝国后期野战军的出现打下了基础。

这支新建立的部队在实战中的确发挥了作用，因此渐渐固定下来。皇帝奥勒里安统治时期，继续了迦里努斯的军事改革，这个皇帝甚至还从汪达尔人等蛮族中间招募善于骑射的士兵来充实野战军。凭借这支新型的军队，罗马帝国出现了短暂的中兴。公元 283 年，罗马军团攻下了波斯的都城泰西封，恢复了罗马帝国在东方的威望；同时，罗马遏制了哥特人和日耳曼人的进攻，恢复了边境的安全。但是，在击败日耳曼人对意大利的进攻后，皇帝奥勒里安建立了长城，至今这些长城仍然围绕在罗马周围——这就意味着罗马已经承认，在突然的袭击之下，即使是帝国的中心，也不再安全了。

284 年，经过血腥残酷的内战，戴克里先成为皇帝，罗马摆脱了全面的军事无政府状态——这是戴克里先对罗马帝国的最大贡献。他取消了元老院，以波斯帝国为蓝本，建立了绝对君主专制，把自己变成了帝国地位最高的君主。戴克里先不再以元首的身份出现在公众面前，而是千方百计地以繁缛礼节来拉远与民众的距离。比如，他规定，在接见下属时，参见者要俯卧于地，只被允许亲吻皇帝的外袍底部，不可直视皇帝，以示隆重。通过类似的种种措施，戴克里先创造了一个遥远、神秘和专制的政府，罗马帝国彻底脱去了共和的外衣。

罗马一直没有明确的帝位承继方法是内战频发的根本原因。为了解决这一问题，戴克里先采取了一项别有特色的措施，邀请好友马克西米里安与自己共享皇位。他们把帝国一分为二，一个治理东部，一个治理西部，于是罗马帝国就有了两个最高统治者，享有东

戴克里先头像

马克西米里安头像。马克西米里安的忠诚是早期四帝共治成功的主要原因

西“奥古斯都”的称谓，即人们所说的“东帝”和“西帝”，一切命令都以他们二人的名义发出。不久，这两个皇帝又分别任命了一个“恺撒”为自己的副手：东部恺撒是伽来里乌斯，西部恺撒是君士坦提乌斯。这四个人各自治理帝国的一部分，这就是罗马历史上的“四帝共治”。戴克里先的设计是：主皇帝“奥古斯都”退休或死亡后，由副皇帝“恺撒”继承，而继位的主皇帝再任命新的副皇帝，这样就可以解决帝位继承问题了。但“四帝共治”本身并不是一种高明的办法，它的基础是四个人彼此忠诚，而这是很难实现的，所以这种方法在实质上对罗马帝国的权力进行了再分割与再分配，为日后更大规模的纷争埋下了不祥的种子，迈出了罗马走向分裂的第一步。

位于威尼斯圣马可教堂拐角处的“四帝共治”斑岩雕像（约 305）

在军事上，戴克里先深化了迦里努斯的军事改革。他首先改组近卫军，削减了近卫军的人数，取消了他们的特权，尽管近卫军仍然驻扎在罗马，但已不是皇帝的卫兵，因为戴克里先从未在罗马居住过。近卫军在帝国政治舞台上的地位和作用由此大大降低，并日渐走向衰落。戴克里先为自己新建了一支由蛮族骑兵组成的宫廷卫队，这支人数少、训练精良的队伍就驻扎在他自己的宫廷里，随时听候他的命令，完全以戴克里先的意志为转移，消除了近卫军任意操纵和杀戮皇帝的可能。

接着，戴克里先把军队正式分成野战军和边防军两种类型。帝国野战军前身经过前几任皇帝的不断建设，到戴克里先统治时已初具规模，而且军队的结构也很稳定，戴克里先于是为自己保留了一支独立的野战军。在帝国边境的防御上，戴克里先命令罗马军团和辅助部队作为边防军永久地驻扎在各行省，防守帝国的边境，并在帝国边境上建立了很多堡垒和要塞，如帝国东部边境上的防线每隔32公里就有一个堡垒。除边境外，帝国内的很多城市、道路或河流的旁边也建有堡垒。这些堡垒都有厚厚的防御墙、防御壕沟和突出的塔楼，由重装步兵和骑兵共同防守，有些堡垒还配备了弩箭手和投石者。

戴克里先时期，军队的数量急剧增加。戴克里先基于“小单位的军队更容易控制”这一观念，增加了军团的数量，缩小了军团的规模，一个军团约有1200人，一个骑兵分队约有600人，一个辅助重装步兵支队约有600人。征召士兵也采取了新的方法，“只要想从军，任何人都可以到军团服役，无论是自由人还是奴隶”*。由于军

---

* Harold Mattingly, *Roman Imperial Civilization*. New York: The Norton Library, 1971, p. 153.

迦里努斯拱门上的浮雕，描绘了公元 3 世纪中期罗马军团在波斯作战的场面

团规模缩小，服役人数增加，所以，到 305 年，至少有 67 个军团在服役，是 235 年服役军团数量的两倍。*

无论是野战军队还是边防军队，部队的调动是一致的。绝大多数的重装步兵都穿着甲胄、拿着盾牌和长矛。骑兵支队有轻骑兵和弩兵，前者拿着弓箭和投枪，后者持长矛和盾牌，人和马都穿甲胄，主要是用于冲锋。皇帝的贴身卫队全部由骑兵组成。为野战军作战服务的还有海军、工程师、医疗人员以及后勤补给服务人员等。如果需要，戴克里先的野战军可以从已经加强了的边防军中得到补充。整体来说，戴克里先时期的骑兵和军团的威力要远远大于以前的骑兵侧翼和步兵大队的组合，在军队中指挥作战的是职业军人杜克斯，

* Brain Campbell, *The Roman Army, 31BC-AD 337, A Source Book*, p. 232.

而不是从前的行省总督。

帝国后期，罗马军队的补给问题也是改革的重要内容。3 世纪危机中的罗马帝国，物价飞涨，货币贬值，与之相关的税收体制也陷于崩溃，但军队同往常一样需要各种供给和服务。为了应对军队的需要，戴克里先在统计帝国资源的基础上，以税收的方式征集粮食、原料和手工制品。具体方法是：近卫军长官统计来年的需要，计算出一个征税地区所需负担的数目。然后，通过各行省总督传到地方官员那里，由他们征收各种税收，然后运送到需要的地方。军队的供应定额定量，遇到重大的节日如戴克里先的生日和登基日，也发放薪饷和赏赐作为补充。这套税收制度尽管也产生了一个极大的官僚体系（他们也需要吃饭和维持运转），但是在试用初期确实使国家和军队在危机中运转起来。

士兵卢西安努斯墓碑上的雕像，反映了罗马帝国中后期士兵的装备

总体而言，戴克里先改革后的罗马军队与帝国前期有着很大的不同。在帝国前期的罗马军队里有一个元老贵族阶层，他们在晋升中享有特权；军队强调戍边职能，在各行省的边境建有城墙，军队就驻守在那里。改革之后，军队指挥官基本上出身平民，边境由素质较差的边防军驻守，而专事作战的野战军大量撤离边境，由皇帝亲自率领，四处征战。军队人数大幅增加，到 4 世纪晚期，全国军队共约 45 万人。

戴克里先的改革并没有彻底改变军队的体制，皇帝仍然依赖于军队的支持和忠诚，皇帝与军队之间仍然要保持个人的联系，他要保证士兵的薪饷，要在军队面前展现自己是一个成功的军事领袖。但是，3 世纪危机之后的军事改革，使罗马军团的组织形式和作战方式发生了深刻的变化，从而适应了罗马帝国内部环境和外部环境的变化，提高了罗马军团的作战能力，使其在公元 4 世纪仍然能作为一支劲旅，在世界历史的舞台上叱咤风云。

斯特拉斯堡大捷

公元 305 年，戴克里先退位，隐居田园，罗马在帝位继承上出现了新的纷争。在公元 307 年到 308 年短短一年多的时间里，共有七个人自称皇帝，中央政权再次处于瓦解状态。324 年，诸帝纷争告一段落，君士坦提乌斯的儿子君士坦丁消灭了其他敌手，再度统一罗马帝国。

君士坦丁是一个出色的军事将领，在他统治时期，罗马帝国的内忧外患仍然严重，为了应对危机，他在戴克里先改革的基础上，对军队进行了新的调整和改革。

公元 312 年，君士坦丁遣散了近卫军，在日耳曼人中间招募骑兵，组建宫廷卫队。这一点与戴克里先的做法相同，君士坦丁的宫廷卫队只有 500 名精兵，人数相对减少，但战斗力很强。

在帝国边境的防守上，君士坦丁改变了戴克里先的做法。行省的边境上，仍然有边防军永久驻扎，但边防军的人数大为减少，君

位于英国约克市的君士坦丁青铜坐像（Philip Jackson，1998），君士坦丁正是在此地称帝

士坦丁把军队大量地从边境撤出，驻扎在交通线上的城市里。有些历史学家批评君士坦丁的这一做法削弱了边防的力量，同时也滋长了军队的腐败。但是，君士坦丁的这一做法既是无奈之举，也是应急之举。因为帝国的边疆线太长了，要想守住一条边疆线击退所有的外敌进攻，根本是不可能的。外来敌人始终是主动的进攻者，他们经常集中优势兵力攻击帝国边境上的某一点，驻扎在边境地带的罗马军队只能抵挡住小规模的进攻，只有把交通线上的堡垒、要塞和据点联合起来，才能阻止敌人大规模的进犯。而军队驻扎在城里，既可以保护城镇居民，也使敌人找不到食物，为集中野战军进行反击赢得时间。这样一来，军队的戍边和野战功能就合二为一了，罗马军队的战斗效率得以大大提升。

君士坦丁保留了戴克里先的野战军，固定了野战军的组织结构，同时赋予野战军士兵以特权，士兵在服役 24 年以后，本人及其妻子将享有免税的特权、免除公共劳役的特权。为了加强军队的机动性，君士坦丁把每个军团的人数减少为 1000 人，机动部队的数量却相应增加。由于君士坦丁注重部队平时的训练和军队纪律的强化，军队的整体面貌也为之大大改观。历史学家亚瑟·费里尔评价说："总的说来，在君士坦丁和他的儿子们的统治时期，野战军团是带着以往名噪一时的军团精神和纪律参加战斗的。"* 公元 357 年罗马军队对阿勒曼尼人的斯特拉斯堡大捷，就是罗马军团精神和纪律的再次体现。

斯特拉斯堡战役发生在君士坦丁大帝逝世之后。由于君士坦丁的离世，他的三个儿子都想得到对帝国的绝对控制权，因此自相残杀。在这场血腥的内战中，上万名野战军失去了生命，趁此时机，法兰克人、阿勒曼尼人大规模入侵高卢。355 年，在内战中取得胜利成为皇帝的君士坦提亚斯指定他的堂弟裘里安为"恺撒"，前往莱茵河前线，负责抵御侵略高卢东部的阿勒曼尼人。阿勒曼尼人生活在今德国西南部地区，是日耳曼人中人数最多、对罗马帝国威胁最大的一个民族。

裘里安在高卢面临的处境是比较困难的，因为他对军队和政府的运作并不熟悉。但是他善于学习，很快就在手下将军的帮助下整

---

* Arther Ferrill, *The Fall of Roman Empire: the Military Explanation*, London: Thames and Hudson, 1986, p.49.

《君士坦丁与马克森提乌斯的战争》(Vatican Stanze，1650)。君士坦丁称帝后，曾与戴克里先一起共治罗马的西部皇帝马克西米里安只能退居罗马郊区的行宫安享晚年，其子马克森提乌斯对此极为不满，公元 312 年 10 月 28 日纠集了几位军事保民官掀起叛乱，占据了意大利。同年，君士坦丁率军攻入意大利，马克森提乌斯在罗马郊区的米尔维安桥之战中兵败被杀。后世画家在对这场内战想象性的再现中展现了君士坦丁统领的罗马军队凶猛的战斗力

继君士坦丁之后成为罗马皇帝的君士坦提亚斯（手稿画，354）

罗马古钱币，正面（左）是裘里安的头像，背面是一名罗马士兵的形象，他将奖杯扛在左肩上，将右手放在一名跪着的俘虏的头上

顿了队伍，准备迎击阿勒曼尼人的进攻。当时裘里安只有 13000 万人，而阿勒曼尼人则有包括国王在内的 35000 万名战士。

裘里安率罗马军队以两路纵队行进，在斯特拉斯堡附近与敌人遭遇。他发表了一段振奋人心的战前演说，随后亲自领军冲向敌阵。战斗很快进入白热化状态，双方的重装步兵杀得难分难解、激烈无比。罗马军团凭借严格的训练和高昂的军团精神，越战越勇，很多疲累的士兵和伤员也坚持作战。阿勒曼尼人锐气渐锉，一些人临阵脱逃。在这场战役中，罗马方面总共阵亡了 243 名士兵和 4 名军官，

浮雕上的罗马重装步兵

而阿勒曼尼人则有6000多名将士倒毙在沙场之上，阿勒曼尼人的国王也被俘虏，另有很多人被莱茵河的激流卷走了。

斯特拉斯堡战役是一次重装步兵的胜利，阿勒曼尼人在人数上占优势，但罗马人在纪律方面更胜一筹。这次战役也表明，罗马帝国后期的重装步兵仍然很稳定也有很强的适应性，在作战能力上仍然堪比帝国早期罗马军团的水平。

罗马军团的蛮族化

罗马军团的蛮族化是指罗马帝国后期出身于罗马帝国境外的人——即非罗马人——在罗马军队中服役。“蛮族”一词是一个模糊的概念，因为随着罗马帝国的征服，罗马统治者逐渐把罗马公民权扩展到被征服的行省，到公元3世纪初卡拉卡拉敕令颁布后，所有的罗马自由人都成为罗马的公民。原来的蛮族地区被征服后，成为罗马的行省，行省内的居民也自然是罗马人，应该不是蛮族了。然而，很多历史资料对蛮族的认定仍然是看其出身，很多已成为罗马公民的人，尤其是日耳曼人，仍被视为蛮族人。从历史上看，涌入罗马军队中的境外蛮族人数在公元4世纪是最多的，这是罗马统治者为了应付境内境外危机、补充军队的力量不得已而为之的一种策略，对罗马军队的发展产生了重大影响。

罗马军队的蛮族化是一个渐进的过程。追根溯源，早在共和国末年，罗马军队实际上就已经不是纯粹的罗马公民的集合体了。恺撒在内战时其麾下第5军团便悉数从作战地区征召。奥古斯都时期，他身边的保镖就是日耳曼人。在罗马帝国初期，军团士兵每年从罗马和意大利的公民中征召，而作为罗马军队重要组成部分的辅助部队一开始就全部是非罗马人，协助罗马军团作战。* 许多来自行省的人加入到罗马军队中，在服役期满后得到公民权。这些人在军队中服役并不是参加战斗，而是进行军事殖民、修筑道路和要塞等。但是，随着战乱的增多，愿意参军的人数日渐减少，尤其是在罗马和意大利的罗马公民厌战情绪不断增长，导致在军团中的意大利公民人数逐年减少，从奥古斯都时代的65%，下降到3世纪卡拉卡拉时代的不足10%。为解决意大利公民参军人数减少与帝国征兵之间的矛盾，罗马军团只好在非意大利公民和蛮族中征召兵员了。所以，从罗马公民中招募士兵日益困难是蛮族人渐渐进入罗马军队的根本原因。

---

* Graham Webster, *The Roman Imperial Army of the First and Second Centuries*. pp.102—103.

达西亚人（约 2 世纪）

汪达尔人（Lucas d'Heere，16 世纪下半叶，根特大学图书馆藏）

哈德良统治时期，真正是意大利公民的军团士兵已经少得可怜。更多的军团士兵来自于获得公民权的行省，东方主要是在希腊、亚洲和马其顿，西方主要在西班牙等地。从这一时期开始，罗马军队也常常从所在驻地征召士兵，有时甚至在卡帕多西亚地区征召奴隶，安排他们在军营中从事服务性工作。奥勒留统治时期，在对日耳曼人的战争中，持续 15 年之久的瘟疫肆虐意大利，罗马人死亡甚众，据说，罗马人口在这场瘟疫中损失了 1/4。由于人口减少，奥

后世艺术家笔下的日耳曼蛮族战士形象（Philipp Clüver，*Germania Antiqua*，1616）

勒留不得不把奴隶充实到军队中。在打败日耳曼人以后，他还把一部分俘虏作为军事移民移居到罗马土地上，要求他们为帝国服兵役。而与罗马帝国人口锐减相对应的是，边境地区日耳曼人的人口增长迅速，迫于生活的压力，以及羡慕罗马士兵优越的生活条件，这些蛮族人愿意在罗马军队中服役。为了充实军队、巩固边疆，奥勒留允许那些愿意为罗马帝国服兵役的蛮族部落陆续在边境定居。

公元 212 年，卡拉卡拉颁布敕令，授予帝国全体自由民（投降

蛮族首领头像，可能是罗马某藩属国的国王（雅典卫城博物馆藏）

者除外）以罗马公民权。历史学家大多认为此项敕令可能与扩大税源有关，但从军事角度看，此项敕令有着重要意义。它以法令的形式取消了帝国境内各地区居民间的差别，所有的自由民都是公民，军团士兵和辅助部队士兵之间的区别也就不复存在了。但这项敕令的颁布并没有带来罗马兵源的扩大，反而在军事上造成了反效果，因为公民权一旦普及，就没有吸引力了，人们也就没必要再通过应征入伍获得公民权了，因此更加不愿意参军了。

3 世纪危机时，兵源匮乏，战乱频仍，为了应对国内叛乱和国外入侵，很多皇帝都想尽办法征召各种能够征召到的军队。马可西米努斯的麾下已有相当数量的日耳曼人，在向意大利进军谋取皇位时，其所率军队中的大量日耳曼骑兵发挥了重要作用。迦里努斯统治时期，辅助兵种中蛮族士兵数量持续增长，不仅如此，原来只能从罗马公民中征募的近卫军也吸纳了蛮族成分。也是在这一时期，为了应对边境危机，解决兵源匮乏的问题，罗马军队大量地从法兰克人、阿勒曼尼人和哥特人的部落中，从东方的亚美尼亚等地征召士兵。同时，罗马人还常常与定居的蛮族结盟，用他们的部队来抵御边境威胁，为罗马军队提供兵员补充。但这种结盟往往是短期的和临时性的，一旦纷扰结束，罗马将军或皇帝就会把他们遣散，所以，这些临时性的部队不是罗马常规部队的组成部分。

戴克里先时期，作为主力部队的帝国野战军已经多从境外招募，多瑙河对岸、黑海北岸的蛮族成为主要的招募对象。君士坦丁时期允许归顺的蛮族进入罗马人统治的区域，允许蛮族在帝国军队里服役，大大加快了罗马军队的蛮族化步伐。大量蛮族人被军队招募和接纳，不仅边防军中充斥大量的蛮族官兵，甚至皇帝的宫廷卫队也由日耳曼骑兵担任。[*] 君士坦丁还把一些有能力的日耳曼人提拔为高级指挥官，提升了蛮族人在罗马军队中的地位。

公元 4 世纪中后期，连年的战争使罗马人对战争产生了极大的厌恶和恐惧情绪，很多应该服兵役的年轻人甚至剁掉自己的手指，以自残的方式来逃避当兵。[**] 也有一些士兵托关系走后门，请求离开军队，逃避服役。亚比纳乌斯是公元 4 世纪的一个骑兵长官，他在服役期间收到的信件都幸运地保存下来。在这些信件里，就有一位行政人员为他姐夫写的求情信。信中说，姐夫的父亲已经去世，寡居的母亲只有这么一个儿子，因此请求让他离开军队，或者不要随野战军到国外去作战。[***]

为了鼓励公民当兵，罗马统治者赋予退役老兵以特权，如君士坦丁大帝给予士兵免税、免服公共劳役的特权，并减免在役士兵的

---

* Arther Ferrill, *The Fall of Roman Empire: the Military Explanation*, p.49.

** Brain Campbell, *The Roman Army, 31BC-AD 337, A Source Book*, p. 239—240.

*** Peter Connolly, *Greece and Rome at War*, London: Macdonald Phoebus Ltd, 1981, p.255.

负担，在罗马帝国后期，士兵们无须支付武器、装备和服装的费用，这些物品全部由国家发放。国家也发放口粮，官职越大，发放的口粮也就越多。据说，瓦伦斯皇帝时期，即将退役的士兵能拿到五倍的口粮，以此吸引他们延长服役的期限。

4 世纪后期，面对越来越大的兵源缺口，政府被迫征召越来越多的日耳曼人。瓦伦提皇帝招募过莱茵河沿岸的蛮族人，瓦伦斯皇帝招募过大量哥特人，君士坦提亚斯皇帝也招募一大批法兰克人充任士兵。甚至在战争中被俘虏的日耳曼人也被纳入罗马的军队中，比如，裘里安曾在战场中抓获过 1000 名法兰克人，后来全部成为罗马军队的士兵。随着蛮族士兵日渐增多，很多蛮族人凭借军功成为罗马军团里的高级官员，领导一个支队甚至一个军团作战。瓦伦斯手下的一个高级将领曾经是阿勒曼尼人的国王，是在一次晚宴上被罗马人绑架来的，而在罗马帝国后期历史上赫赫有名的斯提里乔则是汪达尔骑兵长官的儿子。*

蛮族化对军队的军事素质而言具有一定程度的提升作用，因为蛮族人好战，尤其是在骑兵和投掷石器方面有一定的优势，增强了军队的战斗力。但蛮族化同时也带来了隐患，蛮族人当兵是为了挣钱并享受好的生活，因此，充斥了大量蛮族士兵的罗马军队其雇佣性质更加突出和明显，也更容易成为远在行省的将领争夺权力的工具。在原有公民兵已经丧失了对国家的忠诚的情况下，让蛮族军队忠勇卫国，实在是不可想象的。

然而，非常奇怪的是，在 378 年亚得里亚堡战役之前，几乎没

---

* M.J. Nicasie, *Twilight of Empire: The Roman Army From the Origin of Diocletian until the Battle of Adrianople*. Amsterdam: J.C. Gieben Publisher, 1998, p.88.

晚期罗马军队中的蛮族士兵，隶属于帕拉蒂尼军团，这个军团负责保卫皇帝，其中三分之一士兵出身于蛮族。他们脖子上佩戴的项链和头上的长发，是典型的蛮族风格（提奥多西一世方尖碑的底部浅浮雕，约390）

有日耳曼籍士兵谋反的事件发生，这说明在当时，蛮族人在罗马军队中还是比较安定的因素。但是亚得里亚堡战役之后，情况就发生了改变。由于严重缺乏训练有素的士兵，罗马政府被迫把蛮族人编进同一个分队，由他们自己的酋长领导，慢慢地，他们在自己的小团体内形成了自我利益和自我认识。与之前那些被分散在罗马军团里的蛮族人不一样，这些人不仅没有对罗马帝国的忠诚感，对罗马的统治者甚至还产生了对抗心理。尤其是395年东西罗马帝国分裂后，他们对自身的政治权利和军事权利日益敏感，经常向帝国敲诈勒索食物和土地，加剧了罗马帝国的衰落。

亚德里亚堡战役

公元 4 世纪中叶，大量的蛮族部落从里海附近的草原向西方推进，领头的是匈人部落。匈人部落的祖居地应该是在蒙古，在西移的过程中，他们征服了北高加索与伏尔加河沿岸的部落，迫使大量哥特人西迁，来到了多瑙河下游地区。376 年，夹在气势汹汹的匈人和强大的罗马帝国之间，几十万哥特人被迫向罗马守将呼告求救，请帝国准许他们渡过多瑙河，逃避匈人部落给他们带来的浩劫，他们将以永远效忠罗马帝国作为报答。

当时的罗马帝国，皇帝瓦伦提在上一年刚刚去世，他的儿子格拉提安只有 15 岁，帝国的统治权实际上掌握在瓦伦提的弟弟、东部皇帝瓦伦斯手中。正在叙利亚与波斯争霸的瓦伦斯一直苦于罗马的兵力不够，打起仗来捉襟见肘，哥特人请求入境避难的消息立刻使他萌生了借用哥特人组建军队的想法。但是，让大量的蛮族涌进国内是有一定危险的，于是他下了一道还算谨慎的命令：允许哥特人入境，但哥特人必须交出所有未成年男孩作为人质，并且在渡河前上缴所有武器。走投无路的哥特人满口答应了这些条件，于是，多瑙河上的大门对他们打开了。

按照规定，渡河前，哥特人的武器要交给把守河岸的罗马军官。但这些军官已经腐化到了极点，他们肆意凌辱哥特人的妻女，却对哥特人在暗中保留武器的做法睁一只眼闭一只眼。哥特人在渡过多瑙河后，又受到了罗马人的欺凌和压榨。举族搬迁的哥特人被

19世纪画家笔下凶狠、彪悍的匈人战士形象

罗马军官克扣了粮食，在饥饿的逼迫下，很多哥特人不得不沿途卖儿卖女。生性自由的哥特人不堪忍受这样的待遇，他们对罗马的不满日益增长，小股骚乱越来越多，很快就燃成燎原之火，爆发了反对罗马统治的大起义。

376年底，哥特人叛乱的消息传到瓦伦斯的行在，他立即和波斯匆匆停战，回师平乱。

但此时的哥特人已经远远不是罗马人所想象的毫无组织性和纪律性的蛮族了。一些哥特人在罗马军团中当过雇佣兵，学到了很多作战的技巧。哥特军队使用的武器有手盾、长矛、匕首和长剑，有

瓦伦斯与哥特人的首领在多瑙河上谈判（Eduard Bendemann, 1860）

些士兵还使用一种锋利的战斧，可以舞动也可以投掷。更重要的是，哥特人中还出现了一种新的战术——车城，即把大车围成一个要塞，步兵和弓箭手躲在这个车城里，向外投掷箭支和石块，一旦敌军阵形被打乱或者发生溃退时，骑兵就突然冲出，对敌人大肆砍杀。在与罗马军队的最初交战中，哥特人主要依靠骑兵机动性强的优势，忽进忽退，时来时去，反复奔袭而不正面接战，让习惯了大军团正面决战的罗马人手足无措，不胜其扰。罗马军退守几个大城市，而乡野地区完全被哥特人占据。双方形成了僵持局面。

378 年 8 月，战争开始朝着有利于罗马的方向发展，瓦伦斯手下的大将塞巴斯蒂安把哥特人逐步包围在亚德里亚堡附近，西部皇帝格拉提安也在莱茵河上打败了日耳曼人。瓦伦斯率领罗马大军向

后人对亚德里亚堡战役的想象性再现（19世纪）

亚德里亚堡急急赶来，决心彻底消灭这些哥特人。

8月9日，这一天天气很炎热，罗马军队经过长时间行军，看到哥特人的“车城”时，已是又渴又饿，筋疲力尽。瓦伦斯在亚德里亚堡城外建造了宿营地，等待另一位皇帝格拉提安带着高卢军队与他会合。这时，哥特人的首领菲列提根派出使节，希望与瓦伦斯协议停战，但瓦伦斯根本不相信他，把使节打发走了。也有学者认为，这是菲列提根拖延时间的一种方法，他是为了等待外出寻找粮食的哥特骑兵返回。

据历史学家阿米亚努斯·马塞林记载，一些罗马人建议瓦伦斯不要等待格拉提安了，因为如果格拉提安参加战斗，势必会分享胜利的荣誉。而瓦伦斯也认为自己的部队在人数上多于哥特人，有着必胜的把握，于是决定在格拉提安到来之前，发动对哥特人的进攻。但是，战斗刚一打响，哥特人的骑兵援军就赶来了，使得哥特人在人数上反倒超过了罗马军队。罗马军团排着队列向敌人冲去，其右翼骑兵首先与哥特人的骑兵发生了激战，很快败北。罗马左翼的骑兵，开始时没有受到过多的阻挡，前进速度较快，如果他们能够得到支援的话，应该会持续向哥特人的车城逼近，可惜的是，右翼骑兵已经溃败了，他们无法孤身抵抗占据人数优势的哥特骑兵，因此，先是被全面包围，继而被全部击溃了。

这时，罗马的骑兵已被完全赶出了战场，只剩下失去侧翼保护的重装步兵了。哥特骑兵转而冲向罗马的步兵方阵，他们像闪电一样快，令罗马的步兵措手不及，乱成一团。正在这时，地面上掀起了尘雾，几乎无法看到天空，到处只听得到可怕的喊杀声，投枪不断地从四面八方掷过来，士兵们应声倒下。菲列提根从车城中放出了他的步兵，于是人马践踏，罗马士兵互相挤压在一起，无法后退，也无法突围，会战由此变成了屠杀，一直杀到血流成河，尸骨如山。

此次战役，罗马的损失堪比布匿战争期间的坎尼会战。罗马军队中三分之二的人战死，大约有 40000 多人。瓦伦斯也在其中，但具体是怎么死的，学者们到现在还不能确定，据说，他在战斗中受伤后，逃到附近的一个农庄，结果被哥特人放火烧死。这次战役是罗马帝国厄运的开

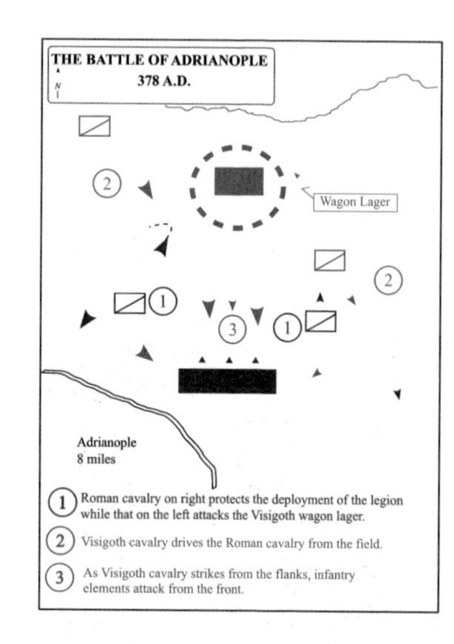

亚德里亚堡战役形势图：

① 右翼的罗马骑兵保护着军团方阵，左翼骑兵攻击哥特人的车城

② 哥特人的骑兵在战场上击溃了罗马骑兵

③ 哥特人的骑兵从两侧攻击的同时，步兵直接攻向军团的正面

瓦伦斯葬身火海（19 世纪）

始，它极大地削弱了罗马的野战军，使罗马军队再也无力复苏。

亚德里亚堡战役中，骑兵起到了决定性作用。瓦伦斯在战场上犯的第一个错误就是未等援军到来就草率进攻敌人的堡垒（哥特人的车城）。第二个错误是，他布置在军团右翼的骑兵没有纪律约束同时也非常无能，而军团左翼的骑兵仓促前进，导致步兵的侧翼和后面暴露给敌人，终于使敌人完成了包抄和围剿。

在世界古代战争史上，亚德里亚堡战役被看成是骑兵对重装步兵的胜利和革命。这次战役表明，古老的方阵和军团战术已经丧失了活力。在此之前，步兵通常总是决定性的兵种，只要他们能够保持完整的秩序，就不必害怕骑兵的冲击。但是，随着投射兵器的增多，重装步兵无法一边躲避密集的弓箭和标枪，一边有秩序地移动队列。战场的主动权于是转移到了骑兵手中，他们依靠速度和冲击力，为战争带来了新的元素。

晚期罗马野战骑兵所戴头盔，外层镀金，被称为德尔讷头盔

罗马城的陷落

亚德里亚堡战役之后，此起彼伏的内战削弱了帝国的统治。到提奥多西皇帝统治时期，他已无力统一管理帝国的两个部分，于是，他任命自己的长子阿卡丢斯为东方的皇帝，幼子霍诺里乌斯为西方的皇帝。公元395年，提奥多西皇帝死后，他的两个儿子正式把帝国分为东罗马帝国和西罗马帝国。

4世纪所有的罗马皇帝，包括提奥多西，都是有能力的将军，他们都能领兵打仗，上阵杀敌，但是，提奥多西的两个儿子即位时年纪都很小：395年霍诺里乌斯即位时年仅11岁，阿卡丢斯也只有18岁，他们的继承人就更小了，分别是在6岁和7岁当上皇帝的，这就意味着他们没有能力进行战争，也没有能力有效地管理国家，

提奥多西方尖碑（389）局部：中心是阿卡迪乌斯、提奥多西一世和瓦伦丁二世的形象，一群官员围在他们的身边，最底层是波斯人（左）和哥特人（右），他们跪着向皇帝呈上礼物

只能依靠别人来保卫自己的皇冠。提奥多西皇帝在世时，就为阿卡丢斯和霍诺里乌斯指定了有经验的顾问，分别是近卫军长官高卢人路菲努斯和军队司令官汪达尔人斯提里乔。这两个人因此成为东、西罗马帝国的实际统治者。

亚德里亚堡战役后，皇帝提奥多西允许哥特人由自己的首领带领，在多瑙河行省定居下来，条件是为罗马帝国补充兵源。此后一段时间内，哥特人与罗马人一直相安无事。但是，提奥多西死后，罗马内乱不断，国力大减，对哥特人的控制也就松弛了很多，罗马军团里的哥特军官首先发动了叛乱，而更为可怕的是，西哥特人中出现了一个著名的勇士阿拉里克，他带领哥特人向罗马帝国发起了

阿拉里克率领哥特军队进入雅典（19 世纪 20 年代）

进攻。他们沿着马其顿和帖萨利的海岸线前进，进入了波提亚和阿提卡，迫使雅典投降。接着像狂潮一样涌进了科林斯、斯巴达，到 4 世纪末叶，整个东部帝国已被蹂躏殆尽。

401 年，阿拉里克进入意大利北部，直逼西罗马帝国皇帝霍诺里乌斯所在的都城米兰。在斯提里乔的阻挡下，阿拉里克放弃了对米兰城的围攻。405 年，另一位入侵者拉达格沙斯率领由东哥特人、汪达尔人等蛮族组成的大军，也向西罗马进攻。斯提里乔采取诱敌深入的方法，把他们围困在阿彭尼斯山谷中，活活地饿死了很多人。

斯提里乔与战败的哥特人首领谈判（H. Leutemann）

为了对付哥特人，斯提里乔把兵力都集中到了意大利，这样一来，帝国西部边疆的防御就大大削弱了。汪达尔人、阿拉曼尼人、苏维汇人、勃艮第人的部落趁机纷纷突入高卢和西班牙，盎格鲁—撒克逊人也从海上向不列颠进攻。在外敌入侵的强大压力下，罗马统治者内部出现了残酷的内斗。公元 408 年，在派系斗争中，斯提里乔被霍诺里乌斯处死在拉文那。古代历史学家左息马斯曾说，在当时的许多统治者当中，斯提里乔也许是最善良的一个了。他死后，无人再有能力挽救西罗马帝国的命运了。

同年，阿拉里克再次领兵突入意大利，逼近罗马。他封锁了台伯河，切断了罗马城内的粮食供应。最后，元老院竟以贿赂的方式买得他们退兵，价码是5000磅黄金、30000磅白银、4000件丝绸、3000张牛皮和3000磅胡椒。两年后，阿拉里克第三次围攻罗马。410年8月24日夜晚，罗马城内的奴隶打开了城门，阿拉里克的军队冲进了罗马城，纵兵大肆洗劫。

攻占罗马城在当时已经没有任何战略上的意义了，东、西罗马帝国分裂后，罗马城就不再是帝国的首都。西罗马帝国的皇帝霍诺里乌斯早在哥特人突入意大利时就闭守在拉文那，所以，罗马城的陷落还不是罗马帝国的灭亡。但是，罗马城的陷落对帝国的声望和人们的心理产生了巨大的影响。从公元前390年起，这个城市从没被外族攻下过，如今的陷落预示了帝国注定到来的末日。

“最后的罗马人”

哥特人在洗劫罗马后，继续向南推进，打算占领西西里和非洲，但在意大利南部，阿拉里克突然死去，他的女婿阿陶尔夫接替了他的位置，率领部族进入西南部高卢和西班牙，并在那里定居下来。公元429年，汪达尔人越过直布罗陀海峡，征服了西罗马帝国最后一个完整的行省——非洲行省。非洲行省一直是罗马帝国的主要财富来源，支撑着内忧外患的罗马帝国后期的发展。非洲行省的丧失，使罗马帝国直接陷入了财政危机，帝国再也无力支付军队士兵的薪饷了。公元444年，提奥多西的孙子、皇帝瓦伦提三世承认帝国在经济和军事上已经破产：“纳税人已被榨干，我们现在无法满足现役军人和老兵的需要，甚至最基本的食物和服装也无法提供。

《罗马在410年的陷落》(Joseph–Noël Sylvestre, 1890)

SYLVESTRE 1890

汪达尔骑兵的形象（5 世纪）

除非让士兵去经商，而经商对于一个士兵来说，又是没有意义和羞耻的，否则他就要忍受饥饿和寒冷……”*

455 年，汪达尔人登陆意大利再次打下罗马城，他们对罗马城的洗劫远比 410 年的那次更为可怕。

5 世纪中叶，西罗马帝国的大部分地区都被蛮族占领了。除了哥特人、汪达尔人外，还有盎格鲁—撒克逊人、法兰克人和勃艮第人，在潘诺尼亚，还出现了一个以匈人领袖阿提拉为首的新帝国。匈人善于骑射，作战时快速迅捷，像一阵旋风一样，所过之处，留下的往往是一片废墟，一地白骨。公元 443 年，匈人开始蹂躏巴尔干半岛，绕过几座防御工事过强的城市，直接窜到君士坦丁堡附近。东罗马帝国的军队连连败北，最后皇帝被迫求和。446 年 8 月，

---

* Peter Connolly, *Greece and Rome at War*, p.255.

罗马 455 年再次被蛮族攻陷（1833 — 1836）

双方签订和约，东罗马赔款 6000 磅黄金，以后每年向匈人纳岁币 2100 磅黄金。

450 年，阿提拉以迎娶西罗马帝国公主遭拒为由向高卢发动进攻，所率军队号称有 50 万之众。随着高卢城市一个接一个地陷落，阿提拉兵锋直指名城奥尔良。阿提拉大军对高卢北部的蹂躏震惊了西罗马帝国境内的所有蛮族，也让这些蛮族意识到单凭自己的力量无法与匈人对抗。在这一危难关头，罗马将领艾提乌斯承担了联合各族共同抵抗阿提拉的重任。

艾提乌斯出身于高卢的名门望族，当时是西罗马帝国的高卢总

罗马人在高卢的庄园被攻陷 (Georges Rochegrosse，20 世纪初)

19 世纪艺术家对匈人首领阿提拉的描绘，人像周围的拉丁文铭文意为：这就是阿提拉——上帝之鞭（Carlo Brogi）

督，他曾率领军队同西哥特人、法兰克人等蛮族作战，屡战屡胜，声名显赫。《法兰克人史》里曾这样称赞他："他机智锐敏，体力充沛，善于骑射，也极会使用长矛。他是一个天生的战士，具有高度的耐力，不怕劳苦，不怕危险。从青年时期就显示出他是一个非常之人，这似乎是命运注定了的。"* 艾提乌斯被称为"最后的罗马人"，人们把他看成是能够抵抗匈人帝国、力挽狂澜的唯一人选。

艾提乌斯的青少年时期是作为人质在匈人部落度过的，在此期间，他结识了很多匈人贵族，也非常熟悉匈人的生活习惯和作战方式。他试图与阿提拉交好，希望罗马能与匈人帝国和平相处，因为对付境内的日耳曼蛮族早已令西罗马帝国焦头烂额了。艾提乌斯的

---

* J. F. C. 富勒：《西洋世界军事史》第一卷，第 307 页。

最后的罗马人——试图力挽罗马倾圮之势的艾提乌斯浮雕像

努力为西罗马帝国赢得了20多年的和平，这段时间阿提拉多次进攻东罗马帝国，但一直与西罗马帝国相安无事。

面对着来势汹汹的阿提拉大军，艾提乌斯知道以罗马军队自身的力量是无法御敌的，于是他四处奔走，最终联合各蛮族建立起一支共同抗击阿提拉的军队，人数也达50万之众。

451年，在东高卢的卡塔劳安原野上，艾提乌斯与阿提拉这对曾经的朋友展开了决战，双方投入的兵力超过100万。匈人联军首先发动进攻，在遮天蔽日的箭雨掩护下，匈人精骑风驰电掣般冲向西罗马联军的中央。西罗马联军也不甘示弱，极其顽强地抵御着匈人的冲击。会战转变成为一场激烈的肉搏战，其猛烈混乱的程度令人窒息。天色暗下来以后，战斗更加混乱，几乎分不清敌友。战场上，尸横遍野，血流成河，大约有16万人丧生。

西罗马联军与匈人军队在卡塔劳安原野激烈厮杀（*Hutchinson's History of the Nations*, 1915）

阿提拉被迫率军后撤，用匈人的大篷车首尾相连，搭建了“车城”堡垒。他用木制马鞍堆起一座小山，将他所有的金银珠宝和妃嫔置于其上，他自己端坐在中间，打算一旦西罗马军队攻破他的车城，就引火自焚。但是，艾提乌斯那边的情况也不乐观，因为第二天早晨人们发现西哥特国王已经战死。

在这种情况下，艾提乌斯放了阿提拉一马。因为他认为西罗马帝国的心腹大患不是匈人，而是在高卢的各蛮族势力。保留匈人这个外患可以让以西哥特人为首的蛮族有所忌惮，不得不与西罗马帝国继续合作。

452 年，阿提拉再次攻入意大利北部，在此地大肆劫掠，但并没有再向南进攻。据传说，是基督教的主教列奥率领的使团说服他放弃了攻打罗马城的想法。* 而实际上，是在意大利蔓延的瘟疫止住了他的脚步。第二年，被称为“上帝的鞭子”的阿提拉突然死在新婚的床上。随着他的死亡，匈人联盟也就解体了。

而艾提乌斯的结局也并不好。公元 454 年，罗马望族出身的佩特罗尼乌斯・马克西穆斯串通宫中近臣诬告艾提乌斯谋反，瓦伦提三世竟然信以为真。当艾提乌斯到拉文那的宫廷汇报财政情况时，瓦伦提三世亲自动手杀死了他。不久，由于瓦伦提三世并未让马克西穆斯如愿地接替艾提乌斯的位置，也被后者阴谋害死。马克西穆斯自立为帝。

此后，西罗马帝国名存实亡。在意大利，尽管形式上还维持着罗马皇帝的政权，但实权掌握在雇佣的蛮族军队统帅手中。从 455 年到 476 年，皇帝频繁更换了 9 人，没有一个皇帝的在位时间能超过 5 年。公元 476 年，日耳曼雇佣军将领奥多亚克废掉了西罗马最后一个皇帝罗慕洛斯・奥古斯都，西罗马帝国灭亡了。幸运的是，东罗马帝国躲过了 5 世纪的危机：因为它的经济更强大一些，其疆土除了欧洲部分外，几乎没有受到过蛮族的入侵。

罗慕洛斯被废后不久，还发生过这样一件事：驻扎在帕萨乌的

---

* 科瓦略夫:《古代罗马史》，第 863 页。

《利奥一世与阿提拉的会谈》(拉斐尔，1514，梵蒂冈博物馆藏)

罗马最后一位皇帝罗慕洛斯被日耳曼雇佣军将领废除

罗马军团步兵大队派一些士兵去罗马领取政府应发的薪饷。以往，每隔一段时间，他们都会派代表到那里领回他们的薪饷，然而，这一次，他们却没有等到带着薪饷兴高采烈归来的士兵，也没有等到这些士兵代表的任何音信，直到后来，有人才在河里发现了这些士兵漂起的尸体。

所谓皮之不存，毛将焉附，当罗马帝国挺立的时候，守卫在边疆的士兵能够拿到国家给付的薪饷，一旦帝国崩溃了，军队组织连

5 世纪西罗马帝国的浮雕（柏林博德博物馆藏）：身着甲胄的西罗马骑兵解放一座被围困的城市；然而，罗马军团的荣光早已不再，艺术作品寄托的光荣和梦想注定被时代的巨轮无情地碾压

同帝国的疆界也就随风而散了。罗马军团这支曾叱咤风云的劲旅，从罗马帝国的征服者，变成了保家卫国的戍边者，变成了统治阶级争权夺利的工具，变成了蛮族士兵养家糊口和发财致富的手段，每一次变化都是对罗马军团精神的背离和腐蚀。最终，罗马军团眼睁睁地看着自己的帝国走向灭亡——尽管他们还有与蛮族作战的实力，这一点在东罗马帝国大将贝利撒留的西征中，已经得到了明确的证实。

参考文献

一、中文书目

1. 塔西佗:《历史》,王以铸、崔妙因译,北京:商务印书馆,2005。

2. 塔西佗:《编年史》,王以铸、崔妙因译,北京:商务印书馆,2005。

3. 撒路斯提乌斯:《朱古达战争 喀提林阴谋》,王以铸、崔妙因译,北京:商务印书馆,1995。

4. 阿庇安:《内战史》,谢德风译,北京:商务印书馆,1985。

5. 恺撒:《高卢战记》,任炳湘译,北京:商务印书馆,1979。

6. 恺撒:《内战记》,任炳湘、王士俊译,北京:商务印书馆,1999。

7. 苏维托尼乌斯:《罗马十二帝王传》,张竹明等译,北京:商务印书馆,2000。

8. 西德博特姆:《古代战争与西方战争文化》,晏绍祥译,北京:外语教学与研究出版社,2007。

9. 戴维·肖特:《罗马共和的衰亡》,许绶南译,上海:上海译文出版社,2001。

10. 戴维·肖特:《提比留》,许绶南译,上海:上海译文出版社,2001。

11. 汉斯·A. 波尔桑德尔:《君士坦丁大帝》,许绶南译,上海:上海译文出版社,2001。

12. 扬恩·勒博埃克:《恺撒》,北京:商务印书馆,1995。

13. 特奥多尔·蒙森:《罗马史》,李斯等译,长春:时代文艺出版社,2006。

14. 汤姆·霍兰:《卢比孔河:罗马共和国的胜利与悲剧》,上海:上海远东出版社,2006。

15. 科瓦略夫:《古代罗马史》,王以铸译,上海:上海书店出版社,2007。

16. 尼克·麦克卡提:《罗马传奇》,肖展译,杭州:浙江教育出版社,2006。

17.J.F.C. 富勒:《西洋世界军事史》,钮先钟译,北京:中国人民解放军战士出版社,1981。

18. 爱德华·吉本:《罗马帝国衰亡史》上册,黄宜思、黄雨石译,北京:商务印书馆,1997。

19. 杨共乐选译:《世界史资料丛刊:罗马共和国时期》(上),北京:商务印书馆,1997。

20. 李雅书选译:《世界史资料丛刊:罗马帝国时期》(上),北京:商务印书馆,1985。

21. 宫秀华:《罗马:从共和走向帝制》,北京:高等教育出版社,2006。

22. 朱龙华：《罗马文化》，上海：上海社会科学院出版社，2003。
23. 张晓校：《罗马军队与帝位嬗递》，北京：中国社会科学出版社，2006。
24. 朱寰主编：《世界上古中古史参考资料》，北京：高等教育出版社，1987。
25. 特奥多尔·蒙森：《罗马史》，李稼年译，北京：商务印书馆，2005。
26. 杨共乐：《早期丝绸之路探微》，北京：北京师范大学出版集团，2011。
27. 西蒙·蒙蒂菲奥里：《耶路撒冷三千年》，北京：民主与建设出版社，2015。
28. 阿庇安：《罗马史》上卷，谢德风译，北京：商务印书馆，2013。

二、西文书目

1. Loeb Classical Library, Polybius, *The Histories,* six volumes, tr. by W. R. Paton, 1927.

2. Livy, *From the Founding of the City*. Cambridge: Harvard University, 1976.

3. Loeb Classical Library, Dio Cassius, *Historia Romana.* tr. by David Magie, 1924.

4. Flavius Josephus, *Bellum Judaeorum*, tr. by William Whiston. Complete works of Josephus on line at CCEL.

5. Peter Connolly, *Greece and Rome at War*, London: Macdonald Phoebus Ltd, 1981.

6. F. Adcock, *The Roman Art of War Under the Republic*. Cambridge: W. Heffer & Sons Ltd, 1963.

7. H. Delbruck, *History of the Art of War*, tr. by W. Renfroe, Westport: Greenwood Press, 1975.

8. N. Hammond, "The Campaign and Battle of Cynoscephalae in 197 BC". *Journal of Hellenic Studies* 108 (1988).

9. N. Hammond, "The Battle of Pydna". *Journal of Hellenic Studies* 104 (1984).

10.A. Jones, *The Art of War in the Western World*, London: Harrap, 1988.

11.G. Parker (ed), *The Cambridge Illustrated History of Warfare*, Cambridge: Cambridge University Press, 1995.

12.N. Sekunda, *Republican Roman Army, 200-104 BC*, London: Osprey, 1996.

13.W. Tarn, *Hellenistic Military & Naval Developments*, Cambridge: Cambridge University Press, 1930.

14.J. Warry, *Warfare in the Classical World*, London: Salamander, 1980.

15.Brian Campbell, *The Roman Army,31 BC-AD 337: A Sourcebook*, London and New York: Routledge, 1994.

16.Yann Le Bohec, *The Imperial Roman Army,* tr. by Raphael Bate, London and New York: Routledge, 1994.

17.Erik Hildinger, *Swords Against the Senate: The Rise of the Roman Army and the Fall of the Republic*, Cambridge: Da Capo Press, 2003.

18.Chester G. Starr, *The Roman Empire 27BC-AD476*. Oxford: Oxford University Press, 1982.

19.Graham Webster, *The Roman Imperial Army of the First and Second Centuries*, New Jersey: University of Oklahoma Press, 1998.

20.Harold Mattingly, *Roman Imperial Civilization*. New York: The Norton Library, 1971.

21.Arther Ferrill, *The Fall of Roman Empire: the Military Explanation*, London: Thames and Hudson, 1986.

22.M.J. Nicasie, *Twilight of Empire: The Roman Army From the Origin of Diocletian until the Battle of Adrianople*. Amsterdam: J.C. Gieben Publisher, 1998.

23.Roy W. Davies, *Service in the Roman Army*, Edinburgh: Edinburgh University Press, 1989.

24.F. Hooper, *Roman realities*, Detroit: Wayne State University Press, 1979.

25.Graham Sumner, *Roman Army Wars of the Empire*, London: Brassey s Ltd, 1997.

三、网上资料

1. http://www.mysteriousetruscans.com/veii.html
2. http://en.wikipedia.org/wiki/
3. http://www.mlahanas.de/Greeks/LX/MacedonianPhalanx.html
4. http://big5.eastday.com:82/gate/big5/mil.eastday.com/m/20070216/u1a2634665.html
5. http://www.chijanofuji.com/OL_Claudius_Preat.html
6. www.unesco.de/welterbe.html%3FL%...
7. www.usu.edu/markdamen/1320Hist%2...
8. http://hm001. spaces.live.com/blog/cns!
9. http://fuhrer.myweb.hinet.net/articles/Essay54.doc
10.http://www.cawhi.com/show.aspx?id=5820&cid=12

出版后记

2003年4、5月间，正是北大出版社“人文社会科学是什么丛书”热销阶段，一位著名的大学社社长问我，现在你最想做的书是什么？当时，我毫不犹豫地回答道：“历史系列丛书。”这位社长眼睛一亮，然后又接着问我，“你能告诉我为什么吗？”我几乎不假思索地说：“历史大部分是人物，是事件，可以说历史就是故事（内在地说，历史就是人生），所以历史系列丛书具有天然的大众性。另一方面，同个人要进步、要发展一定要吸取自己走过的路的经验教训，同时要借鉴他人的经验教训一样，我们的民族要进步，国家要发展一定要反省自己的历史，一定要睁眼看世界；消除我们封闭的民族心理和缺乏自省的国民性，有赖于读史。”记得当时他赞同地点了点头。

北大出版社年轻的一代领导者，摒弃急功近利的短期行为，以出版家的眼光和文化担当意识，于2005年决定成立综合室，于学术著作、教材出版之外，确定学术普及的出版新路向，以期在新时期文化建设中尽北大出版人的一点力量。这样，我的这个想法有了实现的可能性。但是新的问题又来了。其时，社长任命我为综合室的主任，制定综合室的市场战略、十年规划、规章制度，带队伍，日常管理，催稿、看稿、复审等等事务，使我无暇去实现这个选题设想。综合室的编辑都是非常敬业、积极上进的。闵艳芸是其中的一位，作为新编辑，她可能会有这样或那样的一些不成熟的地方，但是我欣赏她的出版理念和勇于开拓的精神。于是，我把“历史系列丛书”的执行任务交给她，她从选定编委会主任、组织编委会议到与作者沟通、编辑书稿，做了大量的工作，可以说没有她的辛勤工作，这套选题计划不可能如期实现。

钱乘旦老师是外国史领域的著名专家，让我惊异的是他对出版业又是那样的内行，他为我们选择了一批如他一样有着文化情怀及历史责任感的优秀学者作为编委，并与编委一起确定了具体选题及作者，同时他还依照出版规律对编委和作者提出要求。钱老师不愧是整个编委会的灵魂。

各位编委及作者在教学、科研、组织和参加会议等大量的工作之外，又挤时间指导和写作这套旨在提高国民素质的小书，并且在短短的一年中就推出了首批图书，效率之高令我惊异，尤令我感动。

编辑出版“轻松阅读·外国史丛书”是愉快、激动的心路历程。我想这是一批理想主义者自我实现的一次实践，相信丛书带给国民的是清凉的甘泉，会滋润这个古老民族的久已干涸的心田……

杨书澜

2008 年 12 月 7 日于学思斋